# Die Spirituelle Alchimie

*Aus dem Französischen übersetzt*
*Originaltitel:*
*»L'ALCHIMIE SPIRITUELLE«*



© 2005 Éditions Prosveta S. A., Frankreich, ISBN 978-2-85566-331-9



ISBN 978-3-89515-100-2

2. Auflage

Druck 2025: Interpress, Ungarn

**Omraam Mikhaël Aïvanhov**

# DIE SPIRITUELLE ALCHIMIE

*Gesamtwerke Band 2*

**Prosveta Verlag**

# INHALT

*Da Meister Omraam Mikhaël Aïvanhov seine Lehre ausschließlich mündlich überlieferte, wurden seine Bücher aus den Stenomitschriften, Tonband- oder Videoaufnahmen seiner frei gehaltenen Vorträge zusammengestellt.*

# Prolog

Wer gerne sein Wissen vertieft, findet hier den Schlüssel zu großen kabbalistischen, alchimistischen und astrologischen Mysterien:

»Nachdem der Ewige die vier Kardinalpunkte eingerichtet hatte: den Norden, den Süden, den Osten und den Westen, schuf er die vier Elemente: das Feuer und die Luft, das Wasser und die Erde, durch welche alles andere erschaffen wurde. Er teilte sie folgendermaßen auf: Das warme und trockene Feuer wurde in den kalten und feuchten Norden versetzt; das kalte und feuchte Wasser in den warmen und trockenen Süden. Die warme und feuchte Luft kam nach Osten, der ebenfalls warm und feucht war und diente als Verbindungsglied zwischen dem Feuer und dem Wasser, indem sie die Wärme des Feuers und die Feuchtigkeit des Wassers anzog. Die kalte und feuchte Erde wurde in den ebenso kalten und feuchten Westen versetzt. Auch die Erde diente als Verbindungsglied zwischen dem Feuer und dem Wasser und hielt die Luft im Osten im Gleichgewicht. Da sie sich unterhalb des Wassers, der Luft und des Feuers befand, empfing sie die Kraft aller drei Elemente und wurde so fähig, alle Wesen zu ernähren.

Als die Erde sich mit dem Feuer des Nordens vereinigte, erzeugte sie das Gold (die Sonne der Alchimisten). Als sie sich mit dem Wasser vereinigte, erzeugte sie das Silber (den Mond der Alchimisten). Als sie sich mit der Luft vereinigte, die sich ihrerseits mit dem Feuer und dem Wasser vereinigte, formte sie das Kupfer (die Venus der Alchimisten). Als sie sich mit dem Feuer und dem Wasser vereinigte, formte sich das Eisen (den Mars der Alchimisten). Auf diese Art und Weise formten sich durch die entsprechenden Mischungen alle anderen Metalle und alle Mineralien, einschließlich der Edelsteine. Die Mischung zum Beispiel zwischen der Erde und dem Silber erzeugte das Blei (den Saturn der Alchimisten) usw.

Wenn ihr nun auch die vier symbolischen Tiere zuordnet: den Menschen nach Norden, den Löwen nach Süden, den Adler nach Westen und den Stier nach Osten, werdet ihr vieles verstehen.

Ihr solltet auch noch wissen, dass der philosophische Schwefel eine Quintessenz des Feuers ist, das auf die Luft wirkt; dass das philosophische Quecksilber eine Quintessenz der Luft ist, die auf das Wasser wirkt; dass hingegen das Salz eine Quintessenz des Wassers ist, das auf die Erde wirkt.«

Das alchimistische Ei*

* Der Text bezieht sich auf Aussagen des Sohar II, 23 b bis 24 b.
Der Sohar ist das bedeutendste Schriftwerk der Kabbala.

*Kapitel 1*

# Sanftmut und Demut

(Jesus zwischen den beiden Verbrechern)

»Es wurden aber auch andere hingeführt, zwei Übeltäter, dass sie mit ihm hingerichtet würden. Und als sie kamen an die Stätte, die da heißt Schädelstätte, kreuzigten sie ihn dort und die Übeltäter mit ihm, einen zur Rechten und einen zur Linken. Jesus aber sprach: Vater, vergib ihnen, denn sie wissen nicht, was sie tun! Und sie verteilten seine Kleider und warfen das Los darum. Und das Volk stand und sah zu. Aber die Oberen spotteten und sprachen: Er hat anderen geholfen; er helfe sich selber, ist er der Christus, der Auserwählte Gottes! Es verspotteten ihn auch die Soldaten, traten herzu und brachten ihm Essig und sprachen: Bist du der Juden König, so hilf dir selber! Es war aber über ihm auch eine Aufschrift: Dies ist der Juden König. Aber einer der Übeltäter, die am Kreuz hingen, lästerte ihn und sprach: Bist du nicht der Christus? Hilf dir selbst und uns! Da wies ihn der andere zurecht und sprach: Und du fürchtest dich auch nicht vor Gott, der du doch in gleicher Verdammnis bist? Wir sind es zwar mit Recht, denn wir empfangen, was unsre Taten verdienen; dieser aber hat nichts Unrechtes getan. Und er sprach: Jesus, gedenke an mich, wenn du in dein Reich kommst! Und Jesus sprach zu ihm: Wahrlich, ich sage dir: Heute wirst du mit mir im Paradies sein.«

Lk 23, 32-43

All meine Vorträge haben als grundlegendes Thema den Menschen, und auch heute Abend ist er wieder Gegenstand unserer Betrachtungen, aber von einem anderen Blickwinkel aus als in den letzten Vorträgen. Das, was ich euch sagen werde, ist sehr einfach, aber zugleich auch sehr vielschichtig, denn wir werden Symbole interpretieren müssen.

Für die materialistische Wissenschaft besteht der Mensch einzig und allein aus Materie (Zellen, Moleküle, Atome). Er ist nichts anderes als sein physischer Körper. Die spirituelle Wissenschaft hingegen lehrt, dass er jenseits des physischen Leibes auch noch das besitzt, was die christliche Religion Seele und Geist nennt. Ich beschäftige mich jetzt nicht mit den verschiedenen Aufteilungen, die von all jenen vorgeschlagen wurden, die über die menschliche Psyche meditierten. Für heute nehmen wir diejenige, die Jesus gab, als er sagte: »Du sollst den Herrn deinen Gott lieben von ganzem Herzen, von ganzer Seele, mit all deinen Gedanken und all deiner Kraft.« Diese Worte setzen selbstverständlich voraus, dass für Jesus Herz, Verstand, Seele und Geist die vier Prinzipien unseres psychischen Lebens sind. Denn das Wort »Kraft« bezieht sich auf den Geist. Der Einweihungswissenschaft zufolge besitzt der Geist die wahre Kraft.

Das Herz und die Seele sind die Träger, die Vehikel unserer Emotionen, unserer Gefühle und unserer Wünsche; wobei aber das Herz der Sitz der gewöhnlichen, mit Instinkten, Begehrlichkeiten und Enttäuschungen verbundenen Emotionen ist, und die Seele ist der Sitz der spirituellen und göttlichen Emotionen und der spirituellen und göttlichen Impulse. Die reine, uneigennützige Liebe, die den Menschen fähig macht, Opfer zu bringen und ihn dazu drängt, sich mit allen höheren Wesen des Universums zu verbinden, die befindet sich auf der Buddhi-Ebene.

Zwischen Verstand und Geist gibt es die gleiche Verbindung wie zwischen Herz und Seele. Der Verstand, der Mentalkörper ist das Vehikel für die gewöhnlichen Gedanken und Überlegungen, die nur anstreben, materielle Bedürfnisse, egoistische Interessen zu befriedigen. Der Kausalkörper hingegen, (der also mit dem Atmankörper verbunden ist), ist das Prinzip der rein spirituellen, schöpferischen Gedanken und Tätigkeiten.

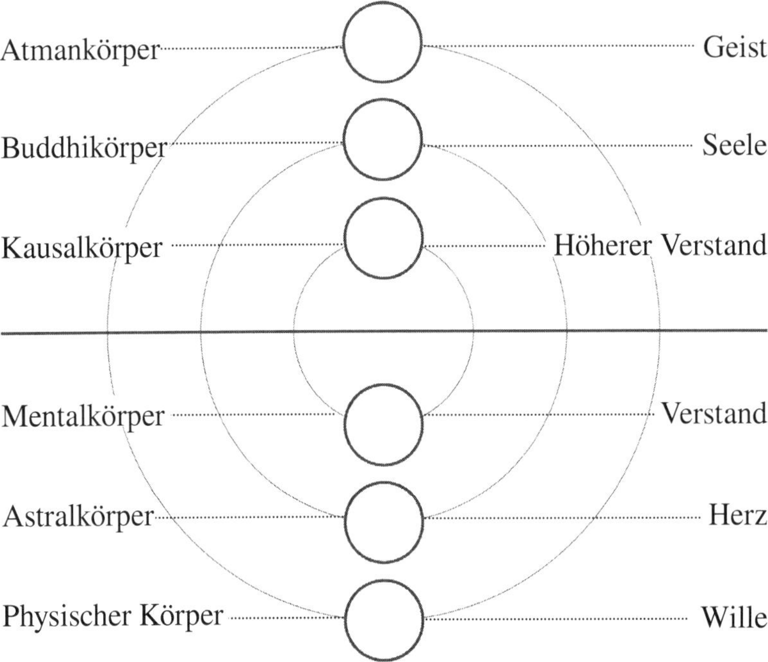


Das Herz und die Seele sind ein und dasselbe Prinzip, das weibliche Prinzip, das seine Tätigkeit zwischen einer niederen Region, dem Herzen oder Astralkörper und einer höheren Region, der Seele oder dem Buddhikörper aufteilt. Verstand und Geist sind auch nur ein einziges Prinzip, das männliche Prinzip, das sich in den Regionen der Mental-Ebene und der Kausal- und Atman-Ebene manifestiert. Ihr seht also, wie in uns die beiden Prinzipien, das männliche und das weibliche, arbeiten und vier Vehikel benutzen: das Herz, den Verstand, die Seele und den Geist. Diese zwei Prinzipien und diese vier Vehikel nehmen den gleichen Wohnsitz ein: den physischen Körper.

Um diesen Punkt noch verständlicher zu machen, der für viele noch unklar bleibt, gebe ich euch ein ganz einfaches

Bild, dessen Entsprechungen genau übereinstimmen. Stellt euch ein Haus vor, in dem der Hausherr und die Hausherrin mit einem Diener und einer Dienerin wohnen. Es kommt manchmal vor, dass der Hausherr auf Reisen geht. Er lässt seine Frau zurück, die traurig und sehnsüchtig die Rückkehr ihres Gatten erwartet. Wenn er dann mit Geschenken beladen nach Hause kommt, gibt es ein großes Fest im Haus. Manchmal brechen Hausherr und Hausherrin gemeinsam zu einer langen Reise auf. Da nun die beiden Bediensteten merken, dass sie allein und ohne Aufsicht sind, wollen sie diese Freiheit für sich nutzen: Sie beginnen die Schränke zu durchforsten, wo sie Proviant, Weinflaschen und alles Mögliche finden. Und da es lustiger ist, beim Trinken und Essen in Gesellschaft zu sein, laden sie noch Nachbarn und Nachbarinnen ein… Nach einer Orgiennacht gibt es natürlich ein paar umgestürzte Tische und ebenso ein paar zerbrochene Flaschen oder sogar eingeschlagene Köpfe. Wenn die Herrschaften dann zurückkommen, sind sie entsetzt über das sich ihnen bietende Spektakel. Sie verteilen natürlich Strafen und sorgen dafür, dass das Haus wieder gereinigt und alles in Ordnung gebracht wird.

Interpretieren wir nun diese kleine Geschichte. Das Haus ist der physische Körper; die Dienerin ist das Herz; der Diener ist der Verstand; die Hausherrin ist die Seele und der Hausherr ist der Geist. Oft verlässt uns der Geist und unsere Seele weint und jammert. Aber wenn der Geist zurückkehrt, bringt er Inspirationen und eine Überfülle an Licht mit. Wenn Seele und Geist auf Reisen gehen, beeilen sich das Herz und der Verstand, alle Dummheiten zu machen, die man gemeinsam und in Gesellschaft mit anderen Herzen und Intellekten machen kann. Hier liegt also der Ursprung aller Unordnung und aller Konflikte in der Welt.

Wenn wir uns noch weiter mit diesem Bild beschäftigen wollen, entdecken wir bis in alle Einzelheiten die jeweiligen

Rollen des Herzens, des Verstandes, der Seele und des Geistes. Die Dienerin zum Beispiel ist mehr mit dem Bedienen der Hausherrin beschäftigt, während der Diener sich eher um den Herrn kümmert, aber es kommt natürlich vor, dass der Diener und die Dienerin zusammen gegen das Interesse ihrer Herrschaften handeln. Die Herrschaften unterscheiden sich von den Bediensteten durch ihren Lebensstil, ihre Verhaltensweisen und ihre Beschäftigungen. Sie weihen sie nicht immer in ihre Arbeitsgeheimnisse, ihre Pläne ein. Auf diese Weise handeln Seele und Geist, ohne ihre Absichten dem Herzen und dem Verstand zu offenbaren. Wenn die Dienerin, das Herz, durch ihr untadeliges Verhalten das uneingeschränkte Vertrauen ihrer Herrin, der Seele, erlangt, spricht die Seele manchmal von ihren Plänen, ihrem Glück, von der Liebe, die sie für ihren Gemahl, den Geist empfindet. In diesem Fall ist die Dienerin aufgrund dieser Vertraulichkeiten von Freude erfüllt. Dasselbe geschieht, wenn der Diener, der Verstand, durch seine Arbeit das Vertrauen seines Herrn gewinnt. Dann beginnt dieser, ihm gewisse Dinge zu enthüllen und der Verstand ist dadurch aufgeklärter und klarer. Aber damit das geschieht, ist es notwendig, dass Dienerin und Diener gemeinsam im Dienst an ihren Herrschaften in vollkommener Harmonie leben. Wenn sie in Zwietracht sind und die Wünsche des einen die Bedürfnisse des anderen durchkreuzen, stören sie die Arbeit ihrer Herrschaften. Dieses Bild hat vielerlei Kombinationsmöglichkeiten und verschiedene Anwendungsarten, über die ihr meditieren solltet, denn alle Zustände von Gesundheit oder Krankheit, von Glück oder Leid, kann man mit Hilfe dieser vier Bewohner des menschlichen Hauses erklären.

Die Beziehung zwischen diesen vier Prinzipien erklärt, warum der Verstand und das Herz nur Dummheiten machen, wenn sie dem Geist und der Seele – Sohn und Tochter Gottes – nicht untergeordnet sind. In ferner Zukunft werden auch das Herz und der Verstand Sohn und Tochter Gottes sein.

Momentan sind sie nur Bedienstete. Symbolisch gesprochen handelt ein wahrer Sohn in Harmonie mit seinem Vater und eine wahre Tochter in Harmonie mit ihrer Mutter. Das ist dann der Fall, wenn das Herz und der Verstand es verstehen, den göttlichen Willen auszuführen, das heißt, wenn sie es verstehen, der Liebe und der Weisheit gemäß zu handeln, erst dann werden sie Sohn und Tochter Gottes sein. Solange sie nicht gehorchen und Zweifel, Unruhe und Auflehnung in ihnen wohnen, sind sie weder Sohn noch Tochter Gottes, sondern nur des Menschen.

Nach diesen wenigen Erklärungen können wir zur Geschichte der beiden Verbrecher zurückkehren, die an Jesu Seite gekreuzigt wurden. Der erste beschuldigte ihn, indem er sagte: »Bist du denn nicht der Messias? Dann hilf dir selbst und uns!« Aber der andere wies ihn zurecht und sagte: »Nicht einmal du fürchtest Gott? Uns hat doch das gleiche Urteil getroffen. Uns geschieht recht, wir erhalten den Lohn für unsere Taten. Dieser aber hat nichts Unrechtes getan.« Und er sagt zu Jesus: »Denk an mich, wenn du in dein Reich kommst.« Die Charaktere dieser beiden Verbrecher sind klar beschrieben und dies ist kein Zufall. Wir finden diese beiden Charaktere überall wieder, in allen Bereichen des Lebens, sogar in uns, denn die Kreuzigungsszene Jesu, zwischen den beiden Verbrechern, ist auch ein Symbol unseres Innenlebens. Ihr werdet gleich verstehen, dass der erste Verbrecher den Verstand und der zweite das Herz darstellt und wie Christus, zwischen den beiden, das göttliche Prinzip darstellt, das sich durch die Seele und den Geist als Liebe und Weisheit, Wärme und Licht manifestiert.

Ich werde euch eine kleine Geschichte erzählen. Ein Bauer bat auf seinem Totenbett, man solle ihm den Pfarrer und den Notar holen. Man ließ die beiden holen und als der Bauer sie eintreten sah, gab er ihnen ein Zeichen, dass sie sich an sein Krankenbett setzen sollten, einer rechts und der andere links.

Alle beide waren überzeugt, dass der Sterbende nach ihnen geschickt hatte, um sein Testament zu diktieren und seine Sünden zu beichten. Der Bauer schaute sie von Zeit zu Zeit schweigend und mit offensichtlicher Zufriedenheit an, schloss dann immer wieder seine Augen und kümmerte sich nicht weiter um sie. Eine Viertelstunde ging so vorbei, eine halbe Stunde – und er hatte sich immer noch nicht geäußert. Der Notar und der Pfarrer wurden allmählich ungeduldig und baten schließlich seinen Sohn, ihn zu fragen, aus welchem Grund er sie hatte holen lassen. Der Sohn wandte sich an seinen Vater, der antwortete: »Mein Sohn, jetzt bin ich zufrieden, ich kann in Frieden sterben. Ich wollte nur wie Christus sterben: zwischen zwei Schächern.« Natürlich ist das nur eine Anekdote, aber es ist interessant festzustellen, dass symbolisch gesprochen der Notar den Verstand und der Pfarrer das Herz darstellt. Wenn die beiden Personen dieser Geschichte wirklich ein unehrlicher Notar und ein schlechter Pfarrer (das soll auch vorkommen!) waren, dann symbolisieren sie tatsächlich die beiden Schächer, im esoterischen Sinn der Geschichte.

Ich sagte euch also, dass der erste Schächer den menschlichen Verstand darstellt. Der Verstand ist erfüllt von Hochmut, Zweifel, Verachtung und Kritik. Er möchte immer bei einem Wunder dabei sein. Doch trotz dieses Bedürfnisses und obwohl es überall auf der Welt Wunder gibt, gelingt es ihm nicht, sie zu sehen. Der menschliche Verstand überlegt immer folgendermaßen: »Würde Gott existieren, so würde Er sich zeigen und Er würde mir Reichtum, Gesundheit, Schönheit, Unsterblichkeit usw. schenken. Die ganze Welt würde mir dienen. Ich würde niemals leiden.« Nach der Logik des Verstandes dürfte Gott nur existieren, um die Angelegenheiten der Menschen zu regeln. Bei der geringsten Unannehmlichkeit – entstanden, weil er sich dummerweise verkalkuliert hat – überhäuft er Gott mit seiner Kritik, seinen Anschuldigungen und seinem Protestgeschrei.

Das Herz seinerseits wünscht sich, nur in Freude und Leichtigkeit zu leben. Es erwartet, dass alles angenehm für es sei und wird ärgerlich, wenn ihm nur ein klein wenig Bitternis widerfährt und es nicht immer und überall eitel Sonnenschein und Freude begegnet.

Wenn der Verstand nicht vom Geist erhellt wird, wird er zum Opfer des Hochmuts. Wenn das Herz nicht von der Seele erwärmt wird, verfällt es der Zügellosigkeit. Beim geringsten Hindernis erfasst Hass den Verstand und Zorn das Herz. Der Hochmütige verachtet die ganze Welt, wenn er bemerkt, dass man ihn nicht in dem Maße schätzt, wie er es für angemessen hält. Er wird abweisend, schweigsam, lebt weit weg von allen in der inneren Kälte und bereitet sich ein ganz übles Schicksal, denn indem er sich innerlich verzehrt, vergiftet er sich. Das Herz hingegen, geizig und Besitz ergreifend, wird vom Feuer des Zorns verwüstet, wenn es fühlt, dass die Dinge und Wesen ihm entwischen oder ihm nicht ausschließlich gehören. Wenn ihnen nicht von Seele und Geist, das heißt von Liebe und Weisheit geholfen wird, versinken Herz und Verstand in der Hölle. Nur eines kann sie retten, nämlich ihre Herrschaften zu finden und ihnen als treue Diener zu dienen. Dann wird das Herz zum Gefäß der Seele und wird göttliche Liebe manifestieren; der Verstand wird zum Vermittler des Geistes und wird göttliche Weisheit manifestieren.

Der erste Schächer lehnte es ab, anzuerkennen, dass ein absolutes Gesetz von Ursache und Wirkung existiert.[1] Er war hochmütig und wollte nicht anerkennen, dass er sein Schicksal verdiente. Der zweite Schächer hingegen fühlte, dass er seine Strafe verdiente und sagte zum anderen: »Schweig! Du musst wissen, dass uns die göttliche Gerechtigkeit bestraft für unser Handeln, Jesus jedoch ist unschuldig.« Vom astrologischen Gesichtspunkt aus betrachtet wurde der erste Schächer unter einem schlechten Einfluss von Jupiter in einem ungünstigen Aspekt mit Saturn geboren. Der zweite Schächer wurde unter dem negativen Einfluss von Mars in einem schlechten Aspekt mit Venus geboren. Der erste hatte seinen Vater getötet und der zweite seine Frau, aus Eifersucht.* Der erste bereute sein Verbrechen nicht, der zweite bereute es jedoch, diejenige getötet zu haben, die er noch immer liebte.

* Anmerkung des Herausgebers: Der Leser wird von diesen biografischen Details, die nicht in den Evangelien erwähnt werden, überrascht sein. Man darf aber nicht vergessen, dass Omraam Mikhaël Aïvanhov zu Beginn des Vortrages ankündigte, er wolle die Kreuzigungsszene mit Christus zwischen den beiden Schächern als Symbol des Innenlebens interpretieren. Das heißt also, die Feststellung: »Der erste tötete seinen Vater und der zweite seine Frau aus Eifersucht«, sollte symbolisch als Drama unseres psychischen und spirituellen Lebens interpretiert werden.

Der Unterschied hingegen, der besteht zwischen dem Fehler des Herzens, den der Schuldige bereut und Vergebung erlangt und dem Fehler des Verstandes, den der Schuldige nicht bereut, entspricht auch gewissen Kulturphänomenen und psychologischen Typen, die genau bestimmt werden können.

Jede intellektuelle Auflehnung manifestiert sich kulturell durch einen übertrieben kritischen und zerstörerischen Geist, der in der Verneinung Gottes mündet. Wenn man nun den historischen Kontext betrachten möchte, um die Nuancen gewisser Strömungen deutlich zu machen, könnte man den Libertinismus und den Nihilismus anführen. Die Auflehnung gegen Gott, die den ersten Schächer veranlasst, Jesus nach Beweisen für seine Macht zu fragen, ist eigentlich nur die Wiederholung seines Vatermordes. Der Mord an seinem Vater stellt den Akt dar, durch den der Sohn sich von einer Vormundschaft befreien möchte, die er als unterdrückend und vom Wesen her sozusagen als göttlich empfindet. Aber dieser Mord befreit ihn nicht. Das Drama des Verstandes ist also wirklich der Hochmut, der sich durch die Behauptung seiner persönlichen Macht äußert, selbst dann, als seine totale Machtlosigkeit enthüllt wird, da er ja nur herrschen kann, wenn er zerstört und durch diese Zerstörung aber zugleich auch seine Herrschaft wieder zunichte macht.

Die Ermordung der geliebten Frau aus Eifersucht ist hingegen eine Handlung, durch die unbewusst eine Versöhnung, eine absolute Übereinstimmung gesucht wird. Othello zum Beispiel sah nach dem Mord an Desdemona seinen Fehler ein und erflehte die Vergebung des Opfers und des Himmels. Das Tor des Paradieses bleibt für denjenigen angelehnt, der trotz seines Verbrechens seine Liebe bewahrt hat, obwohl an dieser Liebe noch viel zu arbeiten ist, denn sie ist noch zu gewalttätig, zu ausschließlich.

Die Psychoanalyse hat durch die Analyse des männlichen Unterbewusstseins gezeigt, dass der Vater derjenige ist, den man immer verleugnen möchte (den Verstand) und die Frau oder die Mutter diejenige ist, die man immer besitzen möchte (das Herz), aber dass diese beiden Wünsche in der Radikalität ihrer Typologie im Ergebnis zum gleichen Verbrechen führen.

Der erste Schächer wollte also seine Fehler nicht einsehen und lehnte sich auf, während der zweite, der sich seines Verbrechens bewusst war, bescheiden war und die Leiden Christi mitempfand. Er beichtete ihm: »Meister, ich bin ein Verbrecher, ich habe meine Frau getötet, aber ich habe unter dem Einfluss einer Leidenschaft gehandelt, derer ich nicht Herr werden konnte. Ich bereue es, und da du der Sohn Gottes bist, verzeih mir.« Und Jesus antwortete: »Ich weiß, ich weiß. Wahrlich ich sage dir, heute noch wirst du mit mir im Paradies sein.«

Es wurde viel diskutiert über diese Antwort, die Jesus dem zweiten Schächer gab, und manche glaubten, er sei von der Demut und dem Vertrauen, die jener zeigte, berührt gewesen. Wer das Gesetz von Ursache und Wirkung nicht kennt, kann sagen, was er will, Tatsache aber ist, dass die großen Meister weder von guten Worten beschwichtigt noch von Kritik verletzt werden. Sie sehen in der tiefsten Tiefe der Seele, was der Mensch in der Vergangenheit gelebt hat, was er verdient und was er noch abzahlen muss. Wenn Jesus dem zweiten Schächer sagte, er werde mit ihm im Paradies sein, dann deshalb, weil dieser Mann in anderen Verkörperungen Gutes getan hatte. Nach dem Gesetz des Schicksals also musste er trotz seines Verbrechens für diese guten Taten belohnt werden. Der Mensch wechselt nicht augenblicklich vom bösen Menschen zum guten. Er kann nicht das Gute tun, wenn er nicht auch ein Element des Guten in sich trägt. Wenn ein paar Sekunden Reue ausreichen würden, um die Tore des Reiches Gottes zu öffnen, wie kommt es dann, dass so viele Sünder, die doch Worte der Reue ausgesprochen haben, noch immer in der Hölle sind?

Die Antwort Jesu beweist also die Wirksamkeit der Reue, aber die Reue ermöglicht keineswegs die vollständige Sühne aller Verbrechen der Vergangenheit. Der zweite Schächer konnte mit Jesus ins Reich Gottes eintreten, aber nur für eine gewisse Zeit. Er musste danach wieder zur Erde zurückkehren, um seine schlechten Taten wiedergutzumachen. Wer die

Gesetze nicht kennt, erklärt immer alles falsch.[2] Ein Mensch, der nur Böses getan hat, kann nicht ins Reich Gottes eintreten. Niemand kann für ihn eintreten, damit er unberechtigterweise dort hineinkommt, nicht einmal Christus, denn Christus ist der Erste, der die Gesetze beachtet. Es stimmt zwar, dass ihm alle Macht gegeben war, aber er bedient sich ihrer nicht, um sich gegen die Gesetze zu wenden. Ein wahrer Eingeweihter handelt niemals so, dass er seine Macht missbraucht oder willkürliche Entscheidungen trifft, so wie es die Menschen tun, sobald sie die Möglichkeit dazu haben.

Die meisten Christen stellen sich vor, dass Jesus handelte, ohne die Gesetze zu berücksichtigen, dass er jeden beliebigen Menschen von Krankheiten oder Dämonen befreien konnte. Das ist nicht richtig. Es gab viele Kranke und Besessene, die er nicht rettete, weil es ihr Schicksal war, noch leiden zu müssen. Er selbst sagte: »Und ich habe andere Schafe, die nicht aus diesem Hofe sind; auch diese muss ich bringen, und sie werden meine Stimme hören, und es wird eine Herde, ein Hirte sein« (Jh 10,16). Und an einer anderen Stelle: »Ich habe deinen Namen geoffenbart den Menschen, die du mir aus der Welt gegeben hast. […] Ich bitte für sie; nicht für die Welt bitte ich, sondern für die, welche du mir gegeben hast, denn sie sind dein« (Jh 17, 6-8). Warum hat Jesus Pharisäer und Sadduzäer nicht gerettet? Weil er nicht für sie gekommen war. Sie gehörten nicht zu seinen Schafen. Dies ist also der Beweis, dass die Schafe, die er retten durfte, gezählt und vorherbestimmt waren. Dies wissen die Christen nicht. Natürlich ist seine Philosophie, die Lehre, die er hinterlassen hat, für alle Menschen, aber das ist ein anderes Thema.

Ihr werdet sagen: »Aber, da Jesus doch gekreuzigt wurde, hatte er denn auch noch Fehler wiedergutzumachen?« Nein, er war ohne Sünde. Er wurde gekreuzigt zum Heil der Menschen. Ich sagte es euch übrigens bereits vorhin: Christus, der zwischen den beiden Schächern gekreuzigt wurde, ist ein Symbol, das man auch im Menschen wiederfindet, wo das göttliche Prinzip ständig vom Verstand und vom Herzen gekreuzigt wird. Der Verstand und das Herz, die an der Arbeit des göttlichen Prinzips teilnehmen sollten, behindern diese Arbeit nicht nur, sondern machen sich sogar über sie lustig oder verleugnen sogar seine Existenz. Auf diese Weise wird Christus ständig in uns zwischen diesen beiden Schächern gekreuzigt: dem hochmütigen Verstand und dem jähzornigen Herzen.

Hochmut und Zorn sind zwei hochwirksame Gifte, und nur sehr wenige Menschen haben die Macht, sie zu neutralisieren. Die Chemiker wissen, wie man Gifte mit Gegengiften neutralisiert, aber im Bereich des psychischen Lebens ist man unwissend, kennt man keine Gegengifte. Nur die Eingeweihten haben sich damit beschäftigt, Heilmittel gegen Hochmut und Zorn zu finden. Diese Heilmittel sind die Sanftmut und die Demut. In einer bestimmten astrologischen Überlieferung repräsentieren Saturn und Mars »das große Übel« und »das kleine Übel«, während Jupiter und Venus »das große Glück« und »das kleine Glück« repräsentieren. Und als Jesus sagte: »Kommt zu mir, die ihr beladen seid, ich werde euch erquicken, denn ich bin sanftmütig und demütig von Herzen«, reichte er seine Hände den beiden großen Übeln, die die Menschheit quälen: Zorn und Hochmut.

Sanftmut und Demut sind die beiden grundlegenden Tugenden für den Schüler, denn sie ermöglichen es ihm, die schwierigsten Probleme zu lösen. Der sanftmütige und demütige Mensch ist nicht schwach, wie man gewöhnlich glaubt. Da er die Wärme des vergeistigten Herzens und das Licht des vergeistigten Verstandes besitzt, bewegt er sich auf dem Pfad der Macht. Alle, die glauben, dass man gezwungenermaßen ein Opfer der anderen wird, wenn man Demut und Sanftmut in sich pflegt, irren gewaltig. Wer sanftmütig und demütig ist, besitzt Kraftreserven, die er sich angesammelt hat, und ist immer in

Sicherheit, denn es heißt in der Heiligen Schrift, dass Gott sich gegen die Hochmütigen wendet und die Demütigen erhebt.

Aber die Astrologen werden mich am besten verstehen, weil sie wissen, dass die Planeten Saturn und Mars als Missgeschicks- und Unglücksfaktoren betrachtet werden. Mars ist in seinem negativen Aspekt der Planet der Gewalttätigkeit und Saturn der Planet des Hochmutes. Die Gewalttätigkeit von Mars muss also durch die Sanftmut neutralisiert werden und der Hochmut Saturns durch die Demut.

Tatsächlich haben viele Menschen keine sehr klare Vorstellung von Hochmut und Demut und verwechseln oft das eine mit dem anderen. Wenn sie einen Menschen sehen, der sich vor den Mächtigen dieser Welt beugt und eine unterwürfige Haltung einnimmt, weil er sich ihnen gegenüber arm, unwissend und schwach fühlt, so sagen sie, er sei demütig. Aber wenn sie einen Menschen treffen, der das Reich Gottes verwirklichen will, rufen sie: »Was für ein Hochmut!« Nein, sie täuschen sich. Der erstere ist nicht demütig, weil er sich vor den Reichen und Mächtigen verneigt. Gebt ihm ein bisschen Reichtum, gebt ihm ein paar Gelegenheiten, aus seinen Lebensumständen herauszukommen, und ihr werdet sehen, ob er demütig ist! Lasst ihn ein paar Prüfungen durchmachen und ihr werdet sehen, ob er vor dem Herrn demütig ist. Wie viele Menschen lehnen sich bei den geringsten Schwierigkeiten gegen Gott auf oder verleugnen sogar Seine Existenz! Wahre Demut besteht nicht darin, sich vor den Mächtigen und Reichen zu verneigen, sondern vor Gott demütig zu sein. Wahre Demut besteht darin, dem Himmel dienen und seinen Willen ausführen zu wollen, darin, Achtung zu haben vor allem, was heilig ist und es in sich und um sich herum bewahren zu wollen. Selbstverständlich soll Jesus, wenn man die Meinung mancher Menschen hört, hochmütig gewesen sein, weil er sich »Sohn Gottes« nannte, weil er die Händler mit einer Peitsche aus dem Tempel vertrieb und die Pharisäer »Schlangenbrut« und »ausgebleichte Gräber« nannte... Nein, in

Wirklichkeit besaß Jesus wahre Demut, weil er vor dem Herrn demütig war und in den schrecklichsten Leiden sagte: »Vater, nicht mein, sondern dein Wille geschehe.«

Ein Hochmütiger ist jemand, der sich einbildet, von nichts und niemandem abhängig zu sein, so wie eine Lampe, die behauptet, sie spende das Licht, ohne zu ahnen, dass sie ohne das Elektrizitätswerk, welches ihr den Strom liefert, dunkel bleiben würde. Der Hochmütige glaubt, er selbst sei die Quelle aller Manifestationen. Der demütige Mensch hingegen weiß, dass nichts von ihm abhängt, und dass er, wenn er nicht mit dem Himmel verbunden bleibt, weder Kraft noch Licht noch Weisheit haben wird. Er vergisst niemals, dass er in Wirklichkeit nur ein Leiter ist. Ich möchte auf diese Frage nicht länger eingehen, aber ich kann euch sagen, dass derjenige, der glaubt, über allem zu stehen und nur von sich selbst abhängig zu sein und dabei die Kraftquelle vergisst, die sich durch ihn manifestiert, früher oder später damit endet, dass er alles verliert.

Ich werde euch eine kleine Geschichte erzählen. Es lebte einmal in der Antike in Babylon ein armer Steinklopfer. Er arbeitete am Rand einer Straße, auf der ein großer Eingeweihter jeden Morgen vorbeiging und sie grüßten sich jedes Mal. Eines Tages bat der Steinklopfer den Eingeweihten, ob er etwas tun könne, damit er ein bisschen aus seinem Elend herauskomme, und da dieser bemerkte, dass er ein guter Arbeiter war, sagte er: »Gehe zu jener Stelle. Dort ist ein Schatz vergraben. Nimm ihn und du wirst reich werden.« Von einem Tag auf den anderen wurde der Steinklopfer unglaublich reich. Er begann mit den hochgestelltesten Menschen zu leben und gab große Feste. Eines Tages wollte der Eingeweihte ihn besuchen, aber der frühere Steinklopfer hatte ihn vollständig vergessen, zu sehr war er beschäftigt mit den großen Persönlichkeiten, die er nun regelmäßig aufsuchte, und als man ihm den Besuch ankündigte, antwortete er: »Ein Prinz ist gerade bei mir. Er soll warten, bis ich frei bin.« Der Eingeweihte wartete sehr lange und schließlich kam jemand, um ihm zu sagen, dass er aus Zeitmangel nicht empfangen werden könne. Als er wieder ging, redete ihm der Engel, der ihn begleitete, ins Gewissen: »Glaubst du wirklich, dass du weise warst, als du diesem Mann geholfen hast? Wegen dir hat er seine Seele verloren und ist so hart und hochmütig geworden. Es bleibt dir nichts anderes übrig, als deinen Fehler wiedergutzumachen. Versuche ab jetzt besser zu verstehen, wem du helfen sollst.« Der Eingeweihte verstand und machte sofort seinen Fehler wieder gut: Der Neureiche verlor sein ganzes Vermögen und musste wieder Steine klopfen, und er sah wieder jeden Tag den Eingeweihten vorbeigehen.

Und wenn ich euch jetzt frage: »Kennt ihr die vier Grundrechenarten?«, werdet ihr mir antworten: »Natürlich können wir addieren, subtrahieren, multiplizieren und dividieren.« Und trotzdem kann ich euch versichern, dass diese Grundrechenarten äußerst schwierig zu verwirklichen sind. Die Mutter zum Beispiel beklagt sich, dass ihre Tochter mit einem Strolch die Addition vorgenommen hat und sie jetzt nicht mehr weiß, wie sie die Subtraktion bewerkstelligen soll. Denn das, was in uns addiert, ist das Herz. Das Herz kann nur addieren, es fügt immer hinzu und vermischt dabei alles. Es ist der Verstand, der subtrahiert. Die Seele multipliziert und der Geist dividiert. Betrachten wir einmal den ganzen Lebenslauf eines Menschen. Solange er ein Kind ist, hat er die Tendenz, alles zu berühren und in den Mund zu stecken, sogar das, was ihm Schaden zufügen kann. Die Kindheit ist das Alter des Herzens, der ersten Grundrechenart, der Addition. Wenn der Mensch größer wird, beginnt sich sein Verstand zu manifestieren, er beginnt, alles, was nicht notwendig, schädlich oder unangenehm ist, zurückzuweisen: er subtrahiert. Später stürzt er sich in die Multiplikation, deshalb bevölkert sich sein Leben mit Frauen, Kindern, Beziehungen und dem Erwerb von allem Möglichen. Wenn er schließlich alt ist, denkt er daran, dass er bald in die andere Welt hinüber geht, schreibt sein Testament und verteilt seine Güter an die einen oder die anderen: er dividiert.

Der Mensch beginnt also mit dem Ansammeln und anschließend weist er vieles zurück. Aber das, was gut ist, muss er einpflanzen, um es zu multiplizieren. Wenn wir die Gedanken und Gefühle nicht einzupflanzen wissen, lernen wir die wahre Multiplikation nicht kennen. Wissen wir jedoch, wie wir etwas einpflanzen sollen, erfolgt eine Multiplikation, eine reiche Ernte, und danach können wir dividieren, das heißt, die eingesammelten Früchte verteilen. Wir haben es im Leben ständig mit den vier Grundrechenarten zu tun. Etwas rumort in unserem Herzen, das wir nicht subtrahieren können. Oder unser Verstand verstößt einen wahren Freund unter dem Vorwand, er sei weder gelehrt noch nehme er in der Gesellschaft einen hohen Rang ein. Manchmal multiplizieren wir etwas Schlechtes und vernachlässigen das Einpflanzen von etwas Gutem. Wir müssen also damit beginnen, die vier Grundrechenarten unmittelbar im Leben selbst zu studieren. Danach gibt es da noch vier Bereiche der Mathematik, mit denen man sich näher befassen kann: die Potenzen, die Quadratwurzeln, die Logarithmen und die Antilogarithmen. Aber im Moment sollten wir uns damit zufriedengeben, die vier Grundrechenarten zu studieren, denn bis heute haben wir noch nicht einmal das Addieren und das Subtrahieren gelernt. Manchmal nehmen wir eine Addition mit einem wahren Schurken vor oder aber wir verwerfen aus unserem Kopf einen guten Gedanken, ein hohes Ideal, weil der Erstbeste uns gesagt hat, dass wir mit solchen Gedanken ganz sicher dem Hungertod erliegen.

Als ich von den beiden Schächern und von Christus sprach, sagte ich euch nicht, dass uns der zweite Schächer eine Methode an die Hand gibt, die wir jeden Tag anwenden können. Ich höre euch schon sagen: »Sofern uns diese Methode schnell großartige Ergebnisse liefert!« Oh ja, jeder sucht nach Methoden, die rasch zur Erfüllung seiner Wünsche führen. Aber diese schnellen Methoden bringen nicht immer die besten Ergebnisse hervor. Es gab einmal einen Studenten, der zu einem sehr gelehrten Professor ging, um sich von ihm unterrichten zu lassen. Er wollte alles lernen, und das sehr schnell. »Das ist machbar, aber hören Sie mir gut zu: Wenn die Natur etwas in sechs Monaten wachsen lässt, dann wird daraus ein Kürbis; will sie aber eine Eiche wachsen lassen, dann braucht sie dafür hundert Jahre. Also, die Wahl liegt bei Ihnen; wenn Sie ein Kürbis werden wollen, dann können Sie das sehr schnell erreichen.«

Natürlich gibt es viele Methoden und dank der Lehre, die ich von meinem Meister empfangen habe, kann ich euch ein paar ganz einfache mitteilen, die es euch ermöglichen, auf dem Pfad der Entwicklung fortzuschreiten. Heute gebe ich euch also eine sehr einfache Übung, die in den Worten des zweiten Verbrechers enthalten ist. Wenn ihr leidet, traurig und unglücklich seid, wenn euch Hindernisse oder Schwierigkeiten in eurem Leben im Weg stehen, solltet ihr sagen: »Herr, mein Gott, ich verdiene, was mir zustößt. Ich war weder folgsam noch gut noch gerecht. Aber hilf mir, ich möchte mich bessern. Verwandle mich, reinige alles in mir.« Ihr werdet dann feststellen, dass in euch eine Erweiterung, ein Licht entsteht. Und sobald ihr diese Erleichterung, diese Klarheit spürt, seid ihr im Reich Gottes, so wie der zweite Verbrecher, zu dem Jesus sagte: »Du wirst heute Abend mit mir im Paradiese sein.« Leider fällt man danach meistens wieder in den Zustand des ersten Verbrechers zurück und sagt ganz andere Worte: »Es gibt keine Gerechtigkeit! Alle anderen sind glücklich, nur ich nicht! Nur mir stößt alles Unglück zu!« Und natürlich kehrt dann sofort die Dunkelheit zurück. Wenn ihr täglich ganz ehrlich denkt, dass ihr euer Los verdient, weil ihr unwissend oder schwach wart, wird alles in euch verwandelt werden.[3] Es steht euch frei zu denken, dies sei keine gute Methode, aber ich sage euch, dass sie euch unverzüglich ins Reich Gottes führen wird.

Ich möchte euch gerne ein Abenteuer erzählen, das ich vor Jahren in Bulgarien erlebte. Ein Freund, der in der kleinen Stadt Dupnitsa wohnte, hatte mich eingeladen, einige Zeit bei ihm zu verbringen. Zu Mittag aßen wir in den Hügeln in der Nähe der Stadt. Eines Tages sollte ich vor ihm bei den Hügeln sein (er arbeitete in einer Verwaltung und konnte nicht mit mir zusammen losgehen), und an einem zuvor vereinbarten Ort auf ihn warten. Als ich durch die Stadt ging, begegnete ich auf den Straßen vielen Leuten, die aufgeregt und unruhig aussahen. Ich fragte, was passiert sei und man sagte mir, zwei Übeltäter, die von der Polizei verfolgt wurden, hätten die Stadt durchquert und seien in die Hügel geflüchtet, wo ich mit meinem Freund essen wollte. Ich hielt es für richtig, trotz allem dorthin zu gehen, da mein Freund ja auf mich wartete, und so ging ich los.

Ich war kaum bei den Hügeln angekommen, als ich hinter mir Schreie hörte. Ich drehte mich um und sah eine große Anzahl von Personen und darunter auch Polizisten, die ihre Waffen auf mich gerichtet hielten und mir sagten, ich solle stehen bleiben. Ich blieb stehen und verband mich sofort mit der unsichtbaren Welt, indem ich sagte: »Mein Gott, hilf mir in diesem schwierigen Augenblick.« Diese Leute hielten mich offensichtlich für einen der Übeltäter auf der Flucht. Ich hörte später, dass dieser Irrtum daher kam, dass ich eine braune Weste anhatte, die so ähnlich aussah, wie die der Übeltäter. Ich wartete und ließ alle diese Leute herankommen. Als sie bei mir waren, sah ich, dass sie Angst hatten, denn sie hielten mich wirklich für einen der Mörder. Ich sagte zu den Polizisten: »Ihr habt Waffen, aber ich habe eine bessere, mächtigere Waffe als die Ihre.« Und als sie mich staunend ansahen und nicht wussten, was sie von diesen Worten halten sollten, zog ich mein Evangelium aus der Tasche und sagte: »Dies ist meine Waffe, die noch mächtiger ist als Eure.« Da kamen sie noch näher und fragten mich, was ich da mache. Ich antwortete, dass ich auf einen Freund warte, mit dem ich hier essen wolle. »Das ist gut und schön«, sagten sie, »aber folgen Sie uns.«

Und ich stieg mit ihnen wieder zur Stadt hinunter, wo ich mit einem beeindruckenden Geleitschutz ankam. So wie falsche Gerüchte schnell entstehen und sich verbreiten, so hatte sich die Neuigkeit verbreitet, dass der erste Übeltäter gefasst worden war. Ich ging ganz ruhig mit, denn eine innere Stimme sagte mir: »Bleib ruhig, alles wird sich aufklären.« Als ich in die Polizeistation hineinging, setzte ich mich und begann allen, die da waren, einige Stellen aus den Evangelien zu erklären. Eine Stunde später wurde mein Freund ebenfalls auf den Hügeln, wo er mich treffen wollte, festgenommen. Als er meine Beschreibung wiederholte, begriffen die Polizisten, dass ich die Wahrheit gesagt hatte. Sie erzählten ihm, was geschehen war und sandten ihn zur Polizeistation, um mich zu holen. Als mein Freund ankam, sah er mit Erstaunen all die Polizisten um mich herum, die meiner Predigt zuhörten. Man ließ mich frei und draußen warteten viele Menschen. Als sie mich frei sahen und verstanden, dass ich nicht der Übeltäter war, sondern der Gast meines Freundes war, der in Dupnitsa wohnte, begannen sie, sich über die Polizisten lustig zu machen. Ich wurde sofort so populär, dass viele mich an den darauf folgenden Tagen sehen und sprechen wollten. Man ging mir nach, um mich kennen zu lernen. Als ich Dupnitsa verließ, um ins Rilagebirge aufzusteigen, wo unsere Bruderschaft die Zelte aufgeschlagen hatte, besuchten mich manche dort oben, um weiter mit mir zu sprechen. Von da an kam jedes Jahr eine Gruppe Einwohner von Dupnitsa, um mich bei den sieben Seen von Rila zu besuchen.

Ich habe euch von diesem Erlebnis, wo ich ein paar Augenblicke lang für einen Übeltäter gehalten wurde, lang und breit erzählt. In dieser Situation sagte ich aufgrund meines Einweihungswissens: »Vielleicht muss ich leiden, weil ich ohne es zu wissen gewisse Gesetze übertreten habe. – Aber ich will mich bessern. – Mein Gott, hilf mir.« Unter allen Umständen, selbst unter den schlimmsten, sollten wir beten, und als ich diese Worte innerlich ausgesprochen hatte, hörte ich eine innere Stimme, die mir sagte: »Bleib ruhig, heute noch wirst du im Reich Gottes sein«, und dies stellte sich als wahr heraus, denn dieser Tag war ein Festtag für mich: Dieses Missgeschick brachte mir viele Freunde und ich habe immer noch sehr gute Beziehungen zu den Einwohnern von Dupnitsa.

Wenn wir alles, was uns zustößt, mit Demut, Sanftmut, Vertrauen und innerer Freude akzeptieren, wird sich alles verändern.

Eine unermessliche Arbeit bahnt sich jetzt an, und der Himmel lädt uns ein, daran teilzunehmen. Diese Arbeit besteht darin, mehr Liebe und Licht zu bringen, zu zeigen, dass Demut und Sanftmut geeignet sind, die Menschen zu verwandeln und sie das Glück finden zu lassen. Man sollte sich mit seinem ganzen Herzen, seiner ganzen Seele, all seinen Gedanken und all seiner Kraft dieser großartigen Arbeit widmen. Überall im Universum bereiten die entwickelten Wesen der sichtbaren und unsichtbaren Welt die Ankunft des Reiches Gottes und Seiner Gerechtigkeit vor. Aber das Reich Gottes muss sich zuerst in unserem Herzen, in unserem Verstand, in unserer Seele und in unserem Geist verwirklichen, denn dort, in uns selbst, arbeiten die unsichtbaren Kräfte daran, das göttliche Leben eindringen zu lassen.

Meditieren wir jetzt ein paar Minuten zusammen. – »Dort, wo zwei oder drei in meinem Namen versammelt sind«, sagte Christus, »da bin ich mitten unter ihnen.« Zwei oder drei bedeutet nicht zwangsläufig zwei oder drei Personen, sondern Herz, Verstand und Wille. Jeder von uns kann zwei oder drei in seinem Inneren sein. Ihr könnt allein sein, wenn jedoch euer Verstand, euer Herz und euer Wille mit Christus verbunden sind, ist Christus in euch da.*

* Siehe Kap. 9 in diesem Buch: »Die geistige Galvanoplastik«.

Bittet heute Abend um alles, was am schönsten und erhabensten ist, denn der Himmel ist da und hört uns zu. Er hört immer zu, aber manchmal können wir uns aufgrund der Umstände kein Gehör verschaffen. An diesem Abend sind die himmlischen Wesenheiten da, ganz nah bei uns, dank der Atmosphäre, die wir hier im Saal schaffen konnten.

Ich wünsche euch Frieden, Freude und Licht. Mögen Sanftmut und Demut die Wunden heilen, die die beiden Übeltäter »Hochmut« und »Zorn« euch zugefügt haben!

Paris, 2. April 1938

Anmerkungen:

1. Siehe auch Band 12 der Reihe Gesamtwerke »Die Gesetze der kosmischen Moral«, Kap. 1: »Ihr werdet ernten, was ihr gesät habt«.
2. Siehe auch Band 12 der Reihe Gesamtwerke »Die Gesetze der kosmischen Moral«, Kap. 8: »Die Reinkarnation«.
3. Siehe auch Band 12 der Reihe Gesamtwerke »Die Gesetze der kosmischen Moral«, Kap. 4: »Die Gerechtigkeit«.

*Kapitel 2*

# Wenn ihr nicht sterbt, werdet ihr nicht leben

»Es waren aber einige Griechen unter denen, die heraufgekommen waren, um anzubeten auf dem Fest. Die traten zu Philippus, der von Betsaida aus Galiläa war, und baten ihn und sprachen: Herr, wir wollten Jesus gerne sehen. Philippus kommt und sagt es Andreas, und Philippus und Andreas sagen es Jesus weiter. Jesus aber antwortete ihnen und sprach: Die Zeit ist gekommen, dass der Menschensohn verherrlicht werde. Wahrlich, wahrlich ich sage euch: Wenn das Weizenkorn nicht in die Erde fällt und erstirbt, bleibt es allein; wenn es aber erstirbt, bringt es viel Frucht. Wer sein Leben lieb hat, der wird's verlieren; und wer sein Leben auf dieser Welt hasst, der wird's erhalten zum ewigen Leben.«

Jh 12, 20–25

»Wenn ein Korn nicht stirbt, bleibt es allein; wenn es aber stirbt, bringt es viel Frucht… Wer sein Leben liebt, wird es verlieren, und wer sein Leben hasst, wird es retten…« Man darf diese Worte nicht wörtlich nehmen, denn sie sind schrecklich. Man muss sie interpretieren. Man kann sie mit einer anderen Stelle aus dem Johannes-Evangelium vergleichen, als Jesus zu Nikodemus sagt: »Es sei denn, dass jemand aus Wasser und Geist geboren werde, so kann er nicht in das Reich Gottes eingehen«[1] oder auch noch die Stelle in der Genesis, wo Gott zum ersten Menschen sagt: »Von jedem Baume des Gartens darfst du nach Belieben essen; aber von dem Baume der Erkenntnis des Guten und Bösen, davon sollst du nicht essen; denn welches Tages du davon issest, wirst du gewisslich sterben.«[2] Ihr findet vielleicht, dass diese Ähnlichkeit gar nicht so offensichtlich ist, aber geduldet euch ein wenig und ihr werdet verstehen.

Gott sagte zu den ersten Menschen, dass sie nicht vom Baum der Erkenntnis des Guten und Bösen essen dürften, weil sie sonst sterben würden. Aber Adam und Eva aßen von der Frucht und blieben trotzdem am Leben. In Wirklichkeit gibt es keinen Tod in der Natur. Das, was man »Tod« nennt, ist nur die Veränderung eines Bewußtseinszustandes oder der Übergang von einer Ebene auf eine andere. Auf diese Weise wird derjenige, der auf der physischen Ebene stirbt, auf der Astral-Ebene geboren. Wenn er dort eine gewisse Zeit lang gelebt hat, stirbt er von neuem, um auf der Mental-Ebene geboren zu werden. Und so geht es weiter, bis er alle Ebenen durchlaufen hat. Ist dieser Durchlauf vollendet, kommt er wieder auf die physische Ebene zurück, wo er von neuem einen Zyklus beginnt. Alle großen Meister, alle großen Eingeweihten haben Folgendes in den Mysterien-Schulen gelehrt: wie man stirbt, um zu leben.

Von all dem, was Jesus seinen Jüngern enthüllte, wurde nur sehr wenig berichtet, da laut Johannes die Welt nicht weit genug sei, um alles aufzunehmen, was er getan und gesagt habe. Aber in den Evangelien findet man zahlreiche Elemente, derer man sich so ähnlich bedienen kann wie es Paläontologen tun, denen es gelingt, aus ein paar kleinen Knochen das ganze Skelett bestimmter prähistorischer Tiere zu rekonstruieren. Aufgrund der verstreuten Hinweise in den Evangelien können die Eingeweihten die Gedanken Jesu rekonstruieren.

Aber wenige Menschen ahnen, dass Jesus seinen Jüngern die grundlegenden Kenntnisse der Einweihungswissenschaft beibrachte: die Alchimie, die Astrologie, die Magie und die Kabbala. Man betrachtet die Apostel immer gerne als arme unwissende und primitive Fischer. Als hätte Jesus solche Menschen als Übermittler der erhabensten Wahrheiten ausersehen! Dem Anschein nach waren die Apostel zwar einfache Fischer, die keine Bildung hatten, aber in Wirklichkeit waren sie weit entwickelte Geister, die in ihren früheren Leben große Einweihungen erfahren hatten und die in der Geschichte der Menschheit bereits eine bedeutende Rolle als Propheten und Diener Gottes gespielt hatten. Ihre Seele und ihr Geist waren also bereits vorbereitet für die unermessliche Arbeit, die sie auf der Erde verrichten sollten. In seiner Apokalypse beweist Johannes umfassende kabbalistische und astrologische Kenntnisse[3] und durch all die Heilungen und andere Taten, die sie vollbrachten, bewiesen die Apostel, dass sie große spirituelle Kräfte besaßen.

Hermes Trismegistos sagte: »Alles, was unten ist, ist wie das, was oben ist, und alles, was oben ist, ist wie das, was unten ist.« In Wirklichkeit ist das, was unten ist, nicht identisch mit dem, was oben ist, es handelt sich nur um eine Analogie, eine Entsprechung. Wenn man in der Lage ist, alle Beziehungen, die es zwischen Wesen und Dingen gibt, zu interpretieren, entdeckt man eine ganze Wissenschaft, die man benutzen kann, um die wichtigsten Fragen des Lebens zu verstehen. Im Paradies durften Adam und Eva nicht vom Baum der Erkenntnis des Guten und des Bösen essen, um nicht zu sterben. Und das Gleiche gilt für uns: Auch wir müssen bestimmte Nahrungsmittel meiden, um nicht zu sterben.

Astrologisch gesehen entspricht der Tod dem Tierkreiszeichen Skorpion. Der Skorpion hat ein außergewöhnliches Verhalten: Wenn er sich bedroht glaubt, tötet er sich freiwillig selbst. Der Schüler muss die Eigenschaften des Skorpions besitzen und bereit sein, sich selbst symbolisch gesprochen zu töten. Alle wahren Alchimisten haben den Skorpion als Aszendenten. Der Skorpion ist das Zeichen, das Veränderungen und Tod und auch die sexuellen Leidenschaften regiert. Es ist verbunden mit den

Fortpflanzungsorganen. Der Stier, der dem Skorpion im Tierkreis gegenüberliegt, regiert den Hals und den Mund. Skorpion ♏ und Stier ♉ sind miteinander verbunden. Ihr könnt zum Beispiel beobachten, dass diejenigen, die ein exzessives Sexualleben führen, oft eine raue und heisere Stimme haben.

Ähnliche Verbindungen bestehen auch zwischen anderen verschiedenen Tierkreiszeichen; und würde man sie im Einzelnen in Bezug auf die ihnen entsprechenden Organe erforschen, wie viele interessante Entdeckungen könnte man dabei machen![4]

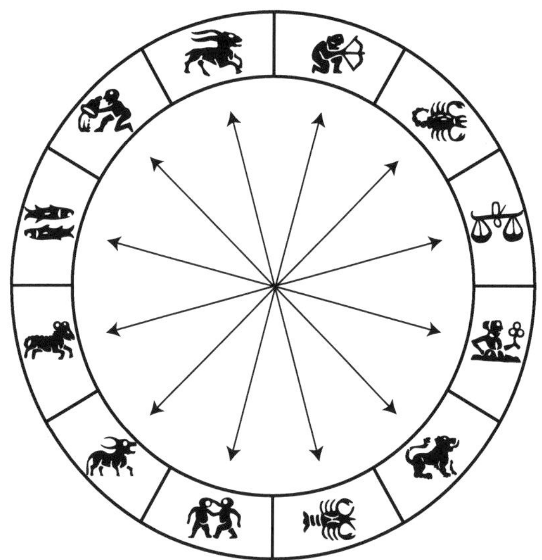

Der Widder ♈, der den Kopf regiert, ist verbunden mit der Waage ♎, welche die Nieren regiert.

Die Zwillinge ♊, welche die Lungen und die Arme regieren, sind verbunden mit dem Schützen ♐, der die Oberschenkel regiert.

Der Krebs ♋, der den Magen regiert, ist verbunden mit dem Steinbock ♑, der die Knie regiert.

Der Löwe ♌, der das Herz regiert, ist verbunden mit dem Wassermann ♒, der die Waden regiert.

Die Jungfrau ♍, die den Solarplexus und die Gedärme regiert, ist verbunden mit den Fischen ♓, die die Füße regieren.

Ein anderes Mal werden wir einige dieser Verbindungen genauer untersuchen.*

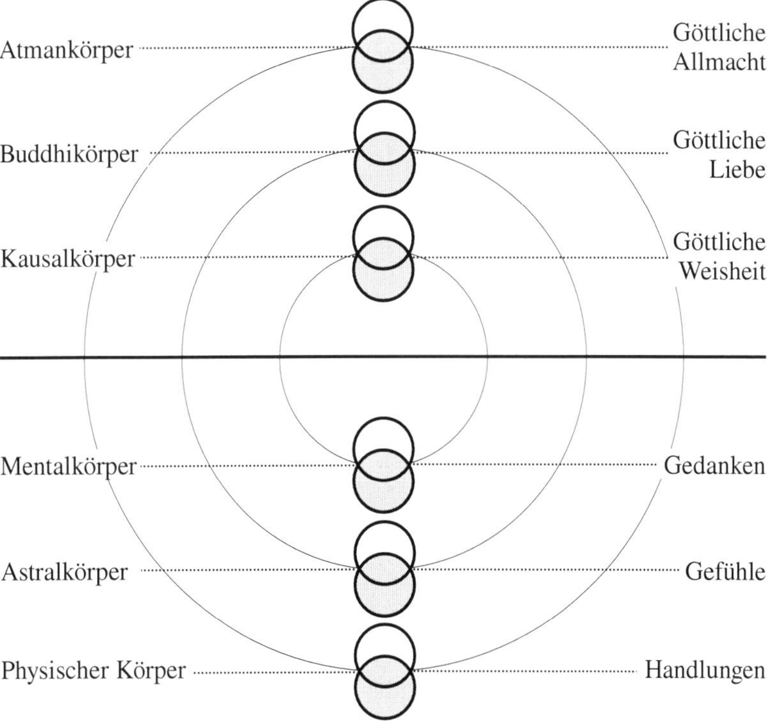


* Zu den Beziehungen zwischen den Füßen und dem Solarplexus siehe die Vorträge in diesem Band Kap. 6: »Das Wunder der zwei Fische und der fünf Brote«, und Kap. 7 »Die Füße und der Solarplexus«.

Der Einweihungswissenschaft zufolge, wie wir gesehen haben, besitzt der Mensch mehrere Körper: den physischen Körper, den Astralkörper, den niederen Mentalkörper, den höheren Mentalkörper (oder Kausalkörper), den Buddhikörper und den Atmankörper. Dies macht sechs Körper, die untereinander auf folgende Weise verbunden sind: Der Atmankörper (die göttliche Allmacht) ist verbunden mit dem physischen Körper (die menschlichen Handlungen), der Buddhikörper (die göttliche Liebe) ist verbunden mit dem Astralkörper (die menschlichen Gefühle), und der Kausalkörper (die göttliche Weisheit) ist verbunden mit dem Mentalkörper (die menschlichen Gedanken). Ihr seid vielleicht erstaunt, denn einmal spreche ich von drei Prinzipien: dem Herzen, dem Verstand und dem Willen, dann wieder von vier: dem Herzen, dem Verstand, der Seele und dem Geist; und jetzt spreche ich von sechs Prinzipien. Aber ja, man kann auch noch die Aufteilung in acht, zehn oder zwölf Prinzipien verwenden. Lasst euch nicht verunsichern, dies sind nur verschiedene Arten, die Dinge zu erklären und je nach den Fragen, die wir beantworten wollen, können wir die eine oder andere Abbildung verwenden. Ganz schnell und ohne ins Detail zu gehen, kann man bezüglich all dieser Aufteilungen Folgendes sagen:

Die *Eins* ist das ungeteilte Prinzip, der Anfang von allem, die Erste Ursache, das Höchste Wesen.

Die *Zwei* ist die Manifestation der Eins, die sich in Männlich und Weiblich, in aktiv und in Passiv polarisiert.

Die *Drei* ist das männliche und das weibliche Prinzip, die sich verbinden, um ein Kind zu zeugen. Es ist auch die Liebe und die Weisheit, die sich vereinigen, um die Wahrheit zur Welt zu bringen.

Die *Vier*, das sind die vier Zustände der Materie, die vier Elemente (Erde, Wasser, Luft, Feuer), die vier Kardinalpunkte.

Die *Fünf* ist der Mensch, der Stern mit fünf Zacken, das Pentagramm mit den fünf Tugenden: Liebe, Weisheit, Wahrheit, Gerechtigkeit und Güte.

Die *Sechs* ist die Widerspiegelung der Drei, die Symetrie der Drei in den beiden Welten, die Widerspiegelung der höheren Welt in der niederen Welt.

Die *Sieben* ist die Verbindung der vorgenannten sechs Bereiche durch ein Zentrum, das sie verbindet, nährt und ihnen Kraft spendet.

Die *Acht* ist die Wiederholung der Vier.

Die *Neun*, das sind die drei Prinzipien, die sich in den drei Welten wiederholen: in der physischen, in der spirituellen und in der göttlichen Welt.

Aber kehren wir zur Abbildung mit den sechs Körpern zurück. Es zeigt euch, wie derjenige, der fähig ist, im niederen Tun zu sterben, in der Region des göttlichen Tuns geboren wird, wie derjenige, der in den niederen Gefühlen stirbt, in der Welt der höheren Gefühle geboren wird und wie derjenige, der in den niederen Gedanken stirbt, in der Welt der höheren Gedanken geboren wird.

Diese Abbildung ist von großer Einfachheit, aber sie beinhaltet zusammengefasst eine einzigartige Wissenschaft. Wir werden in den nächsten Vorträgen oft die Gelegenheit haben, uns darauf zu beziehen.

Ihr habt bemerkt, dass auf diesen großen Kreisen zwei kleine Kreise auf jedem Körper aufgezeichnet sind. Dies ist ein sehr wichtiger Punkt. In der esoterischen Literatur findet ihr zu diesem Thema nur Erklärungen für den Ätherkörper, das Doppel des physischen Körpers. Das ätherische Doppel durchdringt den physischen Körper und bringt ihm Leben und Sensibilität. Wenn die Verbindung, die den physischen Körper mit seinem ätherischen Doppel vereinigt, durchtrennt wird, ist der physische Körper nur mehr ein Leichnam. Ihr kennt die Stelle der Auferweckung des

Lazarus im Johannes-Evangelium. Die Schwestern von Lazarus, Martha und Maria, schickten jemanden zu Jesus, um ihm zu sagen, dass ihr Bruder krank sei. Drei Tage später sagt Jesus seinen Schülern: »Lazarus, unser Freund, schläft; aber ich werde ihn wieder auferwecken.« Als Jesus in Bethanien ankam, verkündete man ihm den Tod des Lazarus, doch Jesus erweckte ihn wieder zum Leben. Er konnte ihn aber nur auferwecken, weil sein Ätherkörper noch nicht vollständig von seinem physischen Körper getrennt war, sonst wäre das nicht möglich, und deshalb sagte er: »Lazarus schläft, aber ich werde ihn wieder auferwecken.«

Es ist also das ätherische Doppel, das den physischen Leib belebt und ihm Sensibilität verleiht. Wenn man es schafft, das ätherische Doppel vom physischen Leib zu entfernen, wie dies bei den spiritistischen Sitzungen geschieht, kann der physische Leib unempfindlich gegen Stiche und Schläge werden. Die Ärzte fangen gerade erst an, diese Phänomene zu erforschen und werden eines Tages entdecken, dass es nicht der physische Leib ist, der Leben und Sensibilität besitzt, sondern der Ätherleib.

Der physische Körper hat also ein Doppel, und das gilt auch für die anderen Körper. Der Astralkörper besitzt ein astrales Doppel, das aus einer feineren Materie besteht. Wenn dieses Doppel schlecht funktioniert, treten im Astralkörper Schwierigkeiten auf. Auch der Mentalkörper besitzt ein mentales Doppel, das ihn durchdringt und ihm dabei Energie und Vitalität bringt. Wenn dieses Doppel in Unordnung gerät, kann der Mentalleib nicht richtig denken. Für die höheren Ebenen gilt genau das Gleiche: Alle Körper besitzen ihr Doppel.

Schaut auch einmal, wie unser Planet aufgebaut ist. Auf der Erdoberfläche befindet sich das Wasser, das einen Teil davon bedeckt und die Erde überall durchdringt, um sie zu beleben. Und noch weiter darüber befindet sich die Atmosphäre, die ebenso aus zwei Elementen besteht: aus Luft und Feuer (den Lichtstrahlen, die die Luft durchdringen). Überall finden wir dieses Prinzip des Doppels wieder.

Schauen wir uns einmal folgende Abbildung an:

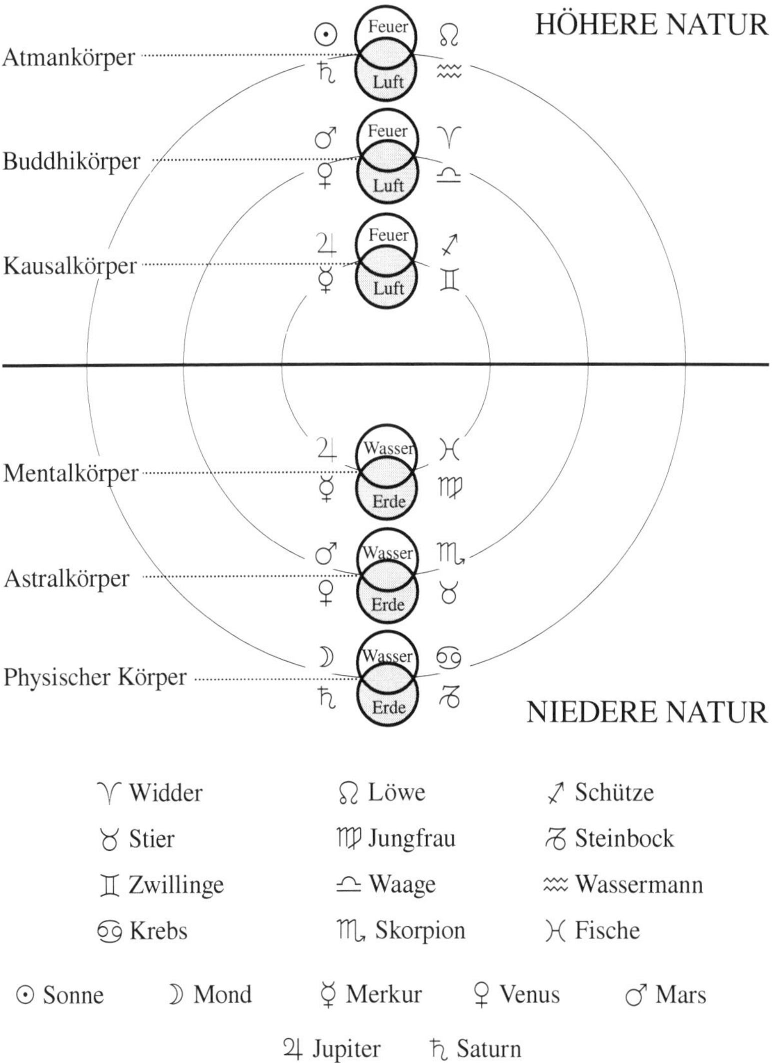

Im unteren Teil seht ihr bei jedem Kreis den kleinen Kreis der Erde, die in gewisser Weise die »Form« darstellt, die das Wasser durchdringt und belebt. Im oberen Teil ist die »Form« nicht mehr die Erde, sondern die Luft, die vom Feuer durchdrungen und belebt wird. Wir besitzen also drei Körper, die aus den beiden Prinzipien Erde – Wasser bestehen und drei weitere, feinere, die aus den beiden Prinzipien Luft – Feuer bestehen. Analog dazu stellen die drei höheren Körper die Atmosphäre dar.

Die zwölf Tierkreiszeichen werden in unseren sechs Körpern dargestellt, zwei für jeden Körper, während jeder Planet seinen Einfluss auf beide Welten ausübt: die obere Welt (die höheren Körper) und die untere Welt (die niederen Körper).

Auf der physischen Ebene befinden sich der Steinbock, der von Saturn regiert wird, und sein ätherisches Doppel, der Krebs (der ihm im Tierkreis gegenüberliegt), wo der Mond regiert.

Auf der Astral-Ebene befinden sich der Stier, der von der Venus regiert wird und sein Doppel, der Skorpion, sein Gegenüber, wo Mars regiert.

Auf der Mental-Ebene befinden sich die Jungfrau, die von Merkur regiert wird und ihr Doppel, die Fische, von Jupiter regiert.* Ich lasse euch die Entsprechungen für den oberen Teil der Abbildung selbst herausfinden. Ich möchte nur erwähnen, dass jeder Planet einen höheren und einen niederen Aspekt hat, wobei sich bezüglich der drei niederen Körper die Planeten in ihrem niederen Aspekt befinden und sich die drei höheren Körper im Gegensatz dazu in ihrem höheren Aspekt befinden. Es handelt sich um die gleichen Planeten, die sich auf der niederen und auf der höheren Ebene wiederholen und auf diese Weise die Verbindung zwischen den Körpern auf die Weise herstellen, dass sich folgende Tabelle daraus ergibt:

* Kommentar des Herausgebers: In dieser Abbildung wurden nur die traditionellen sieben Planeten verwendet.

♄☽ physischer Körper verbunden mit dem Atmankörper ♄☉
♀♂ Astralkörper verbunden mit dem Buddhikörper ♀♂
☿♃ Mentalkörper verbunden mit dem Kausalkörper ☿♃

Merkur und Jupiter regieren die beiden Ebenen des Verstandes (Mentalkörper und Kausalkörper); Venus und Mars regieren die beiden Ebenen der Gefühle (Astralkörper und Buddhikörper); Saturn, Mond und Sonne regieren die beiden Ebenen des Tuns, des Willens (Atmankörper und physischer Körper). Wir sehen also, dass der Atmankörper vom Wassermann beeinflusst wird, dem Menschen, der denkt und von seinem Doppel, dem Löwen (der Sonne), der das höhere Herz darstellt, während der physische Körper von Steinbock und von Krebs beeinflusst wird, das heißt von Saturn und von Mond, zwei Planeten der Verwirklichung in der Materie. Die Sonne stellt tatsächlich die Individualität, die höhere Natur des Menschen dar, während der Mond die Personalität, die niedere Natur des Menschen darstellt. Später werden wir diese Abbildung vertiefen, indem wir sie mit vielen anderen Themen verknüpfen. Für den Moment werde ich euch zeigen, wie man mit Hilfe dieser Abbildung die Frage der Erbsünde, des Sündenfalls erklären kann.

Die ersten Menschen lebten auf der Buddhi-Ebene, welche von der Waage und dem Widder beeinflusst wird, wo Venus und Mars regieren. Ihr Dasein verlief in Freude, Frieden und Freiheit. Sie lebten vereint mit Gott, allen Engeln und erhabenen Wesen. Venus, die die Waage regiert, brachte ihnen die Schönheit und die Sanftmut und Mars, der den Widder regiert, brachte ihnen die Energie, die unermüdliche Aktivität. Dank der Waage, die das Tierkreiszeichen des vollkommenen Gleichgewichts ist, waren alle Kräfte in ihnen harmonisch aufeinander abgestimmt. Jegliche Drangsal, welche die anderen Tierkreiszeichen – Stier und Skorpion –, die mit diesen Planeten verbunden sind, mit sich bringen, war ihnen unbekannt.

Doch Adam und Eva, die es gewohnt waren, die segensreichen Kräfte von Mars und Venus aufzunehmen, näherten sich nach und nach den folgenden Tierkreiszeichen. Ihr Wunsch, sie kennen zu lernen, trieb sie immer mehr in Richtung Skorpion, welcher der Waage im Tierkreis folgt und in Richtung Stier, welcher dem Widder folgt. Und weil sie diese neuen Elemente, diese neuen Kräfte dieser Tierkreiszeichen kennen lernen wollten, begingen sie ihre erste Sünde: Sie entfernten sich, verließen die Region des Gleichgewichts und des Friedens, die sie bewohnten, um sich in die Wirbel des Stiers und des Skorpions zu begeben, die in ihrem niederen Aspekt die Regionen der sexuellen Leidenschaften und der Gewalt sind. Sie starben also im Leben des Widders und der Waage und wurden im Leben des Stiers und des Skorpions geboren, deren Kräfte sie allmählich überschwemmten. Sie befanden sich nicht mehr auf der Buddhi-Ebene, in der Region der Harmonie, der Glückseligkeit und der Fülle, sondern auf der Astral-Ebene, wo das Durcheinander von Leidenschaften und ungestillten Wünschen herrscht. Dies ist die Bedeutung der Worte, die Gott an den ersten Menschen richtete: »… aber von dem Baum der Erkenntnis des Guten und Bösen sollst du nicht essen; denn an dem Tag, da du von ihm issest, musst du des Todes sterben.« Indem sie sich von den niederen Kräften von Venus und Mars forttreiben ließen, starben Adam und Eva auf der Buddhi-Ebene, um auf die Astral-Ebene hinabzufallen. Genau das nennt man den »Sündenfall«.

In der Vergangenheit schlossen sich diejenigen, die studieren wollten, nicht in Bibliotheken ein, um unzählige Bücher zu Rate zu ziehen, die übrigens gar nicht so sehr verbreitet waren wie heute. Die Menschen zählten viel mehr auf ihre Augen, ihre Ohren und ihr Gedächtnis, und die Lehre, die sie empfingen, war viel mehr eine mündlich überlieferte Lehre. Das Wissen basierte auf lebendiger Erfahrung. Heutzutage lernen die meisten Menschen aus Büchern und stopfen sich das Gehirn mit Wissen voll, ohne wirkliche Erfahrungen gemacht zu haben. Alle können auf mannigfaltige Fragen mit viel Gelehrsamkeit eingehen, indem sie Stellen von berühmten Autoren zitieren, aber sehr wenige nur wollen sich vom Leben belehren lassen. Und dennoch wurden alle Probleme seit langem im großen Buch der Natur bereits gelöst. Es gibt kein einziges Problem, für das ihr nicht eine einfache und klare Lösung entweder um euch herum oder in euch findet. Wenn ihr in Büchern nach Lösungen sucht, lauft ihr Gefahr, auf eine Menge verschiedener Meinungen zu stoßen, von denen ihr niemals wirklich wisst, welche zutreffend ist. Beobachtet ihr hingegen die Natur, Insekten, Pflanzen, Tiere oder sogar die verschiedenen Aufgaben des Menschen, werdet ihr die exakte Antwort finden. Nun, am Anfang dieses Vortrags, haben wir uns gefragt, was Jesus darunter versteht, wenn er sagt: »Wenn ihr nicht sterbt, werdet ihr nicht leben.« Beobachten wir die Natur, fragen wir sie, wie das möglich ist und sie wird uns antworten.

Die meisten Menschen denken, Sterben bedeute, ein für alle Mal zu verschwinden, und unter dieser Bedingung will selbstverständlich niemand sterben. Die Menschen klammern sich ans Leben, sie verteidigen es mit allen Mitteln und begehen sogar Verbrechen, um es zu bewahren, aber je mehr sie versuchen, es zu bewahren, desto weiter versinken sie in Leid und Tod. Sterben, um zu leben ist scheinbar die absurdeste Formel, die es gibt, aber in Wirklichkeit ist es das größte Geheimnis der spirituellen Wissenschaft. Diejenigen, die zu sterben wünschen, diejenigen, die zu sterben verstehen und es auch wagen, sind die einzig wahrhaft Lebendigen. Alle Unwissenden und Ängstlichen, die bei der Vorstellung zu sterben zittern, sind bereits tot. Aber ich habe es euch gesagt, Sterben bedeutet, den Bewusstseinszustand zu verändern.[5]

Was wird uns die Natur antworten auf die Frage, die wir ihr stellen? Wo werden wir Wesen finden, die es akzeptieren zu sterben, um zu leben...? Ihr habt alle schon Schmetterlinge gesehen, aber wie viele von euch haben ernsthaft über dieses große Geheimnis nachgedacht, das die Natur in die Schmetterlinge hineingeschrieben hat? Darüber, was sie uns sagen wollte durch die Verwandlung der Raupe in einen Schmetterling? Die Raupe ist ein unangenehmes und sogar abstoßendes Tierchen. Sie kriecht langsam über die Blätter und zerstört sie. Aber auf ihre Art und Weise ist die Raupe auch ein großer Philosoph: Eines Tages beginnt sie, über sich selbst nachzudenken. Sie findet sich hässlich und schädlich und beschließt, ihr Aussehen und ihre Tätigkeit zu verändern. Sie fängt also an, sich ganz tief in ihr Inneres zu versenken. Sie schließt sich in einen Kokon ein, wo sich unbekannte Kräfte an die Arbeit machen und sie nach und nach verwandeln. Bald sieht man aus diesem Kokon, in dem sich eine Raupe eingeschlossen hatte, einen Schmetterling in einem wunderbaren Kleid hervorkommen, mit Flügeln, mit denen er von Blume zu Blume fliegen und subtile Freuden kosten kann. Als Raupe verfolgte man dieses Geschöpf, weil es die Pflanzen zerstörte. Als Schmetterling sucht man es, um es zu bewundern; und seine Nahrung ist von den Blumen bereits zubereitet. Es nimmt nichts, was ihm nicht vorbestimmt ist.

Die Raupe, die sich in einen Schmetterling verwandelt, ist ein Symbol des inneren Lebens. Alle wahren Schüler der Einweihungswissenschaft wünschen sich nur eines: sich in einen Schmetterling zu verwandeln. Sie wollen aus dem Zustand der Raupe herauskommen. Dieser Zustand ist ein Entwicklungsstadium, das alle Menschen durchlaufen müssen. Der einzige Unterschied besteht darin, dass es für die einen kürzer und für die anderen länger ist. Aber für jeden kommt der Tag, an dem er fühlt, dass er dem begrenzten Leben der Raupe ein Ende setzen muss, in dem er nichts von der Herrlichkeit der Welt verstehen konnte, um als Schmetterling neu geboren zu werden, mit einem Leben in Freude, in Schönheit, in Freiheit. Wenn die Raupe sich weigert, mit dem Blätter fressen aufzuhören, stirbt sie nach 40 Tagen. Aber das ist dann nicht mehr der Tod, der eine Metamorphose ermöglicht, das ist ein endgültiger Tod.[6]

Die Natur arbeitet mit sehr bedeutungsvollen Zahlen, und die 40 ist die Zahl des Todes, die Zahl des Skorpions. Auf Hebräisch ist Mem מ der dreizehnte Buchstabe des Alphabets. Er entspricht unserem M und seine kabbalistische Zahl ist die 40. Dieser Buchstabe ist mit dem Tod verbunden und die Zahl, die ihm entspricht, die 40, wird als Grenze angesehen. Man muss wissen, wie man die Zahl 40 überschreiten kann. Es heißt, Jesus habe 40 Tage lang in der Wüste gefastet. Und Moses blieb 40 Jahre lang in der Wüste, nachdem auch er 40 Tage lang gefastet hatte. Wenn die Raupe ihr Leben als Raupe über die 40 Tage hinaus verlängern will, dann stirbt sie. Aber wenn sie fastet und sich in einen Kokon einschließt, verwandelt sie sich in einen Schmetterling. Vorher zerstörte die Raupe die Blätter, um sich zu ernähren und alle beklagten sich über sie. Jetzt ist sie ein reizendes junges Mädchen geworden, prächtiger gekleidet als Prinzessinnen, und anstatt sich zu beklagen, freuen sich die Blumen, von diesem bezaubernden und zarten Geschöpf besucht zu werden. Sie bieten ihm ihre Blätter an zum Ausruhen und ihre mit Nektar gefüllten Blütenkronen, damit es Honig sammeln kann.

Aber wie viele Menschen, die weniger weise sind als die Raupen, zählen einzig und allein auf die Blätter des Lebens und weigern sich anzuerkennen, dass es noch etwas Subtileres in der Natur gibt! Sie sagen: »Wir wollen nicht in eine Einweihungsschule eintreten, wir wollen uns nicht die Vergnügungen der Welt nehmen lassen, wir wollen weiter Blätter essen, es sind so köstliche darunter!« Diejenigen, die so denken, irren sich, denn im spirituellen Bereich gibt es so subtile, so köstliche Freuden, dass man sie nicht mit dem Vergnügen, einfach nur Blätter zu essen, vergleichen kann. Für die Raupe ist es unmöglich, sich diese süße Köstlichkeit vorzustellen. Aber um diese Freuden kennen zu lernen, muss man bereit sein, dem Leben in allen niederen Bereichen ein Ende zu setzen. Man muss im Hass sterben, um in der Liebe zu leben, man muss in der Furcht sterben, um in innerer Heiterkeit zu leben, man muss im Zweifel sterben, um sich in der

Sicherheit zu entfalten. Jedes Mal, wenn man in einem niederen Gefühl stirbt, wird man sofort in einer höheren Freude neu geboren. Gott ist nicht derart geizig und grausam, dass Er uns aller Freuden berauben würde. Im Gegenteil, Er hat Wunder für uns bereitet, die unser Vorstellungsvermögen überschreiten. Paulus sagte: »Weder hat das Auge gesehen noch das Ohr gehört, was Gott denen bereitet, die Ihn lieben.« Im spirituellen Leben findet man vielerlei Freuden, doch um sie kennen zu lernen, müssen wir aufhören, »Blätter«, banale Freuden zu essen.

Ich bin immer wieder erstaunt, dass sich manche Menschen an altem Fleisch ergötzen und es der Reinheit der Früchte vorziehen. Aber das ist so, und das Gleiche gilt für Gefühle und Gedanken. Oft nimmt man Gedanken und Gefühle auf, die genauso sind wie verrottetes Fleisch und man findet sie köstlich. Aber nach 40 Tagen dieser Ernährungsweise, die uns die unsichtbare Welt zugesteht, sagt sie zu uns: »Jetzt ist es genug! Verschließe dich in einen Kokon, arbeite, bete, meditiere, faste, sonst wirst du endgültig sterben.« Ein wahrer Schüler wird das verstehen und sich dazu entschließen, sich zu ändern. Wie der Skorpion sticht er sich selbst, um in der niederen Welt zu sterben und im spirituellen Bewusstsein neu geboren zu werden. Von eben dieser neuen Geburt sprach Jesus. Wenn ihr jetzt diesen Gegebenheiten keinen Glauben schenken wollt, werdet ihr dazu gezwungen, sie früher oder später nachzuprüfen, auf eure Kosten.

Um euch ein bisschen zu entspannen, werde ich euch heute, wenn ihr wollt, Nasradin Hodja vorstellen. Wer ist Nasradin Hodja? Ihr wisst, dass mehr oder weniger jedes Land seinen Volkshelden hat, der alle möglichen Abenteuer erlebt. In Bulgarien haben wir Hiter Peter und in der Türkei erzählt man sich die Geschichten von Nasradin Hodja.

Eines Tages steigt Nasradin Hodja auf einen Baum, um ein paar Äste abzusägen. Ein Mann, der gerade vorbeigeht und ihm zuschaut, ruft ihm zu: »He, Nasradin Hodja, pass auf, siehst du nicht, dass du gerade dabei bist, den Ast abzusägen, auf dem du sitzt? Du wirst herunterfallen.« – »Lass mich in Ruhe«, antwortet Nasradin Hodja, »ich weiß, was ich mache«, und er fährt mit dem Sägen fort. Ein paar Augenblicke später ist der Ast natürlich durchgesägt und Nasradin Hodja fällt zu Boden. Er steht ganz erstaunt auf und sagt: »Wie konnte dieser Mann wissen, dass ich hinunterfalle? Das muss ein Prophet sein.« Und er läuft ihm nach und schreit: »Herr Prophet, da Ihr voraussagen konntet, dass ich vom Baum fallen werde, so wisst Ihr sicherlich auch viele andere Dinge. Könnt Ihr mir sagen, wann ich sterben muss?« Der Mann antwortet ihm amüsiert und im Scherz: »Nach meinen astrologischen Berechnungen sehe ich, dass Dein Tod herannaht. Er wird in drei Tagen eintreffen.« Nasradin Hodja kehrt nach Hause zurück, um seiner Frau Fatima diese Neuigkeit mitzuteilen und bittet sie, alles Nötige für seine letzten Momente zu bringen. Er versammelt seine Freunde und sagt zu ihnen: »Meine lieben Freunde, ich werde euch verlassen, aber weint nicht um mich.« Da Fatima schluchzt und mit ihren Klagerufen viel Lärm macht, sucht sich Nasradin Hodja ein ruhiges Plätzchen im Wald, wo er sich sein Grab zu schaufeln beginnt. Er bringt alle möglichen Vorräte herbei, legt sich ruhig nieder und beginnt zu essen und zu trinken und denkt dabei, dass der Prophet Mohammed persönlich vorbeikommen werde, um ihn ins Paradies zu holen (denn er glaubt, einer der Gerechten zu sein!), wo er Berge von Hammelfleisch und schönen Frauen finden würde (was ihn besonders erfreut, denn Fatima ist ziemlich hässlich). Er ist also sehr glücklich und findet, dass Sterben großartig ist. Sein Grab liegt zu Füßen eines Haselstrauchs und von Zeit zu Zeit löst sich eine Haselnuss und fällt zu ihm hinab. Er hebt sie auf, knackt sie und knabbert sie mit Vergnügen.

Gegen Ende des dritten Tages zieht der Lärm einer herannahenden Karawane seine Aufmerksamkeit auf sich. Als er das Läuten der Glöckchen hört, sagt er sich: »Dies ist ganz bestimmt der Prophet Mohammed, der mich mit seinem ganzen Gefolge aufsucht.« Um ihn kommen sehen zu können, hebt er den Kopf aus seinem Grab. Doch sein plötzliches Auftauchen versetzt die Kamele in Angst und Schrecken. Sie bäumen sich auf und schlagen aus. Als die Kamelführer merken, wer die Ursache dieser Aufregung ist, werfen sie sich mit ihren Peitschen und Stöcken auf Nasradin Hodja und verabreichen ihm eine schöne Tracht Prügel. Der arme Nasradin Hodja kehrt mit blauen Flecken nach Hause zurück. »Und«, fragt seine Frau, »wie war's im Paradies?« – »Oh!«, antwortet Nastradin Hodja, »es war sehr gut, man kann dort essen und trinken, bis man satt ist, aber man erhält auch ganz schön viel Prügel. Hier siehst du den Beweis.« Viele Leute verhalten sich wie Nasradin Hodja: Sie bereiten sich auf das Sterben vor, indem sie Vorräte anhäufen. Sie glauben, dass sie auf genau diese Weise ins Paradies gelangen!

Welchen Zusammenhang gibt es zwischen der Abbildung, die ich euch gezeigt habe und der Verwandlung der Raupe in einen Schmetterling? Der untere Teil der Abbildung stellt die Raupe dar, welche die Blätter zerstört. Ihrer Logik zufolge wurde die ganze Welt für sie erschaffen, was ihr das Recht gibt, alles zu verwüsten, ohne sich um die Gesetze der Natur zu kümmern, die es übrigens in ihren Augen gar nicht gibt. Ihr Leben ist begrenzt, traurig, dunkel: begrenzt aufgrund ihres zerstörerischen Vorgehens, traurig wegen ihrer rein materiellen Vergnügungen und dunkel aufgrund ihrer egoistischen Gedanken. Die obere Hälfte stellt den Schmetterling dar, der frei ist zu fliegen, sich von Nektar zu ernähren und sich an der Schönheit der Welt zu erfreuen. Der Schmetterling stellt den Schüler der göttlichen Wissenschaft dar. In den Blättern zu sterben heißt, für die Blüten und den Nektar zu leben. Die Freiheit, das Licht, die Schönheit, dies ist das Glück, in dem der Schmetterling lebt.

Als ich vor Jahren mit einem Freund in Tarnovo in Bulgarien lebte, arbeitete ich sehr viel: Ich las, meditierte und machte spirituelle Experimente bis spät in die Nacht hinein. Manchmal war ich durch meine Arbeit am Morgen so müde, dass ich nicht aufstehen konnte, um beim Sonnenaufgang dabei zu sein. Dies störte mich sehr, denn wie alle Brüder und Schwestern unserer Bruderschaft in Bulgarien, hatte ich die Gewohnheit, jeden Tag im Frühling den Sonnenaufgang zu betrachten. Dies ging eine Weile so weiter, bis ein kleiner Vogel es sich angewöhnte, jeden Morgen noch bevor der Tag anfing, sich auf mein Fensterbrett zu setzen und mit seinem Schnabel gegen die Scheibe zu klopfen. So wachte ich auf und sagte zu ihm: »Ja, ja, ich stehe gleich auf.« Und der Vogel sang voller Freude. Er flog weg und kam mit ein paar anderen Vögeln zurück, um die Krümel aufzupicken, die ich ihnen dort hingestreut hatte. Jeden Morgen vor Sonnenaufgang kam dieser Vogel, um mich zu wecken. Wer hat ihn geschickt? Ich bedankte mich bei ihm von ganzem Herzen, denn sein Kommen bereitete mir eine große Freude. Ich sah darin eine Manifestation der Engelswelt, die mich durch diesen kleinen Vogel wecken wollte. Er gab mir ein gutes Beispiel und ich möchte es so machen wie er. In diesem Moment fühle ich mich wie dieser kleine Vogel: Ich klopfe an eure Fenster und sage zu euch: »Wacht auf, denn die Sonne geht auf, die Sonne des neuen Lebens, die Sonne der unbegrenzten Liebe, der allwissenden Weisheit und der allmächtigen Wahrheit.« Wenn ihr nicht aufwacht, wenn die Sonne über der Welt aufgeht, werdet ihr in der Dunkelheit ausharren müssen.

Wir sollten auf der Ebene unserer niederen Neigungen sterben, um in allem zu leben, was schön, lichtvoll, strahlend und belebend ist. So werden wir in die neue Kultur eintreten, die in die Welt kommt, die Kultur des Goldenen Zeitalters der Liebe, der Weisheit und der Wahrheit.

OM TAT SAT!

Paris, 9. April 1938

Anmerkungen

1. Siehe auch Band 209 der Reihe Izvor »Weihnachten und Ostern in der Einweihungslehre«, Kap. 2: »Die zweite Geburt«.
2. Siehe auch Band 210 der Reihe Izvor »Die Antwort auf das Böse«, Kap. 1: »Die zwei Bäume im Paradies«.
3. Siehe auch Band 230 der Reihe Izvor »Die himmlische Stadt«.
4. Siehe auch Band 220 der Reihe Izvor »Der Tierkreis, Schlüssel zu Mensch und Kosmos«, Kap. 6: »Die Achse Jungfrau-Fische«.
5 Siehe auch Band 240 der Reihe Izvor »Söhne und Töchter Gottes«, Kap. 3: »Wer sein Leben retten will, wird es verlieren«.
6. Siehe auch Band 27 der Reihe Gesamtwerke »Die Pädagogik in der Einweihungslehre«, Kap. 7:»Die Rolle eines Meisters«.

*Kapitel 3*

# Lebendiger und bewusster Austausch

Unter allen Wissenschaften gibt es eine, die Rätsel aufgibt und die ein helles Licht auf folgende drei Begriffe wirft: Gott, Natur und Mensch. Diese Wissenschaft ist die Kabbala. Seit uralten Zeiten wird der Mensch als eine Zusammenfassung des Universums betrachtet. Er wurde in den Tempeln als ein Schlüssel dargestellt, der fähig ist, die Tore des Palastes des großen Königs des Kosmos zu öffnen, denn alles, was im Universum an Materie und Energie existiert, findet sich in geringerem Maße im Menschen wieder. Deshalb wurde das Universum »Makrokosmos« (große Welt) und der Mensch »Mikrokosmos« (kleine Welt) genannt. Und Gott ist der Name des erhabenen Geistes, der die große und die kleine Welt erschaffen hat, der sie belebt und ihr Dasein aufrechterhält.

Um zu leben und sich zu entwickeln, muss dieser Mikrokosmos, der Mensch, in ständigem Kontakt mit dem Makrokosmos, das heißt mit der Natur bleiben. Er muss ständigen Austausch mit ihr pflegen, und genau das nennt man Leben. Das Leben ist nichts anderes als ein ununterbrochener Austausch zwischen dem Menschen und der Natur. Wenn dieser Austausch beeinträchtigt wird, folgen Krankheit und Tod. Alles, was wir essen und atmen, ist das Leben Gottes selbst. Es existiert nichts im Kosmos, das nicht vom göttlichen Geist belebt und beseelt wird. Alles lebt, alles atmet, alles pulsiert und kommuniziert mit diesem großen Strom, der aus Gott hervorströmt, um die Welt zu überfluten, von den Sternen bis zu den kleinsten Atomen. Paulus sagte: »Denn in ihm leben und weben und sind wir« (Apg 14,28).

Alles ist Atmung, Ernährung, ununterbrochener Austausch; wenn wir denken, vollziehen wir einen Austausch in der mentalen Welt; wenn wir Gefühle empfinden, vollziehen wir einen Austausch in der astralen Welt; wenn wir essen, vollziehen wir einen Austausch in der physischen Welt. Die drei wichtigsten Prozesse des Daseins sind die Ernährung, die Atmung und das Denken. Wenn wir nicht essen, sterben wir; wenn wir nicht atmen, sterben wir; wenn wir nicht denken, sterben wir auch, obwohl es in diesem Fall kein physischer Tod ist.

Austausch ist der Schlüssel des Lebens. Er erklärt Erfolg und Misserfolg, Gesundheit und Krankheit, Schönheit und Hässlichkeit, Reichtum und Armut. Die meisten Menschen leben zwar, aber aufgrund der Art und Weise wie sie sich ernähren, atmen usw., verstopfen sie die Kanäle ihres Organismus. Der normale Austausch zwischen der Natur und ihnen kann also nicht mehr auf die richtige Weise vonstatten gehen und sie werden krank. Das Gleiche gilt für das Denken: Wenn unser Gehirn nicht auf die richtige Weise lichtvolle Gedanken empfängt und die schlechten Gedanken zurückweist, so wie man Asche und Abfälle wegwirft, so gerät es in Unordnung.[1]

Wir beklagen uns manchmal, uns nicht gut zu fühlen; das kommt daher, dass wir es nicht verstehen, den richtigen Austausch vorzunehmen: Unser Herz ist nicht offen, wir sind engstirnig, verschlossen, hochmütig, wir wollen allein und unabhängig bleiben. Wir glauben, wir seien weiser auf diese Art, aber solch eine Haltung erschwert den Austausch, den wir mit der Natur und den Menschen haben sollten. Wer gibt und sein Herz öffnet, verwirklicht den vollkommenen Austausch und ein neuer Verstand erwacht in ihm, dank dem er die tiefgehendsten Themen zu verstehen beginnt. Man fragt ihn: »Wissen Sie, dass der und der Philosoph das geschrieben hat, was Sie sagen?« Nein, er weiß es nicht, aber das ist auch nicht so wichtig. Das, was er wirklich kennt, ist der Austausch, weil er ihn lebt und fühlt. Es ist gut und schön, zu sagen, dass der und der Denker dieses oder jenes geschrieben hat, aber noch besser ist es, Beweise zu liefern, die aus der eigenen Erfahrung stammen. Anstatt immer andere Autoren zu zitieren, die mehr oder weniger deformiert oder verrucht sind, die ihre Bücher in Cafés mitten im Rauch und derben Gesprächen geschrieben haben, sollte man sich lieber mit der einzig wahren unerschöpflichen und unsterblichen Quelle verbinden: mit der Natur. Von nun an sollten alle Zitate dem großen Buch der Natur entnommen werden, wo alles geschrieben steht. Alle Menschen werden vergehen, und angesichts der Tatsache ihrer Unvollkommenheit, haben sich alle mehr oder weniger geirrt, die Natur jedoch, die ewig lebendig und wahrhaftig bleibt, kann uns unterweisen.

Ein Magier ist niemand anderes als ein Wesen, das einerseits die Struktur des Menschen und der Natur tief greifend kennt, und ebenso den Austausch, den er mit Hilfe seiner Gedanken, seiner Gefühle und seines Tuns mit ihr pflegt. Ein wahrer Magier arbeitet mit Hilfe all dessen, was rein, edel und göttlich ist, denn er weiß, dass jeder Blick, jedes Wort, jede Geste ebenso wie jeder Gedanke, jedes Gefühl und jede Handlung ein magisches Mittel ist. Alles, was dazu beiträgt, die Wesen näher zu Gott auf den Weg der Vollkommenheit zu führen, ist weiße Magie.[2] Alles hingegen, was die Vollkommenheit des Menschen verzögert und ihn von der göttlichen Quelle entfernt, ist schwarze Magie. Ob man das weiß oder nicht, es ist so. Diese Begriffserklärung ermöglicht es jedem selbst festzustellen, ob er ein Weiß- oder ein Schwarzmagier ist. Alle Menschen üben unbewusst Magie aus, genau so wie Monsieur Jourdain* Prosa schrieb, ohne dass

* Hauptfigur in Molières Komödie »Der Bürger als Edelmann« (wohlhabender, aber ziemlich einfältiger Geschäftsmann, der um jeden Preis gesellschaftliches Ansehen gewinnen will).

er es wusste. Aber wenn man ihnen ganz klar zeigt, dass dieser hasserfüllte Blick oder jene disharmonische Geste schwarze Magie ist, sind sie empört. Der größte Magier, den es gibt, ist die Sonne, denn unter der Berührung ihrer Strahlen keimt und blüht alles in der Natur und trägt Früchte.

Unter den Künstlern gibt es viele, die Übermittler schädlicher Einflüsse sind. Heutzutage sind die meisten Bücher, Theaterstücke, Filme, Gemälde und musikalischen Werke verbogene Schöpfungen, die die Menschheit in niedere Regionen hinabziehen. Und wenn ihr darauf hinweist, dass man dem Publikum nur gepanschte oder vergiftete Nahrungsmittel gibt, wird man euch antworten, dass das die einzig verlockenden sind. Damit ein Schauspiel oder ein Buch interessant ist, müssen Spionage, Diebstahl, Ehebruch, Morde, Boxen, Catchen oder Stierkämpfe darin vorkommen. Es ist nicht erstaunlich, dass dann all diese Bilder Tag und Nacht im Unterbewusstsein der Menschen arbeiten und dass diese eines schönen Tages auf die eine oder andere Weise ausführen, was ihnen gezeigt wurde. Die Menschen vergessen oft, dass es auch einen erhabenen Aspekt des Lebens gibt, den es zu erforschen und darzustellen gilt, denn nur durch ihn können sie ihr Dasein verbessern und verschönern. Aber man könnte auch sagen, dass es ihnen immer weniger gelingt, dort ihre Nahrung zu finden.

Ein Eingeweihter kennt den Wert, die Bedeutung und die Tiefe jedes Tons, jeder Farbe, jeder Form, jeder Bewegung. Er kennt ihren Einfluss auf die menschliche Seele, er kann unterscheiden und auswählen und er arbeitet bewusst an jeder seiner Gesten und an all dem, was aus ihm hervorkommt, damit es harmonisch, voller Anmut, Schönheit und Sanftmut ist. Und so gehen alle Menschen, und selbst die Tiere, zu ihm wie zu einer Quelle frischen Wassers, einer mächtigen Feuerstelle voller lebendiger Ausstrahlungen. Wenn ihr euch bei einem wahren Musiker befindet, und sei es auch nur für ein paar Minuten, atmet ihr seine musikalische Atmosphäre ein und ihr werdet ebenso zu einem Musiker. Bei einem wahren Maler, werdet ihr zum Maler und bei einem Poeten beginnt auch ihr, die wahre Poesie der Dinge zu fühlen. Bei demjenigen hingegen, der weder Musiker noch Maler noch Poet ist, könnt ihr ein ganzes Jahrhundert lang bleiben und ihr werdet nichts lernen. Deshalb sagen die Orientalen, dass man in fünf Minuten bei einem wahren Meister mehr lernt als in zwanzig Jahren in der größten Universität der Welt. In der Nähe eines Meisters lernt man die Wissenschaft des Lebens, weil jeder große Meister das wahre Leben mit sich bringt.

Wir müssen verstehen, dass die wahre Wissenschaft nicht von außen kommt. Hier habt ihr ein sehr einfaches Beispiel: Ihr seid Schüler eines berühmten und geschätzten Professors, bei dem eure Gelehrsamkeit ihren Anfang nimmt. Aber eines Tages begegnet ihr einem kleinen Professor (das heißt einem hübschen jungen Mädchen), und sofort vergesst ihr den berühmten Professor, um zum Schüler dieses jungen Mädchens zu werden, das überhaupt nicht berühmt ist. Warum? Weil der erste Professor viele große Dinge außerhalb von euch bewirkt hat, aber sehr wenig in eurem Inneren, der zweite Professor hingegen lehrt euch äußerlich nichts, aber er macht euch das Herz weit. Es kann vorkommen, dass euch jemand auf wunderbare Weise eine sehr tief schürfende Philosophie erklärt, ohne dass ihr davon bewegt oder berührt werdet, während ein anderer zu euch in einer weniger gelehrten Sprache spricht, euch jedoch bewegt. Die Eingeweihten geben äußerlich immer sehr wenig, innerlich jedoch viel. So wie der Geist, der in unserem Inneren auf eine für uns unverständliche Weise arbeitet, zünden die Eingeweihten in uns die Lampen an und erfüllen uns mit intensivem Leben. Die Welt ist voller Menschen, die uns äußeres Wissen oder äußere Reichtümer geben können, doch derjenige, der uns innere, subtile Reichtümer geben kann, ist ein wahrer Eingeweihter.

Die Natur ist das große Buch, das man von jetzt an lesen lernen sollte. Sie ist das große kosmische Reservoir, mit dem wir in Verbindung treten sollten. Wie stellen wir diese Verbindung her? Ganz einfach: mit dem Geheimnis der Liebe. Wenn wir die Natur lieben, wird eine große Kraft aus uns hervorsprudeln. Diese Kraft der Liebe ist eine Quelle, die sprudelt und die Unreinheiten wegspült. Dank ihr werden wir die Kanäle öffnen, die in uns verstopft sind und ein Austausch wird stattfinden, der uns das Elixier des ewigen Lebens schenken wird.

Alle Menschen suchen das Glück. Ob sie nun gelehrt oder unwissend, reich oder arm, stark oder schwach sind, die Menschen suchen allesamt das Glück. Aber das Glück befindet sich weder im Ruhm noch in der Schönheit, noch in der Macht, noch im Reichtum, noch im Wissen. Das Glück befindet sich nur in der Liebe. Wer liebt, steht über allem. Aber ich spreche von dem, der lieben möchte, nicht von dem, der geliebt werden möchte.[3] Wer geliebt werden möchte, dem sind Grenzen gesetzt, er ist vom Wohlwollen der anderen abhängig: Wenn man ihm heute einen guten Blick schenkt, ist er glücklich; verweigert man ihm jedoch morgen diesen Blick, ist er unglücklich. Nur die Liebe, die nichts erwartet und die nicht schwankt, ist die wahre Liebe. Wer so liebt, ist mächtig und frei. Er ist nicht von den Bedingungen abhängig, er ist Herr über sein Schicksal, er beherrscht alle Situationen, und das Böse kann ihn nicht erreichen. Wer es tatsächlich schafft, ein Ofen zu sein, der mehrere tausend Grad heiß ist, verwandelt alles in Licht, was ihm widerfährt, und selbst eine Beleidigung steigert sein Leuchten. Wer hingegen lauwarm ist, wird von allem, was das Leben bringt, getroffen. Die geringste kleine Kränkung, das geringste verletzende Wort vernichtet ihn.

Wir sollten also unser Herz bis auf einige Millionen Grad erwärmen, denn in dem Moment wird alles, was auf uns zukommt, unser Herz erwärmen. Die Steine, die auf die Sonne fallen, lassen sie noch mehr aufflammen. Dies ist vom spirituellen Standpunkt aus betrachtet das Geheimnis des Leidens. Schwierigkeiten und Leiden werden uns geschickt, um unsere Kraft, unser Licht zu verstärken. Wir dürfen sie weder verjagen noch zerstören, sondern unser inneres Licht verstärken. Wenn wir die Prüfungen abwehren, ohne sie zu verstehen, reicht dies nicht aus. Es reicht nicht aus, die Willenskraft zu stärken, um Prüfungen zu bestehen. Man muss sie verstehen und interpretieren, denn sie wurden uns nicht nur geschickt, um unsere Willenskraft zu stärken, sie sollen uns auch dazu dienen, uns scharfsinniger, vorsichtiger und weiser zu machen. Wenn wir uns darauf beschränken, unsere Willenskraft zu stärken, werden die Prüfungen immer wieder kommen.

Die Natur ist das große Buch, das wir studieren müssen. In dem Maße wie wir unsere Meinung über die Natur verändern, wandeln wir auch unser Schicksal ab. Wenn wir denken, die Natur sei tot, schwächen wir das Leben in uns. Wenn wir denken, dass sie lebendig ist, dass Steine, Pflanzen, Tiere und Sterne lebendig sind, nehmen wir ihr Leben in uns auf. Wenn wir unser physisches Wesen beleben und die Kraft unseres Geistes verstärken, dann tritt das vollkommene Leben in uns ein und kreist in unserem Solarplexus, wo ein Strom harmonischer Energien zu fließen beginnt. Erst in diesem Moment verstehen wir die Dinge wirklich. Und das wahre Verständnis liegt in der Empfindung.[4]

Es ist immer möglich, von der Liebe zu sprechen, aber wer nicht von ihr wenigstens einmal in seinem Leben berührt wurde, kennt sie nicht. Um die Liebe zu kennen, muss man lieben. Und das Gleiche gilt für die Weisheit, für das Licht. Jakob Böhme, ein großer deutscher Mystiker, war Schuster. Zweifelsohne hatte er sich dieses große Privileg in einer früheren Inkarnation verdient, aber eines Tages wurde er plötzlich von einem so großen Licht erleuchtet, dass er es fast nicht mehr aushalten konnte: Alle Gegenstände rund um ihn herum fingen an zu leuchten. Hals über Kopf verließ er das Haus und floh aufs Land. Aber dort war es noch schlimmer, denn Steine, Bäume, Blumen, Gras, alles war nur Licht und sprach zu ihm durch dieses Licht hindurch. Hellseher und Mystiker, die dieselbe Erfahrung gemacht haben, sagten, dass in der Natur alles hell leuchtet, transparent und lebendig ist.

Die Liebe öffnet alle Dinge und alle Seelen wie Blumen. Die Natur wird in uns sprechen, wenn wir sie lieben, denn auch wir sind ein Teil der Natur. Alles, was in der Natur existiert, befindet sich auch in uns (aber natürlich in einem geringeren Maß) und indem wir uns jeden Tag beobachten, können wir die Natur verstehen und ihre Segnungen auf uns lenken.

Wir wurden geboren aus der Liebe (unsere Mutter) und aus der Weisheit (unser Vater). Wir sind ihre Kinder und in dem Maße, wie es uns gelingt, ihnen ähnlich zu werden, werden wir zur Wahrheit. Momentan sind wir nur die Projektion der Wahrheit. Paulus sagte: »Denn wir sehen jetzt durch einen Spiegel, undeutlich, dann aber von Angesicht zu Angesicht« (1. Kor 13,12). In dem Moment werden wir die Wahrheit nicht mehr durch die Bücher erkennen, sondern durch den harmonischen Austausch mit der ganzen Natur. Die meisten Menschen geben sich mit dem Lesen zufrieden. Sie füllen ihr Gedächtnis mit Kenntnissen, die sie da und dort zur Schau stellen, sie führen jedoch ein Leben, welches das genaue Gegenteil dessen ist, was sie wissen. Sie messen der Art zu leben, dem Austausch, den sie mit der Natur vornehmen können, keinen Wert bei. Doch nichts ist wirksamer als die Lebensführung, um die Harmonie in uns wiederherzustellen, Krankheiten zu heilen und uns das Gefühl von Fülle zu geben.

Wir sollten glauben und fühlen, dass die Natur lebendig ist, mit ihr durch die Liebe in Verbindung treten und fühlen, dass Gott sich durch sie hindurch manifestiert. Denn die Natur ist der Körper Gottes.

In Bulgarien hatten wir einen sehr feinfühligen Bruder, der in Gegenwart des Meisters und der ganzen Bruderschaft folgendes

Erlebnis erzählte. Er saß eines Tages in der Nähe eines Baumes und meditierte. Plötzlich sah er, wie der Baum zitterte. Einen Augenblick lang fragte er sich, ob er das Opfer einer Halluzination sei, aber fast gleichzeitig hörte er, wie der Baum zu ihm sagte: »Hilf mir, ein Eisendraht ist unter der Erde in meinen Stamm eingedrungen, und ich leide furchtbar.« Sehr erstaunt schob er das hohe Gras beiseite, das den Fuß des Stammes bedeckte und fand tatsächlich einen dicken Eisendraht, der dort eingewachsen war. Er versuchte, ihn zu entfernen, aber es gelang ihm nicht. Er sagte zu dem Baum: »Warte einen Moment, ich gehe Werkzeug holen, um dich zu befreien.« Als unser Bruder wiederkam, entfernte er den Eisendraht und der Baum bedankte sich bei ihm, indem er seine Äste bewegte. Wenn wir lernen, mit der Natur wieder wahre Verbindungen aufzunehmen, werden wir erfahren, wie lebendig die Natur ist.

Aber wir übertreten die Gesetze der Natur und wir bilden uns ein, dass das Reich Gottes trotz dieser Übertretungen auf die Erde kommt. Nein, das kann nicht geschehen. Wie wollt ihr, dass das Reich Gottes kommt, während wir weiterhin Abermillionen von Tieren abschlachten? Die Seelen der Tiere, die wir gegessen haben, manifestieren sich anschließend in uns als Instinkte, Leidenschaften, Angst, Grausamkeit usw. und wir müssen sie erziehen. Darin liegt die Gefahr, wenn wir Tiere essen: Ihre Seelen lassen sich in uns nieder und wir tragen die Verantwortung dafür, sie zu erziehen. Wer hat uns das Recht gegeben, Tiere zu töten und zu essen? Wir selbst, nicht die Natur. Wenn die Tiere uns erlauben, sie zu essen, dann ist es in Ordnung. Aber wenn sie es uns nicht erlauben, haben sie das Recht weiterzuleben. Sie ihres Daseins zu berauben, ist eine große Verantwortung und eine Missachtung des Gesetzes: »Du sollst nicht töten.« Ihr seid erstaunt über das, was ich euch sage und fragt euch, wie ihr wissen könnt, ob die Tiere es euch erlauben, sie zu essen. Das ist ganz einfach. Ihr geht zum Beispiel in den Hühnerstall, um ein Huhn zu nehmen und ihm den Hals abzuschneiden. Wenn es schreit und sich wehrt, ist das die Sprache, die es verwendet, um euch zu sagen: »Mein Herr, ich muss weiterleben, denn ich habe auf der Erde noch nicht alles erledigt.« Also, tötet es nicht, beraubt es nicht der Freude, die ihm der Schöpfer gewährt hat, länger zu leben. Lasst es und fangt ein anderes. Wenn es sich wehrt, lasst auch dieses in Ruhe, bis ihr eines findet, das keinerlei Widerstand leistet, was das Zeichen dafür ist, dass es bereit ist, sich für euch zu opfern. Ihr fragt: »Und wenn sich kein Huhn willig zeigt, wenn wir es packen wollen, was sollen wir dann tun?« Das ist ganz klar, ihr solltet darauf verzichten, Huhn und Fleisch zu essen. Ihr denkt, das sei eine schreckliche Schlussfolgerung, weil ihr das Fleisch so liebt. Ja, vielleicht, aber ihr denkt immer nur an euch selbst. In all euren Antworten geht es immer nur um euer Vergnügen, um eure Befriedigung und euer Wohlbefinden. Das ist das Einzige, was für euch zählt, selbst wenn das mit dem Tod unzähliger Tiere bezahlt werden muss.

Die Eingeweihten, die wissen wie kostspielig es ist, das Gesetz des Lebens zu übertreten – denn man verliert viel mehr, als man gewinnt – ziehen es vor, endgültig auf das Fleischessen zu verzichten. Macht es wie sie und ihr werdet nichts verlieren. Man verliert nichts, wenn man wirklich nach den Gesetzen der Liebe lebt. Wenn ihr keine Tiere esst, werden sie euch kennen, euch lieben und ihr werdet nicht mehr von ihrer Gegenwart in euch gequält, so wie es denjenigen widerfährt, die Tiere getötet und gegessen haben. Die Seelen der Tiere verlangen von ihnen Schadenersatz, indem sie sagen: »Ihr habt uns der Möglichkeit beraubt, uns weiterzuentwickeln und zu lernen, deshalb werdet ihr von nun an verpflichtet sein, euch um unser Weiterlernen zu kümmern.« Es ist daher nicht verwunderlich, dass all diejenigen, die Fleisch essen, von den Tierseelen umgeben sind, die sie nun ernähren müssen. Und der Beweis dafür ist, dass man bei den Menschen, die Fleisch essen, mehr Grausamkeit, Zorn, Sinnlichkeit und Furcht beobachten kann als bei den Vegetariern und dass sie oft an Schlaflosigkeit leiden. Das ist die Folge dieser schlechten Angewohnheit, Tiere zu essen. Das Gesetz der Gerechtigkeit ist unerbittlich, und die Menschen müssen dafür zahlen, indem sie so viel Blut vergießen müssen, wie sie Blut von Tieren vergossen haben. Was für ein Blutbad, um diese groben Instinkte zu befriedigen! Wie viele Millionen Liter auf der Erde vergossenes Blut, das zum Himmel nach Rache schreit! Wo sind die Gelehrten, die aussagen können, dass das Verdampfen dieses Blutes nicht nur Mikroben anzieht, sondern Milliarden von Larven und niederen Wesenheiten der unsichtbaren Welt, die kommen, um sich von diesem Dampf zu ernähren? Wo sind die Menschen, die die Augen weit genug offen haben, um zu sehen, was dieses Blut in der sichtbaren und in der unsichtbaren Welt bewirkt? Aber die meisten Menschen sind so tief hinabgefallen, dass außerhalb ihrer physischen Befriedigung nichts mehr für sie existiert. Sie lieben das Fleisch und werden es weiterhin essen, welche Konsequenzen das auch immer haben mag.

Die Tiere sind nicht so dumm, wie man denkt. Sie haben manchmal ein unendlich viel besseres Unterscheidungsvermögen als die Menschen. In Indien bleiben die Yogis zum Meditieren in Wäldern voller Raubtiere, ohne dass sie auch nur von einem von ihnen angerührt werden. Warum? Wie können Raubtiere oder Schlangen die reinen Menschen von den unreinen unterscheiden? Die Tatsache, dass sie sich auf die einen stürzen, während sie den anderen kein Leid antun bedeutet, dass sie genau zu unterscheiden wissen. Und wie bewerkstelligen sie das? Diejenigen, die Fleisch essen, verbreiten zum Beispiel einen derartigen Geruch, dass die Raubtiere sofort verstehen, dass sie ihre Feinde sind und dass sie ihre Artgenossen essen. Deshalb rächen sie sich. Der Geruch reiner und heiliger Personen hingegen bewirkt, dass sie sich vor ihnen beugen und sie beschützen. In indischen Dörfern, wo Raubtiere Verwüstungen anrichten, bittet man oft einen Asketen, der im Wald lebt, zu kommen und sie zu vertreiben. Dieser Mensch betet dann für eine gewisse Zeit am Eingang des Dorfes und die Raubtiere wagen es nicht mehr, sich zu nähern: Sie wagen es nicht, das Gesetz der Heiligkeit zu übertreten.

Die Überlieferung berichtet, dass Adam vor dem Sündenfall ein strahlendes Gesicht hatte und dass alle Tiere ihn liebten, ihn respektierten und ihm gehorchten. Nach dem Sündenfall verlor Adam dieses Gesicht und die Tiere wurden seine Feinde. Wenn die Tiere kein Vertrauen mehr in den Menschen haben, wenn die Vögel bei seinem Erscheinen wegfliegen und wenn die ganze Schöpfung ihn wie einen Feind betrachtet, gibt es dafür einen Grund: Er ist von den spirituellen Höhen, wo er sich befand, herabgefallen.

Wenn der Mensch sich wieder den Gesetzen der Liebe und der Weisheit unterwirft, wird sich die ganze Welt verwandeln und das Reich Gottes wird auf die Erde kommen. Krieg ist die Folge der Gedanken und Gefühle der Menschen, welche die Gesetze der Liebe und der Weisheit nicht gelernt haben. Diejenigen, die Vervollkommnung und Weiterentwicklung anstreben, werden dem heiligen Tempel ihres Körpers weder die Leichen von Tieren noch Bratwürste, Blutwürste oder Pasteten einverleiben, die weder ästhetisch noch hygienisch sind. Übrigens, als Gott in der Genesis – vor dem Sündenfall – dem Menschen seine Nahrung gab, sagte Er einfach: »Sehet da, ich habe euch gegeben alle Pflanzen, die Samen bringen, auf der ganzen Erde, und alle Bäume mit Früchten, die Samen bringen, zu eurer Speise« (1. Mose 1,29).

Was die Fische betrifft, ist das etwas anderes, denn sie leben seit Millionen von Jahren unter sehr schlechten Entwicklungsbedingungen. Die unsichtbare Welt erlaubt es also, sie zu essen, weil sie sich dadurch weiterentwickeln. Außerdem findet man in den Fischen ein Element, das speziell für die heutige Epoche wichtig ist: das Jod.

Ich habe euch gesagt, dass ihr nur die Hühner essen solltet, die nicht fliehen, wenn ihr sie packen wollt, um ihnen den

Hals abzuschneiden. Mit den Fischen ist es ähnlich. Man kann sagen, dass die Fische, die sich in den Netzen fangen lassen, es akzeptieren, gegessen zu werden, und die anderen akzeptieren es nicht. Natürlich findet ihr meine Schlussfolgerung merkwürdig, ihr denkt, dass die Fische nicht nachdenken und dass sie sich aus Dummheit fangen lassen. Aber was wisst ihr wirklich über das Leben der Fische, über ihre Möglichkeiten und ihre Eigenschaften? Erst seit Kurzem entdeckt man die außergewöhnlichen Fähigkeiten der Delfine. Vielleicht gibt es bei den Fischen Lehrer und Schulen. Und da dies eine Gattung ist, die unglaublich fruchtbar ist und treu nach dem Gebot lebt: »Seid fruchtbar und mehret euch«, sind die Lehrer, die sie lenken, der Meinung, eine gewisse Anzahl von ihnen müsse sich opfern. Und das Gesetz des Opfers, damit man sich weiterentwickeln kann, haben die Menschen von den Fischen gelernt. Die Menschen, die im Zeichen der Fische geboren werden, zeigen oft extreme Feinfühligkeit, große Intuition, das Bedürfnis, das Leiden von anderen auf sich zu nehmen, Opferbereitschaft und Entsagung. Das Zeitalter der Fische ist das Zeitalter, in dem Christus sich als Manifestation der uneigennützigen Liebe und des Opfers inkarnieren musste.

Wir sollten wirklich verstehen, dass alles, was in der Natur existiert, sich auch in uns befindet, aber in einem geringeren Verhältnis. Wenn wir unseren physischen Körper zu beherrschen wissen, wird uns die Mineralwelt gehorchen. Wenn wir unsere Gefühle zu beherrschen wissen, werden wir Herr über das Wasser sein. Wenn wir unsere Gedanken meistern können, werden wir der Luft und den Winden befehlen können. Und wenn wir das innere Feuer beherrschen und lenken können, wird uns auch das äußere Feuer gehorchen.

Was soll ich euch noch sagen? Die Frage des Austausches ist sehr weitreichend. Aber es gibt noch ein Problem, das wir ansprechen können: Wie die Menschen untereinander den Austausch vollziehen. Es ist sehr leicht und sehr einfach, mit der Natur einen Austausch zu haben: Man steht früh morgens auf, wäscht sich die Hände und das Gesicht: So pflegt man einen Austausch mit dem Wasser, man bekommt frische Kräfte, die Gedanken klären sich und man fühlt sich sauber, leicht und klar.[5] Anschließend geht man zum Sonnenaufgang, der das ganze Wesen mit belebenden Wellen[6] erfüllt, man macht Atemübungen[7] und so weiter. Und so folgen im Laufe des Tages die Austausche mit den Kräften der Natur aufeinander: Man isst, man trinkt, man arbeitet, man geht manchmal im Wald oder in einem Garten spazieren, man badet in einem Fluss, man legt sich in die Sonne und so weiter. All das ist nicht sehr schwierig.

Wenn es sich jedoch darum handelt, Austausch mit anderen Menschen zu pflegen, wie viele Schwierigkeiten und Komplikationen tauchen dann auf! Sogar die gelehrtesten Menschen zerbrechen sich darüber den Kopf. Genau für die Lösung dieser Probleme kann uns die Einweihungslehre nützlich sein. Seht euch die Verliebten an: Ein einziger Blick, den sie austauschen, hat in beiden eine große Feuersglut ausgelöst. Sie brennen jetzt nur vor einem einzigen Verlangen: sich einander zu nähern, miteinander zu reden, sich anzuschauen und den Abstand, der sie voneinander trennt, immer mehr zu verringern. Eine große Kraft wirbelt in ihnen, die sie bald einander in die Arme treibt. Warum? Ganz einfach aufgrund des Bedürfnisses, einen Austausch zu vollziehen. Darin liegt ein großes Geheimnis. Wie viele Tragödien (und Komödien!), wie viele Verluste und wie viel Ruin wurden schon verursacht durch dieses Bedürfnis nach Austausch, das andererseits in manchen Fällen so heilsam sein kann! Ihr habt es alle schon erlebt, und ich bin sicher, ihr könntet mir da einiges berichten. Aber ich sehe keinen von euch, der die Geheimnisse des wahren Austausches kennt, des Austausches, der fähig ist, die inneren Lampen zu entzünden, die Quellen des unsterblichen

Lebens zu öffnen und göttliche Allmacht zu verleihen. Um diese Frage behandeln zu können, muss man sich lange und eingehend mit diesem Spezialgebiet befassen, das Antwort darauf gibt, wie man diesen Austausch vollziehen soll. Nur diejenigen, die darauf vorbereitet sind, können ihn verwirklichen, denn guter Wille allein reicht dafür nicht aus. Man muss die Vielschichtigkeit dieser Frage erkennen und sehr stark sein. Nur die Eingeweihten können wissen, welche Kräfte und Energien, welche unsichtbaren Wesenheiten in dem Moment da sind, wo sich ein Austausch zwischen einem Mann und einer Frau vollzieht und welche guten oder schlechten Auswirkungen in allen Bereichen ihres Wesens sich daraus ergeben.

Um unseren Freunden zu helfen, die oft in Schwierigkeiten sind, aufgrund ihrer Unwissenheit was den Austausch betrifft, sage ich euch, dass die wahre Macht des Menschen im Anfang liegt. Wenn er gleich von Anfang an die Schleusen öffnet, wenn er gleich von Anfang an die Raubtiere frei lässt, wird er weder das Wasser aufhalten noch die aus ihren Käfigen entlaufenen Tiere wieder einfangen können. Der Felsbrocken, den man am Bergabhang lostritt, kann ebenso nicht mehr aufgehalten werden und wird bis hinunter in den Abgrund rollen. Ihr solltet unbedingt am Anfang sehr vorsichtig sein, sonst steuert ihr auf eine Katastrophe zu. Der erste Blick, der erste Händedruck und die erste Annäherung sollten mit Bedacht erfolgen.

Die zugrunde liegende Wissenschaft, die Kabbala, beschäftigt sich mit der Frage nach Gott, der Natur und dem Menschen. Gott ist der Vater, der Höchste Geist. Die Natur ist die Mutter, die alle Dinge hervorbringt und der Mensch ist die Frucht, das Kind des Himmlischen Vaters und der Mutter Natur. Die Frucht besitzt die Eigenschaften des Vaters und der Mutter, deshalb besitzt der Mensch im Kleinformat alle Materialien und Elemente der Mutter Natur sowie alle Kräfte und Energien des Himmlischen Vaters.

Unser Leben und unser Glück hängen also von unserem Willen ab, in ständiger Verbindung mit dem Himmlischen Vater und der Göttlichen Mutter zu bleiben.

Wir bleiben in Verbindung mit unserer Mutter, der Natur, durch eine reine Nahrung, reine Getränke, reine Luft, reines Licht. Wir bleiben in Verbindung mit dem göttlichen Geist durch harmonische Bewegungen, edle Gefühle und erhabene Gedanken. Also sind es die vier Elemente (Erde, Wasser, Luft und Feuer), durch die wir mit der Natur in Kontakt treten, und durch die drei Prinzipien Wille, Herz und Verstand treten wir in Kontakt mit dem Geist.[8] Wenn der Schüler im Besitz dieses Wissens ist, schreitet er sicher auf dem Weg der Wahrheit. Er fühlt sich physisch und spirituell in Kommunion mit der ganzen Schöpfung. Dank der Arbeit der vier Elemente in seinem Inneren wird er zu einem Tempel Gottes und der Heilige Geist manifestiert sich in ihm durch die drei Prinzipien. Er wird selbst zu einem universellen Buch, das diejenigen, die das Wissen dazu besitzen, entziffern können, auf dieselbe Weise wie die Eingeweihten dieses große Buch entziffern, das die lebendige Natur für sie darstellt.

Glückselig alle diejenigen, die diese Synthese einer Wissenschaft verstehen können, die schon tausende von Malen von den wahren Söhnen der Menschheit, den Kindern des Lichtes erprobt und nachgeprüft wurde, denn das, was kein Auge gesehen, kein Ohr gehört hat, wird ihnen offenbart werden.

Paris, 24. April 1938

Anmerkungen

1. Siehe auch Band 204 der Reihe Izvor »Yoga der Ernährung«, Kap. 11: »Das Gesetz vom Austausch«.
2. Siehe auch Band 226 der Reihe Izvor »Das Buch der göttlichen Magie«.
3. Siehe auch Band 231 der Reihe Izvor »Saaten des Glücks«, Kap. 17: »Liebt, ohne Gegenliebe zu erwarten«.
4. Siehe auch Band 219 der Reihe Izvor »Geheimnis Mensch, seine feinstofflichen Körper und Zentren«, Kap. 3: »Das Sonnengeflecht«.
5. Siehe auch Band 232 der Reihe Izvor »Feuer und Wasser«, Kap. 3: »Die Entdeckung des Wassers«. und Kap. 8: »Vom physischen Wasser zum spirituellen Wasser«.
6. Siehe auch Band 323 der Reihe Broschüren »Meditationen beim Sonnenaufgang«.
7. Siehe auch Band 303 der Reihe Broschüren »Die Atmung«.
8. Siehe auch Band 241 der Reihe Izvor »Der Stein der Weisen«, Kap. 9: »Die alchimistische Arbeit. Die 3 über der 4«.

*Kapitel 4*

# Der treulose Verwalter

(Personalität und Individualität)

»Jesus sprach zu den Jüngern: Es war ein reicher Mann, der hatte einen Verwalter; der wurde bei ihm beschuldigt, er verschleudere ihm seinen Besitz. Und er ließ ihn rufen und sprach zu ihm: Was höre ich da von dir? Gib Rechenschaft über deine Verwaltung; denn du kannst hinfort nicht Verwalter sein. Der Verwalter sprach bei sich selbst: Was soll ich tun? Mein Herr nimmt mir das Amt; graben kann ich nicht, auch schäme ich mich zu betteln. Ich weiß, was ich tun will, damit sie mich in ihre Häuser aufnehmen, wenn ich von dem Amt abgesetzt werde. Und er rief zu sich die Schuldner seines Herrn, einen jeden für sich, und fragte den ersten: Wie viel bist du meinem Herrn schuldig? Er sprach: Hundert Eimer Öl. Und er sprach zu ihm: Nimm deinen Schuldschein, setz dich hin und schreib flugs fünfzig. Danach fragte er den zweiten: Du aber, wie viel bist du schuldig? Er sprach: Hundert Sack Weizen. Und er sprach zu ihm: Nimm deinen Schuldschein und schreib achtzig. Und der Herr lobte den ungetreuen Verwalter, weil er klug gehandelt hatte; denn die Kinder dieser Welt sind unter ihresgleichen klüger als die Kinder des Lichts. Und ich sage euch: Macht euch Freunde mit dem ungerechten Mammon, damit, wenn er zu Ende geht, sie euch aufnehmen in die ewigen Hütten. Wer im Geringsten treu ist, der ist auch im Großen treu;

und wer im Geringsten ungerecht ist, der ist auch im Großen ungerecht. Wenn ihr nun mit dem ungerechten Mammon nicht treu seid, wer wird euch das wahre Gut anvertrauen?«

Lk 16,1-11

Dieses Gleichnis ist sehr schwer zu interpretieren und bis heute habe ich kein Buch gelesen, keinen Vortrag, keinen Theologen gehört, der eine wahrheitsgetreue Erklärung dafür abgegeben hat. Scheinbar enthält dieser Text so viele Widersprüche, dass er unverständlich zu sein scheint. Und trotzdem werdet ihr sehr bald feststellen, wie viele tiefe und wesentliche Wahrheiten er enthält.

Jesus bringt das Beispiel eines Verwalters, der seinem Herrn untreu war, und er rät uns, ihn nachzuahmen: »Und ich sage euch: Macht euch Freunde mit dem ungerechten Mammon...«, denn so sagt er, »wer im Geringsten treu ist, ist auch im Großen treu«, und hier scheint er im Gegenteil die Treue zu loben. Dann fügt er hinzu: »Wenn ihr nun mit dem ungerechten Mammon nicht treu gewesen seid, wer wird euch das wahre Gut anvertrauen?« Jesus ermuntert also gleichzeitig zu Treue und zu Untreue, was doch sehr merkwürdig ist.

Wenn ihr den Sinn dieses Textes begreifen wollt, müsst ihr sehr geduldig sein, das Gleichnis einen Moment vergessen, und beginnen, verschiedene Dinge zu verstehen, die dessen Sinn klarer werden lassen.

Im vorhergehenden Vortrag habe ich euch eine astrologische Abbildung gezeigt. Wenn ihr wisst, wie ihr sie besser anwenden könnt, könnt ihr auch zahlreiche unklare Stellen in den Evangelien und den heiligen Büchern interpretieren, denn es handelt sich dabei nicht um eine künstliche Konstruktion, sie stellt eine uralte Wirklichkeit dar. Hier ist noch einmal die Abbildung.

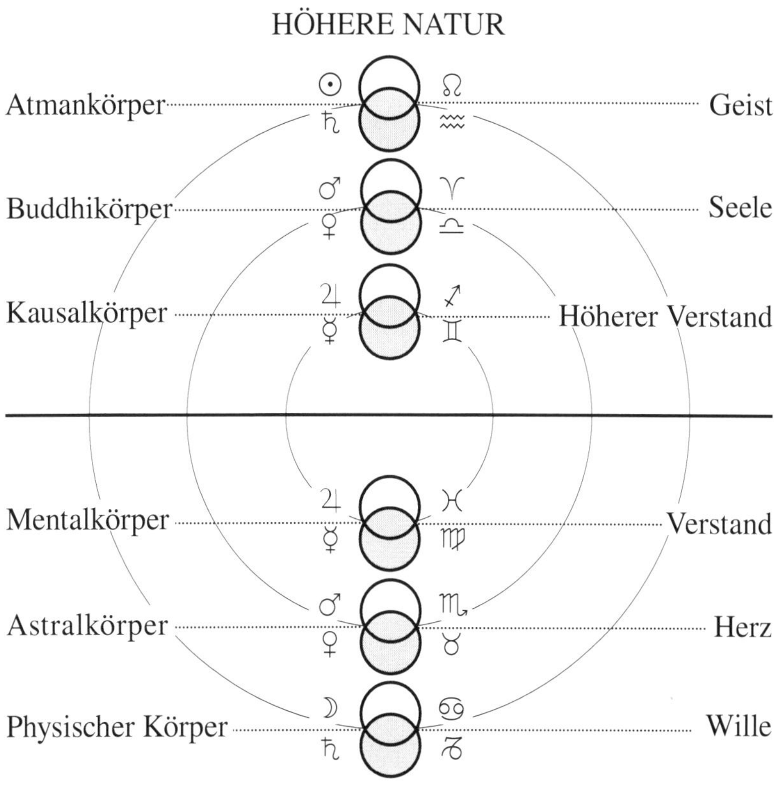


Ihr seht, dass eine horizontale Linie diese Abbildung in zwei Teile teilt. Seit den Tausenden von Jahren, in denen die Menschen versuchen, sich selbst zu erforschen, um die Struktur ihres Seins kennenzulernen, haben sie zahlreiche Aufteilungen entworfen. Die einen haben die Zwei gewählt (Geist und Materie, Oben und Unten, Männlich und Weiblich, Positiv und Negativ). Andere haben die Drei herausgegriffen (Gedanke, Gefühl und Wille, was auch der christlichen Einteilung in Körper, Seele und Geist entspricht). Die Alchimisten teilen den Menschen in vier ein, nach den vier Elementen. Die Astrologen teilen ihn in zwölf ein, nach den zwölf Tierkreiszeichen. Die Hindus und die Theosophen teilen ihn in sieben Körper ein: physischer Körper, Ätherkörper, Astral-, Mental- und Kausalkörper, Buddhi- und Atmankörper. Die Kabbalisten teilen ihn in drei, in vier, in neun oder in zehn ein. Für manche schließlich ist der Mensch eine unteilbare Einheit. Welchen Standpunkt man auch immer einnimmt, er ist immer wahrheitsgetreu. Man hat die freie Wahl, die Dinge aus verschiedenen Blickwinkeln zu betrachten.

Halten wir an der einfachsten Erklärung fest, und sagen wir, dass der Mensch eine vollkommene Einheit ist, dass aber diese Einheit polarisiert ist. Ja, denn der Mensch besteht aus zwei Naturen, einer niederen und einer höheren Natur, die beide die gleiche Fähigkeit zu denken, zu fühlen und zu handeln haben, aber in Opposition zueinander stehen. Um sich dieser Gegensätzlichkeit bewusst zu sein, muss man sich selbst beobachten, und leider vermischen die meisten Menschen alles: Die niederen Gedanken und Gefühle sind für sie von gleicher Natur wie die höheren Gedanken und Gefühle. Sie können die einen von den anderen nicht unterscheiden. Für die Eingeweihten hingegen ist diese Unterscheidung absolut klar, obwohl man in Wirklichkeit keine absolute Grenze finden kann, denn die eine geht in die andere über. So wie bei den Farben des Spektrums, die man klar und deutlich von Weitem unterscheiden kann, deren Trennungslinien aus der Nähe aber nicht festzustellen sind.

Die Abbildung, die ich euch gegeben habe, stellt zunächst eine Zweiteilung dar: Die niedere und die höhere Natur, und jede von ihnen stellt wiederum eine Dreiteilung dar, die den drei menschlichen Fähigkeiten entspricht: dem Verstand, dem Herzen und dem Willen, das heißt, dem Denken, dem Fühlen und dem Handeln.

Gemäß dieser Abbildung sind die verschiedenen Körper, aus denen der Mensch sich aufbaut, folgende:

- für den unteren Teil: physischer, astraler und mentaler Körper
- für den oberen Teil: Kausal-, Buddhi- und Atmankörper

Aber wir können auch andere Bezeichnungen verwenden:

- für den unteren Teil: physischer Körper, Herz und Verstand,
- für den oberen Teil: höherer Verstand (oder Vernunft), höheres Herz (oder Seele) und Geist

Ihr fragt euch vielleicht, was die drei großen, konzentrischen Kreise der Abbildung darstellen. Sie zeigen die Verbindung auf, die zwischen den höheren und den niederen Körpern besteht. Der Atmankörper, der dem Geist entspricht, und der göttliche Kraft, göttliche Macht und göttlicher Wille ist, ist verbunden mit dem physischen Körper. Der Buddhikörper, der die Seele mit all ihren erhabenen Gefühlen der Liebe, der Opferbereitschaft, der Güte darstellt, ist verbunden mit dem Astralkörper. Der Kausalkörper, welcher Träger der umfassendsten und lichtvollsten Gedanken ist, ist verbunden mit dem Mentalkörper.

All diese Verbindungen können uns die Lösung vieler Probleme des Lebens zeigen und uns helfen, bestimmte Stellen der heiligen Schriften zu entschlüsseln – so wie das Mineralreich und die Kristalle die tiefsten Geheimnisse der göttlichen Welt verbergen. Deshalb hatten die Alchimisten Recht, als sie die stärksten Elemente in der Mineralwelt suchten, um den Stein der Weisen herzustellen und die Unsterblichkeit zu erlangen. Die Kristalle sind Symbole der absoluten Vollkommenheit der göttlichen Welt. Aber wir werden ein anderes Mal über diese Verbindungen sprechen. Ich habe euch bereits erklärt, dass die zwölf Zeichen des Tierkreises nach den vier Elementen Erde, Wasser, Luft und Feuer aufgeteilt sind, wobei jedem Element drei Zeichen zugeordnet sind, gemäß folgender Abbildung:

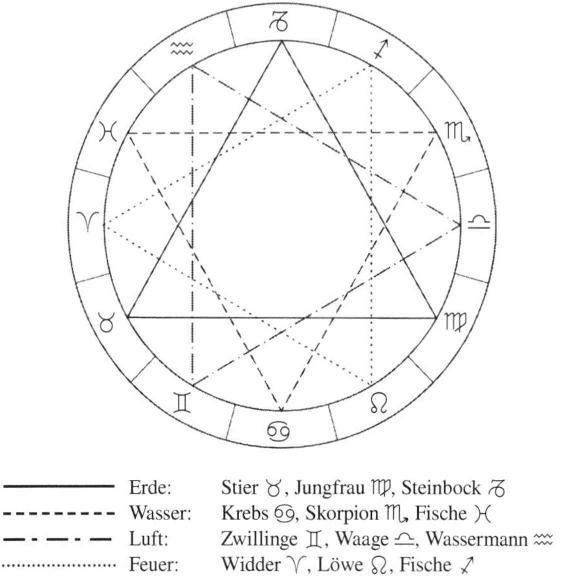


Wie ich euch schon einmal sagte (Abbildung höhere und niedere Natur Seite 81), wird der physische Körper vom Mond ☽ und von Saturn ♄ beeinflusst, und der Atmankörper von der Sonne ☉ und von Saturn ♄. Astral- und Buddhikörper werden von Venus ♀ und von Mars ♂ beeinflusst und der Kausal- und Mentalkörper von Merkur ☿ und von Jupiter ♃. Die niederen Körper stehen alle in den Erdzeichen und ihre Doppel in den Wasserzeichen, während die Formen der höheren Körper in den Luftzeichen und ihr Doppel in den Feuerzeichen stehen. Der untere Teil der Abbildung entspricht also der Gruppe Erde-Wasser und der obere Teil der Gruppe Luft-Feuer. Diese Anordnung ist nicht willkürlich, sie findet sich überall in der Schöpfung wieder, und so ist auch unser Planet aufgebaut: zuerst der Boden, die Erde und darüber das Wasser, das einen Teil bedeckt und ihn durchdringt. Dann gibt es oberhalb dieser Gruppe Erde-Wasser die Gruppe Luft-Feuer. Das Feuer, das heißt das Licht, die Sonnenstrahlen durchdringen die Luft, so wie das Wasser die Erde durchdringt.

In der Astrologie wird den beiden Leuchtkörpern Sonne und Mond eine spezielle Bedeutung beigemessen, denn unsere Erde steht besonders unter ihrem Einfluss. Manchmal herrscht die Sonne vor, manchmal der Mond. Sonne, Mond und Erde stellen die Dreigliederung Geist, Seele und Körper dar.

Unter dem Symbol der Sonne verstehen wir alles, was beständig und unwandelbar ist: die höhere Natur. Unter dem Symbol des Mondes verstehen wir alles, was vergänglich, veränderlich ist: die niedere Natur. Die Leidenschaften, die gewöhnlichen Gedanken, die die Menschen dazu treiben, einander zu täuschen, sich gegenseitig zu bestehlen; Aufregung, Unruhe, Selbstgefälligkeit, Ruhmsucht, alles, was eigennützig, egoistisch ist und nur der materiellen Befriedigung dient, gehört auch der niederen Natur an. Die höhere Natur hingegen besteht aus allen guten Neigungen, dem Wunsch nach Gerechtigkeit, nach Wahrheit, dem Bedürfnis, den anderen zu helfen, sich aufzuopfern, großzügig und voller Liebe zu sein.

Der Mensch, der von seiner niederen Natur beherrscht wird, nährt egozentrische Gedanken und Gefühle und verfolgt lediglich die Befriedigung der eigenen Bedürfnisse. Seine höhere Natur ist gleichsam in ihm vergraben und kann sich nur begrenzt äußern. Bei dem Menschen hingegen, der die Geschöpfe respektiert, der von Selbstlosigkeit und dem hohen Ideal, sich in den Tugenden zu vervollkommnen, erfüllt ist, in dem wird die niedere Natur schwächer, die höhere Natur hingegen stärker.[1]

Um die Dinge zu vereinfachen, werden wir die höhere Natur »Individualität« und die niedere Natur »Personalität« nennen. Ich werde euch später erklären, warum. Ihr werdet in der Kunst, der Literatur, der Malerei und so weiter zahlreiche Darstellungen der Personalität und der Individualität finden. Werft zum Beispiel einen Blick auf die Zeichnungen von Daumier und ihr werdet eine Vorstellung von den abscheulichen Physiognomien bekommen, die bestimmte Personalitäten annehmen können.

Die Personalität will sich um jeden Preis zeigen, und dafür ist sie bereit, alle Mittel einzusetzen, angenehme oder unangenehme. Sie kleidet sich in den schillerndsten Farben, den exzentrischsten Gewändern und macht auf sich aufmerksam durch ein vulgäres Lachen und gekünstelte Gestik. Sie will sich immer besser zeigen, als sie in Wirklichkeit ist, wie ein Huhn, das sein Gefieder aufplustert, damit es größer erscheint. Sie neigt aber vor allem zu extremen Stimmungswechseln. Sie fällt scheinbar übergangslos von einem Zustand in den nächsten: erst fröhlich und dann traurig, optimistisch und dann entmutigt, freundlich und dann bösartig. Sie fürchtet den Hunger, die Armut, den Tod und stellt unglaubliche Berechnungen an, um ihre Nahrung und alle möglichen Besitztümer sicherzustellen. Aber sie kann nichts zurückhalten, denn sie ist ein Fass ohne Boden, in dem sich alles verliert. Die Personalität hat nur einen Beweggrund: Den eigenen Vorteil, und sie ist dafür bereit, die Philosophie, die Religion und die politische Meinung ebenso schnell zu wechseln, wie es die Umstände erfordern.

Im Vergleich zur Personalität verhält sich die Individualität genau entgegengesetzt. Sie hat es überhaupt nicht eilig, sich zu zeigen, sie streut niemandem Sand in die Augen, sie schreit nie, um aufzufallen, denn sie ist sicher, dass man sie bemerkt, wenn es nötig ist. Dafür setzt sie nur auf ihre Qualitäten und ihre Arbeit. Sie trägt in sich eine beständige, unerschütterliche Überzeugung. Ihr Glaube und ihre Hoffnung sind fest und beharrlich. Sie schwankt nicht, ihre Sichtweise ist unverrückbar. Die Personalität wird durch die untere Hälfte der Abbildung dargestellt und die Individualität durch die obere. Die Individualität äußert sich durch die höchsten Tugenden: Die Weisheit (auf der Kausal-Ebene), die Liebe (auf der Buddhi-Ebene), die Wahrheit (auf der Atman-Ebene). Jede Tugend besitzt eine ihr eigene Kraft: Die Weisheit bringt uns das Licht und das wirkliche Wissen, das auf den ewigen Prinzipien beruht. Die Liebe gibt uns das

Leben, das Glück. Und die Wahrheit löst unsere Fesseln und macht uns frei. Die Wahrheit kann uns zu Glück und Leben verhelfen, aber nur mit Hilfe der Liebe. Allein auf sich gestellt, schafft es die Wahrheit nicht. Im Gegenteil, sehr oft bringt sie uns Leiden und Qualen. Deshalb weigern sich viele Menschen, der Wahrheit ins Auge zu sehen, sie fürchten sie. Die Weisheit kann uns befreien und uns Glück bringen, aber nur mit Hilfe der Wahrheit und der Liebe. Die Weisheit an sich kann uns weder befreien noch uns glücklich machen, im Gegenteil, sie macht uns manchmal melancholisch und pessimistisch. Und was die Liebe betrifft, sie kann uns weder befreien noch aufklären. Sie weitet einzig und allein das Herz, bringt Freude und Leben. Wenn aber Liebe, Weisheit und Wahrheit vereint sind, dann bedeutet das Fülle, Segen des Himmels und Vollkommenheit des Menschen.[2]

Leider verlassen sich die Menschen zu sehr auf ihre Personalität und fast alle suchen die Freiheit, das Glück und das Licht auf der niederen Seite ihrer Natur. Nein, bei der Personalität findet man nur Schwäche auf der physischen Ebene, Sorgen auf der Astral-Ebene und Irrtümer auf der Mental-Ebene. Das ist alles, was die menschliche Personalität geben kann, trotz ihres verlockenden Erscheinungsbildes. Sie gleicht einer Seifenblase: Die Seifenblase schwebt schillernd in allen Regenbogenfarben, aber sie platzt sehr schnell.

Beschäftigen wir uns jetzt mit den Begriffen »Personalität« und »Individualität«. Sehr oft verwendet man beide Begriffe, ohne das eine vom anderen wirklich zu unterscheiden, und man sagt von einem Menschen, er habe eine starke Persönlichkeit oder aber eine starke Individualität, um genau dasselbe auszudrücken. Ihr werdet vielleicht andere Definitionen in den Wörterbüchern finden, aber in Bezug auf meine Erklärung zur höheren und zur niederen Natur im Menschen, möchte ich darauf hinweisen, dass der Begriff »Personalität«

beziehungsweise »Persönlichkeit« etymologisch auf das lateinische Wort »persona« zurückzuführen ist. Persona ist die Maske, die der römische Schauspieler im Theater trug, denn in der Antike trugen die Schauspieler, wie ihr wisst, eine Maske. Stellt euch also einen Schauspieler vor: An einem Tag spielt er die Rolle eines vernünftigen Menschen, eines Weisen, an einem anderen Tag diejenige eines Verbrechers, eines Verräters oder eines Verführers. Er ist nacheinander Cyrano de Bergerac, Gribouille, Alexander Borgia, Saint Louis. Diese verschiedenen Masken, diese verschiedenen Rollen stellen die Personalität dar. Der Künstler selbst ist die Individualität; er bleibt derselbe in all diesen Rollen. Das Beispiel des Schauspielers zeigt uns, dass die Personalität sterblich und vergänglich ist. Gleich der Rolle nach einer Aufführung, ist auch sie nach einer Inkarnation zu Ende. In der nächsten Inkarnation tritt eine andere Personalität auf. Im Laufe dieser Verwandlungen der Personalität ändert sich die Individualität nicht, sie bleibt eins, obwohl sie im Laufe der Jahrtausende die von der Personalität gemachten Erfahrungen sammelt und sich weiterentwickelt. Sie manifestiert sich nacheinander in der einen, dann in der anderen Rolle und bekleidet in jeder Inkarnation jeweils unterschiedliche Personalitäten.

Dies alles ist sehr einfach zu verstehen und erlaubt es, sich bewusst zu machen, dass der Mensch, der reich, gesund und schön in diesem Leben ist, in der nächsten Inkarnation arm, schwächlich und hässlich wiederkommen kann, wenn er keine spirituellen Anstrengungen macht. Wer hingegen mit seinem Geist, seiner göttlichen Intelligenz, seiner Seele arbeitet (jedoch in der Rolle, die ihm in dieser Inkarnation auferlegt ist), erwirbt Qualitäten, Tugenden und Reichtümer, die Teil seiner Individualität bleiben und ewig sein Eigen sein werden. Wenn er einmal aufhört, die Rolle seiner jetzigen Personalität zu spielen, wird er mit diesem geistigen Gepäck, dem einzig wahren Reichtum, die Bühne verlassen, und niemand kann ihm diesen Reichtum wieder wegnehmen. Gleich dem Schauspieler, der die Bühne mit einem erweiterten Horizont verlässt, nachdem er seine Rollen dazu nutzte, sich zu verbessern und auszuzeichnen, sollte auch der Mensch die irdische Bühne bereichert mit seinen Erfahrungen verlassen.

Was macht derjenige mit seinen Gütern, der im Laufe seines Lebens nur materielle Reichtümer angesammelt hat? Er muss diese Reichtümer zurücklassen, wenn er seine irdische Rolle verlässt – das ist das Gesetz –, und dann fühlt er sich plötzlich arm und allem beraubt. Seine Individualität verlässt die Erde ohne Gepäck, das heißt ohne geistige Errungenschaften. Sie kommt wieder zurück auf die Erde, so mittellos wie zuvor und muss sich in einer Personalität inkarnieren, die aller Güter beraubt ist, weil sie diese nicht verdient hat, und er wird sich unglaublich anstrengen müssen, um sie sich zu erwerben.

Ich will damit nicht sagen, dass man auf den Besitz von materiellen Dingen, auf Kleidung und Eigentum verzichten sollte. Nein, all diese Dinge sind auf der Erde notwendig, so wie die Requisiten und das Kostüm für den Schauspieler unverzichtbar sind, aber auch nicht mehr. Wir wurden in die Welt geschickt, genauso wie der Verwalter in dem Gleichnis in den Dienst seines Herrn eingetreten ist. Wir können diesen Herrn nicht verlassen, aber er kann uns entlassen, wenn wir schlechte Diener geworden sind. Wenn der Mensch stirbt, heißt das, dass er entlassen wird.

Womit lässt sich die Personalität vergleichen? Ihr habt sicherlich schon einen Pfau gesehen. Jeder sieht ihn an und bewundert ihn. Er breitet seine Schwanzfedern aus und dreht sich nach allen Seiten, um sich auch ja gut zu zeigen, und man merkt, dass er stolz auf seine Federn ist. Ihr findet ihn wunderbar und nähert euch ihm. Er möchte euch nun auch seine schöne Stimme hören lassen, aber er stößt so schreckliche Schreie aus, dass ihr ganz entsetzt seid und sich eure Meinung über ihn schlagartig ändert. Die Personalität äußert sich in ihrer ganzen Fülle im Pfau. Der

Mensch, der anstatt daran zu arbeiten, Weisheit, Liebe und Wahrheit zu erlangen, nur daran denkt, sich vor den anderen zur Schau zur stellen, zu prahlen, seinen Reichtum, seine Intelligenz und seine Macht zu zeigen, ist nur ein Pfau, der ein Rad schlägt und gellend schreit: »Schaut mich an! Es gibt niemanden auf der Welt, der mir gleicht!« Die Nachtigall hingegen zeigt sich nicht. Sie ist in kein schillerndes Kleid gehüllt, aber welch eine Stimme besitzt sie! Sie ist weder groß noch schön, doch wenn sie in der Nacht singt, kommen Poeten und Verliebte, um ihr zuzuhören. Die Nachtigall äußert sich ganz anders als der Pfau. Sie ist ein Symbol für die Individualität.

Personalität und Individualität äußern sich in mannigfaltigen Formen! Ein Mensch beklagt sich ständig über die ungünstigen Verhältnisse, in die er hineinversetzt wurde, die seine Entwicklung behindern, und er glaubt, dass die Fortschritte der anderen nur auf die guten Umstände zurückzuführen sind, die sie in ihrem Leben angetroffen haben. Dies ist das Bild der Personalität. Ein anderer hingegen beklagt sich niemals über etwas, obwohl er mit den schlimmsten Bedingungen zurechtkommen muss, und er arbeitet, um seine guten Eigenschaften zu entwickeln. Das ist das Bild der Individualität.

Nehmen wir ein anderes Beispiel aus dem Pflanzenreich. Schaut die Palme an. Dieser Baum wächst im Sand der Wüste. Die Sonne brennt entsetzlich, es fehlt das Erdreich, es gibt kaum Wasser und trotzdem sagt die Palme: »Schaut, was ich unter den schlimmsten Bedingungen schaffen kann«, und sie bietet Datteln dar, die die zuckersüßesten von allen Früchten sind. Die Palme ist ein wahrer Alchimist: Sie verwandelt den Sand in Zucker. Ein Strauch hingegen, der in einem reichhaltigen, gut bewässerten Boden, in einem günstigen Klima wächst, schafft es lediglich, ein Schlehdorn zu werden mit herben Früchten. Viele Menschen gleichen dem Schlehdorn. Sie führen ein Leben unter günstigen Bedingungen und trotzdem sind ihre Früchte herb. Sie beklagen sich ständig. Dies beweist, dass sie die Reichtümer nicht kennen, die in ihnen sind und die Art und Weise, wie sie sie nutzen können.

Die Personalität hört nie auf, sich zu beklagen. Sie verkündet überall, dass sie Wunder vollbringen könnte, wenn sie in einem Palast wohnen würde. Aber die Erfahrung zeigt, dass es Schlehdorne gibt und viele andere Bäume, deren Früchte geschmacklos, herb oder bitter sind, und das in den günstigsten Gegenden.

In einer Geschichte wird erzählt, dass eines Tages in einem Dorf in Bulgarien ein Fest gefeiert wurde. Die Bauern sangen und tanzten alle und stampften dabei fröhlich mit ihren Stiefeln auf den Boden. Es gab dort aber einen jungen Bauern, der nicht tanzen konnte, weil er keine Stiefel hatte. Aber da er bald so sehr Lust bekam mitzutanzen, bat er einen Freund, ihm seine Stiefel zu leihen. Glücklich, endlich bei dem Tanz mitmachen zu können, fing er an, heftig mit dem Fuß zu stampfen. Der Freund, der ihm die Stiefel geliehen hatte, sah dies und schrie: »He! Stampf nicht so wild, du machst mir meine Stiefel kaputt!« Der Tänzer schämte sich, weil nun alle wussten, dass er die Stiefel nur geliehen hatte. Ein anderer Freund, der seine Verlegenheit sah, raunte ihm zu: »Zieh diese Stiefel aus, ich werde dir ein Paar leihen, mit dem du ungeniert tanzen kannst.« Er wechselte also die Stiefel und betrat wieder die Tanzfläche. Kaum hatte er zu hüpfen begonnen, schrie der andere: »Nur zu! Stampf so viel du willst! Wenn du diese Stiefel kaputt machst, leihe ich dir ein anderes Paar.« Der arme Bauer wurde rot vor Scham, denn zum zweiten Mal erfuhren nun alle, dass er keine Stiefel besaß.

Auch so äußert sich die Personalität: Sie schreit ganz laut die Gefälligkeiten hinaus, die sie erwiesen hat. Ich weiß natürlich, dass es sich hier nur um eine Geschichte über Stiefel handelt, aber wie viele Fälle gibt es im Leben, wo die Personalität des Menschen mit den guten Taten prahlt, die sie vollbracht hat! Christus sagte: »Möge deine linke Hand nicht wissen, was deine rechte Hand tut!«, das heißt, dass die Personalität nicht weiß, was die Individualität tut. Das bedeutet, dass man die guten Handlungen im Geheimen vollbringen sollte, denn wenn die Personalität davon erfährt, wird sie versuchen, sie zunichtezumachen. Deshalb verbergen die Eingeweihten sorgfältig das Gute, das sie tun. Sie wissen, dass sich die anderen einmischen und alles zerstören werden, wenn sie davon sprechen.

Man erzählt auch, dass der Prophet Mohammed eines Tages mit einem seiner Schüler spazieren ging. Plötzlich stellte sich ihnen ein Mann in den Weg und schrie den Schüler an: »Ah, endlich hab ich dich, jetzt gibst du mir endlich das Geld zurück, das du mir schuldest!« Und er beleidigte und beschimpfte ihn mit groben Worten. Der Schüler hörte zuerst ruhig zu und versuchte, seinen Zorn unter Kontrolle zu bringen, doch bald fing er an sich zu rechtfertigen, weil er sich nicht mehr beherrschen konnte, und schließlich machten sich beide gegenseitig die heftigsten Vorwürfe. Aber müde geworden, hörten sie nach einer Weile damit auf. Als jedoch der Schüler seinen Meister in der Nähe suchte, sah er ihn nicht mehr. Er entdeckte ihn weiter weg an der Straßenecke und sah, dass er meditierte. »Oh mein Meister«, sagte der Schüler, »warum hast du mich verlassen?« Mohammed antworte ihm: »Ich stelle mich nicht zwischen eine Schlange und einen Tiger, denn das ist gefährlich. Als dieser Mann dich angriff und du geschwiegen hast, waren rund um dich unsichtbare Wesen, die an deiner Stelle antworteten und dich beschützten. Doch als du anfingst, auch so zu schreien und dich selbst verteidigen wolltest, verließen dich diese Wesen und ich auch, denn da war nichts mehr zu machen.«

Wenn sich die Individualität äußert, dann geschieht dies nicht auf der Ebene der physischen Welt mit Zorn und Gewalt, sondern auf der Ebene unserer höheren Natur mit Weisheit, Liebe und Wahrheit. In dem Moment sind wir mächtig, denn wir sind verbunden mit vollkommenen Wesen, die uns unterstützen, und unser Feind versteht schließlich (wenn auch nicht sofort), dass er sich gemein verhalten hat. Deshalb sollte man sehr geduldig und standhaft sein.

Die Personalität kann nicht lange stumm bleiben: Sie macht Versprechen, weint oder jubelt! Aber sie ändert sich sehr schnell. Sie ist wie der Mond, der sich ständig ändert. Wenn ihr euch auf einen Menschen verlasst, dessen Verhalten von seiner Personalität geprägt ist, werdet ihr später euren Fehler einsehen, weil ihr merken werdet, wie wankelmütig und unzuverlässig er ist.

Die Personalität trachtet in erster Linie danach, ihre egoistischen Wünsche zufrieden zu stellen. Sie kümmert sich nicht um die Mitmenschen (außer wenn sie daraus Nutzen zieht); sie fragt sich nicht, ob die anderen gerade beschäftigt sind oder ob ihnen ein Leid widerfahren ist; sie will ausschließlich ihre eigenen Bedürfnisse erfüllen. Die Individualität hingegen interessiert sich immer völlig unvoreingenommen für die Mitmenschen. Sie fragt sich, ob das, was sie denkt und wünscht, für alle gut ist. Sie ist feinfühlig, achtsam, weise und klug.

Die himmlischen Wesen wählen immer diejenigen aus, die zu edlem und uneigennützigem Tun fähig sind, um ihnen das zu vermitteln, was sie mit sich bringen. Und da die meisten Menschen in der Personalität leben, empfangen sie von oben weder Glück noch Freiheit noch Leben. Sie sind begrenzt, abhängig und unglücklich. Schaut sie euch an: Alle beklagen sich ständig. Sie wissen nicht mehr, wo sie stehen. Sie fühlen sich eingeengt und machen sich Sorgen. Das ist eben der Beweis, dass sie in ihrer Personalität leben.

Wie viele Menschen verschwenden ihr Leben, indem sie versuchen, ihre Personalität zu befriedigen oder die der anderen…! Die Mutter verbringt ihre Zeit damit, die Launen ihres Kindes zu befriedigen, der Mann, um alle Wünsche seiner Frau und die Frau, um alle Wünsche ihres Mannes zu befriedigen. Und wohin führt dies? Die Personalität, die von Natur aus undankbar ist, vergisst sofort das Gute, das man ihr getan hat, und eines Tages zeigt sie allen gegenüber, die sie zufrieden gestellt haben, Gleichgültigkeit, Geringschätzung oder sogar Hass anstatt Dankbarkeit. Wenn ihr nur die niedere Natur der Menschen befriedigt, werdet ihr nie dafür belohnt werden, das solltet ihr wissen. Und wenn euch danach Trümmer auf den Kopf fallen, beklagt euch nicht, ihr habt nicht das Recht dazu. Bevor ihr euch für die anderen aufopfert, solltet ihr euch fragen, welcher ihrer Seiten ihr dient: der Personalität oder der Individualität.

Die Personalität erinnert sich nicht an das, was man für sie getan hat, sie ist undankbar, schwach und heimtückisch. Deshalb werdet ihr früher oder später enttäuscht sein, wenn ihr bei den anderen ihren Appetit, ihre Launen, ihre sinnlichen Bedürfnisse befriedigt. Wenn ihr von den Menschen nicht enttäuscht werden wollt, müsst ihr daran arbeiten, ihre Seele, ihren Geist zu nähren, das heißt, sie aufzuklären, sie zur Quelle zu führen, zu Gott, damit sie sich mit Ihm verbinden, Ihn loben und Ihn preisen. Tausende von Menschen sind erstaunt, wenn sie sehen, dass der Glaube und das Vertrauen, das sie anderen entgegenbringen, verspottet werden. Aber das ist deshalb so, weil sie all ihre Hoffnung auf die Ergebnisse setzen, die sie selbst erlangen, wenn sie deren niedere Natur befriedigen. Sehr oft habe ich Eltern gehört, die ihren Kindern Ratschläge gaben, die nur auf die Befriedigung der Personalität ausgerichtet waren: Sie bringen ihnen List und Geldgier bei oder Vergnügungen und das Streben nach persönlichem Wohlbefinden zum Schaden der anderen. Wenn sie groß werden, beginnen diese Kinder dann diese Ratschläge zum Schaden ihrer eigenen Eltern anzuwenden, die sich natürlich beklagen, aber sich nicht daran erinnern, dass sie selbst ihnen diese Methoden beigebracht haben.

Der Geist im Menschen ist ein unglücklicher Gefangener. Er ist ein König, den die Personalität entthront hat, um seinen

Platz einzunehmen. Nun ist er in einen Kerker eingeschlossen, man ernährt ihn mit schimmeligen Brotkrusten, verschmutztem Wasser und er kann das Tageslicht nur durch eine kleine Luke sehen. Niemand kommt, um ihm wieder seinen Platz als wahrer Herrscher einzuräumen.

Die Menschen schätzen das, was zu ihrer materiellen und körperlichen Befriedigung beiträgt, aber die Eingeweihten, die Engel und Gott schätzen nur das, was man für ihre Seele und ihren Geist tut. Was wird von der Nahrung übrig bleiben, die ihr euren Freunden gegeben habt, wenn ihr nicht ein anderes Element hinzugefügt habt, das ewig andauert: Gedanken, Wissen, Licht und Freiheit? Man sollte die Vorstellung von Nächstenliebe ändern. Es gibt eine Nächstenliebe, die keine dauerhafte Wirkung hervorruft und es gibt eine andere, deren Wirkung ewig andauert. Die gewöhnlichen Menschen verstehen es nicht, den Geist ihrer Eltern und ihrer Freunde zu nähren, sie zu verschönern, sie zu stärken. Die wahre Nächstenliebe, diejenige der Eingeweihten, besteht darin, dem Menschen die Königswürde seines Geistes wiederzugeben. Es kann vorkommen, dass ein Eingeweihter sich um die Personalität anderer Menschen kümmert (das heißt, dass er sie heilt, dass er ihnen materielle Sicherheit gibt), aber dies ist für ihn nur zweitrangig. Sehr häufig führt die übliche Nächstenliebe zum schlimmsten Fehlverhalten bei den Menschen. Sie fördert ihre Faulheit, verleitet sie immer mehr dazu, die anderen auszunützen, bestärkt sie in ihrer Überzeugung, dass die wohltätigen Menschen leichtgläubig und naiv sind, sodass sie zu wahren Schmarotzern der Gesellschaft werden, anstatt nützlich, frei, unabhängig und fähig zu werden, sich mit eigenen Mitteln aus der Affäre zu ziehen.

Jetzt, da ihr den Unterschied zwischen Personalität und Individualität verstanden habt, spreche ich noch einen weiteren, für das Verständnis wichtigen Aspekt an, nämlich, dass die Personalität und die Individualität zusammenarbeiten müssen. Was ich euch über die Personalität gesagt habe, bedeutet nicht, dass man sie abtöten, auslöschen, vernichten sollte. Nein, sie muss die Dienerin der Individualität sein. Ohne die Personalität kann sich die Individualität nicht manifestieren. Die Personalität ist vergleichbar mit der Form, die Individualität mit dem Inhalt. Die Form ist notwendig, aber sie sollte den Inhalt zum Ausdruck bringen. Wenn die Form dumm und ohne Sinn ist, so ist dies die vollständige Versklavung des Menschen.

Wenn die Personalität zur Dienerin des menschlichen Geistes wird, wird er Wunder vollbringen. Ihr müsst wissen, dass für alles, was den Geist fesselt, was sein Verständnis, seine Kreativität und seine Handlungsfreiheit behindert, die Personalität verantwortlich ist. Beobachtet die Charaktere rund um euch herum, und ihr werdet Folgendes feststellen: Je mehr die Personalität in den Vordergrund tritt, desto engstirniger und voreingenommener ist der Mensch. Nun führt aber die geringste Voreingenommenheit im Bereich philosophischer oder religiöser Ansichten – bei zwischenmenschlichen Beziehungen oder bei der Arbeit – zu Verständnisproblemen und Komplikationen bei der jeweiligen Tätigkeit. Und es gibt keine schlimmere Voreingenommenheit als die der Personalität, die sich aufregt, sich verteidigt, sich rächt und ständig den Standpunkt wechselt. Das ist deshalb so, weil alles, was sie unternimmt, ein eigennütziges Ziel hat, weil sie dazu verurteilt ist, niemals die Wirklichkeit der Dinge zu sehen. Wenn ein Eingeweihter sieht, dass in seine Schule Menschen kommen, deren Personalität sehr stark entwickelt ist, sieht er schon im Voraus, auf welche Hindernisse sie treffen werden und welche Schwierigkeiten er haben wird, sie zu unterrichten. Für die Eingeweihten hat folgende Formel absolute Gültigkeit: Je mehr man die Personalität meistert, das heißt, je mehr man sich einschränkt und Herr über sich selbst ist, desto freier und stärker wird man.

Wenn ich im Detail auf alle negativen Tendenzen eingehen würde, die ihr bei euren Eltern und euren Freunden nährt, während ihr glaubt, ihnen zu helfen, wärt ihr entsetzt. Ihr bildet euch ein, dass ihr sie selbst nährt, aber eigentlich nährt ihr in ihnen Wesen, die ihr nicht kennt, Fremde, die auf eure Kosten essen und trinken, ohne euch danach mit irgendeinem Gefühl von Dankbarkeit zu bezahlen.[3] Die wahre Einweihungswissenschaft besteht darin, ganz genau unterscheiden zu können zwischen den Wesen, die man in sich und in anderen nährt.

Ihr seid nun ausreichend aufgeklärt, um den Sinn des Gleichnisses vom untreuen Verwalter zu verstehen.

Die Personalität und die Individualität haben ihren Sitz in der großen Welt, dem Makrokosmos, dem Universum, aber auch in der kleinen Welt, dem Mikrokosmos, dem Menschen. Im Menschen ist der Sitz der Personalität im Magen und im Unterleib, also im Bereich unterhalb des Zwerchfells. Der Sitz der Individualität ist in der Lunge, im Herzen und im Gehirn, das heißt in den Bereichen, die sich oberhalb des Zwerchfells befinden. Die horizontale Linie der Abbildung entspricht also dem Zwerchfell.

Ihr glaubt vielleicht, dass alles unterhalb des Zwerchfells jeglicher Gedanken, Gefühle und Aktivität beraubt ist. Lasst euch eines Besseren belehren. Der Bauch hat ein Gehirn, ein Herz und einen Willen. Warum sagt man von manchen Personen, dass sie »eine Wut im Bauch« haben? Ich möchte keine neue Anatomie schaffen, aber ihr müsst wissen, dass die beiden Regionen ober- und unterhalb des Zwerchfells zwei verschiedene Herren darstellen, in deren Diensten der Mensch steht, und denen er dienen muss. Ja und das ist eine lange Geschichte, ein echtes Abenteuer. Wenn der Mensch auf die Erde kommt, tritt er in den Dienst eines Herren, des physischen Körpers, des Magens ein, aber früher oder später wird er entlassen, das heißt, er stirbt. Wenn er intelligent ist, stellt er ähnliche Überlegungen an wie der Verwalter des Gleichnisses: »Was bleibt mir, da mir ja mein Herr die Verwaltung seiner Güter wegnimmt? Die Erde bearbeiten? Kann ich nicht. Betteln? Da schäme ich mich.« Der vernünftige Verwalter weiß sehr genau: Wenn er seinen physischen Körper, diesen ewig unzufriedenen Herrn verlässt, wird er gerne noch auf der Erde weiterarbeiten, aber er hat keine Mittel mehr dafür. Da er aber immer noch die gleichen Bedürfnisse hat zu essen, zu trinken, zu besitzen und alle möglichen Vergnügungen auszukosten, wird er sich der Versuchung aussetzen zu betteln, das heißt zu den noch Lebenden zu gehen und sich durch sie zufriedenzustellen. Dies geschieht mit den Verwaltern, die der Personalität sehr treu sind. Sie werden zu Bettlern auf der Astral-Ebene und begeben sich zu allen Vergnügungsstätten, dorthin, wo sich die Masse amüsiert, damit sie an deren Freuden teilhaben können.

Nun war der treulose Verwalter aber intelligent, er wollte sich nicht in die Kategorie der bettelnden Geister einreihen. Von seiner Vernunft geleitet entschloss er sich, sich Freunde mit Hilfe der ungerecht erworbenen Reichtümer zu machen, die Beträge zu kürzen, welche die Schuldner seinem Herrn zahlen mussten. Was bedeutet das? Anstatt seinem Bauch und seinen verschiedenen Organen üppige Mahlzeiten und übertriebene Vergnügungen zu bieten, wie das die meisten Menschen normalerweise machen, hat er den Anteil der Nahrungsmittel oder Vergnügungen reduziert, die er ihnen schuldig zu sein glaubt. Anders gesagt, hat er ein System von Einschränkungen für die Personalität eingerichtet, indem er die Anzahl der üppigen Mahlzeiten, der Zigaretten, der Mätressen und so weiter einschränkt; und die Kräfte, die Gedanken und die Zeit, die er dem unersättlichen und alles verschlingenden Herrn hätte widmen sollen, hat er den unsichtbaren Freunden des ewigen Tabernakels gegeben. Das heißt, er hat ein Kapital erwirtschaftet, um es in einer himmlischen Bank anzulegen, damit man ihn an dem Tag, wo er am Schalter dieser Bank stehen würde, erkennt und ihn empfängt. Er hat Zeit, Energie, einen Teil seiner Liebe, seiner Gedanken und seiner Gefühle der Individualität geweiht, statt sie für die Personalität zu bewahren. Er war also treulos der Personalität gegenüber, um sich Freunde zu schaffen dank der Reichtümer, die er ihr »ungerechterweise« vorenthalten hat.

Wenn wir die Begriffe dieses Gleichnisses nicht auf diese Weise interpretieren, können wir nicht verstehen, warum der Verwalter von seinem Herrn gelobt wurde. Welcher Herr hat ihn gelobt? Ganz sicher nicht die Personalität, denn sie wurde durch ihn geschädigt. Es ist also die Individualität, die ihm sagte: »Du bist sehr intelligent. Das hast du gut gemacht.« Denn es gibt nur eine Treulosigkeit, eine erlaubte Ungerechtigkeit, nämlich die, welche zu Lasten der Personalität geht, das heißt zu Lasten all dessen, was niedrig, egoistisch und leicht verderblich ist. Andererseits ist es niemals erlaubt, Gott, den Engeln, der Reinheit, der Güte gegenüber treulos zu sein. Gegenwärtig ist die ganze Welt dem Bauch und dem Geschlecht treu, der Personalität also, und sie ist treulos gegenüber Gott. Die Menschen haben es eilig, wenn es sich darum handelt, ihre Leidenschaften, ihre niederen Wünsche zu befriedigen, aber sie verraten unablässig den Herrn. Wie vielen Menschen bin ich begegnet, die treu sind – dem Wirt in ihrer Kneipe, wo sie jeden Tag hingehen! Andere sind dem Tabak oder irgendeiner Leidenschaft, einem Laster, einer ungesunden Gewohnheit treu. Wenige Leute sind edlen Gewohnheiten treu. Wahre Treue besteht aber nun darin, das Studium, die Meditation, das Gebet, die uneigennützigen Gefühle und Gedanken niemals zu vernachlässigen.

Ihr fragt euch vielleicht, was die Schuldner darstellen, deren Schulden man erlassen hat und welcher Art diese Schulden waren. Die Schuldner sind Wesen der unsichtbaren Welt, die kommen und dem Menschen bestimmte spirituelle Elemente wegnehmen und diese auch bezahlen müssen in Form von Energien, von weniger subtilen Kräften. Dadurch dass der Mensch diesen Wesen ihre Schulden erlässt, verzichtet er auf diese Kräfte, die ihm in der Folge gegeben worden wären. Das bedeutet, dass er sich auf den Weg der Enthaltsamkeit begibt – das

Fasten, die Keuschheit, die Stille, das Gebet, die Meditation. Diese einschränkenden Maßnahmen bringen einen geringeren Energieaufwand mit sich, als der, den der physische Körper normalerweise braucht. Wenn der physische Körper teilweise auf seine Gelüste verzichtet, wird die höhere Seite, die nicht mehr so viele Kräfte und Fluida liefern muss, gestärkt. Wenn jedoch die niedere Seite viel isst und sich viel amüsiert, wird die höhere Seite, die sich nicht mehr manifestieren kann, schwächer, weil sie es ist, die die Energien liefert, die sich auf der physischen Ebene manifestieren. Und ihr seht, Jesus sagte im Gleichnis nicht, dass der treulose Verwalter den Schuldnern die gesamte Summe ihrer Schulden erließ, sondern nur einen Teil. Das bedeutet, dass der Mensch die Einschränkungen nicht übertrieben praktizieren sollte, dass er nicht bis ins Extreme gehen sollte, bis zur Kasteiung und zur absoluten Askese.

Jesus zeigt deutlich auf, dass der Mensch für den ersten Herren (die Individualität) arbeiten sollte, er aber nicht das Recht hat, den zweiten Herren (die Personalität) zu verlassen. Das bedeutet, er hat nicht das Recht, alles zu verleugnen und den Tod durch Verzicht in Kauf zu nehmen. Er darf dem zweiten Herren gegenüber treulos sein, aber nur in bestimmtem Maße. Nehmen wir an, dass zum Beispiel eine Frau sich nur für ihre physische Erscheinung interessiert und vollständig ihre intellektuelle und spirituelle Entwicklung vernachlässigt, um sich nur der Pflege ihres Körpers und ihres Gesichtes zu widmen. Sie wird sicherlich äußerst verführerisch wirken und süß wie Honig, der von weitem die Wespen und Fliegen anzieht. Sie hat viele Freunde und wird gefeiert und vergöttert. Ein paar Jahre später wirkt sie nicht mehr so anziehend und ihre Freunde verlassen sie. Sie trauert der Vergangenheit nach, leidet und fühlt sich einsam. Die Menschen suchen nämlich nur die auf, die ihnen etwas bieten. Nun hat sie ihre Schönheit verloren und sie findet niemanden, der sie besucht und sie tröstet. Hätte diese Frau wie der treulose Verwalter gehandelt, hätte sie vorausgesehen, dass ihr Herr sie eines Tages davonjagen würde, dann hätte sie sich auf diese Veränderung der Situation vorbereitet, sie hätte begonnen, Dinge zu hinterfragen, Güte und Intelligenz zu entfalten, damit sie ihre Freunde für die Zeit bewahrt, wo sie ihre Schönheit verloren haben würde. Und sie hätte ihre Freunde auch behalten, weil sie angenehm und hübsch anzuschauen geblieben wäre, trotz ihres Alters. Ich habe sehr oft beobachtet, dass die Frauen, die ihre Individualität gepflegt haben, im Alter umso strahlender, bezaubernder und lichtvoller werden. Diejenigen hingegen, die ihre Personalität ausgelebt haben, werden immer unförmiger und hässlicher, denn sie führen ein Leben in Bedauern, Neid, Zorn und Hass auf alle, und deshalb wirken sie abstoßend.

Da für jeden von uns der Moment kommt, wo wir von unserem Herrn entlassen werden, müssen wir uns vorbereiten und Freunde auf einer anderen Ebene gewinnen. Denn diese Freunde befinden sich nicht auf der physischen Ebene. Der Satz im Gleichnis ist symbolisch zu verstehen: »Und ich sage euch: Macht euch Freunde mit dem ungerechten Mammon.« Wer es gewohnt ist, viel Fleisch, Kalbfleisch, Schweinefleisch, Hühnerfleisch und Wurstwaren zu essen, sammelt in sich all die von diesen Tieren gestohlenen Zellen, um daraus seinen physischen Körper aufzubauen. Er soll sich also Freunde machen mit Hilfe dieses Gebäudes, das mit ungerechten Reichtümern erbaut wurde, damit er, wenn ihm der physische Körper genommen wird, von diesen Freunden in den ewigen Tabernakeln empfangen wird. Und wie soll er das anstellen? Indem er die Mengen reduziert. Wenn ihr bisher dachtet, dass ihr eurem Herrn (dem Magen) fünf Dutzend Austern, ein Kilo Kaviar, etwa zehn Würste, mehrere Truthähne und so weiter schuldig seid und außerdem die besten Weine gefolgt von Kaffee, ein paar Likörchen und Zigaretten, nun, so versucht, diese Speisekarte ein bisschen zu reduzieren. Ihr werdet immer noch gut ernährt sein und ihr werdet bestimmten Wesen, die euch die nötigen Kräfte liefern müssten, um so eine Mahlzeit zu verdauen, die Schulden erlassen haben. Auf diese Weise werdet ihr Freunde unter diesen unsichtbaren Wesen gewinnen, die euch später in den ewigen Tabernakeln empfangen werden.

Diese den Magen betreffende Beschränkung, darf nicht nur auf die Freuden und Vergnügungen der physischen Ebene bezogen werden, sondern auch auf die der astralen und der mentalen Ebene, die auch der Personalität angehören, wie ich euch auf der Abbildung gezeigt habe.

Und als Jesus sagte: »Wer im Geringsten treu ist, der ist auch im Großen treu; und wer im Geringsten ungerecht ist, der ist auch im Großen ungerecht. Wenn ihr nun dem ungerechten Mammon nicht treu seid, wer wird euch das wahre Gut anvertrauen?«, so bedeutet dies, dass man euch auch nicht die großen Reichtümer des Geistes wird anvertrauen können, wenn ihr der Individualität in den kleinen irdischen Dingen nicht treu seid.

Dieses Gleichnis beweist, dass Jesus seinen Jüngern viele Offenbarungen machte, die Evangelisten jedoch nur einen winzig kleinen Teil davon überlieferten. Und jetzt soll man interpretieren, was aber gar nicht so einfach ist. Es gibt natürlich eine erste Möglichkeit, die darin besteht, jedes Wort zu untersuchen, die verschiedenen Versionen zu vergleichen, sich auf die hebräischen und griechischen Texte im Original zu beziehen, die Textlücken, die gewollten oder ungewollten Veränderungen und schlecht gemachten Abschriften aufzudecken, gewisse Fragen vom historischen Gesichtspunkt aus zu vertiefen. Dies nennt man heilige Exegese. Jeder interessiert sich für diese Art von Untersuchungen, aber selbst wenn man sie bis in alle Ewigkeit fortsetzt, wird man doch den Schlüssel zu den Heiligen Schriften nicht finden. Ich habe vieles über diese Fragen gelesen, aber ich gestehe, dass es mich nicht interessiert, wie die Heiligen Bücher geschrieben wurden oder wo sich Übersetzungsfehler und Fehler in der Abschrift finden lassen. Für mich hat diese

Gelehrtheit keine große Bedeutung. Was mich interessiert ist, was Jesus dachte, was er darunter verstand in dem Moment, als er in Gleichnissen sprach, und es ist schwierig, dies durch Exegese herauszufinden. Aber die Worte Jesu sind in der Akasha-Chronik noch lebendig und wir sollten uns also bis dorthin erheben, um den Sinn zu entdecken. Wenn wir ihn erfasst haben, kommen wir auf die physische Ebene zurück, um den Text zu interpretieren.

Mit den normalen Mitteln des Verstandes und der Gelehrtheit können wir den wortgetreuen Sinn auf der Ebene der Form erkennen. Nun befindet sich aber die Wahrheit nicht auf der physischen Ebene, in der Form. Wir werden sie nur entdecken, wenn wir uns sehr hoch hinauf begeben. Der wahre Sinn befindet sich oben in den höheren Ebenen, und wenn wir die heiligen Bücher nicht interpretieren, indem wir uns innerlich erheben, werden wir deren Sinn nicht ergründen können. Die erste Methode, die Exegese, ist diejenige der Personalität. Die zweite Methode ist diejenige der Individualität. Durch die Methode der Individualität hat der Geist Zugang zu sehr hohen Regionen, wo sich die Erklärungen aller Dinge befinden, während die Methode der Personalität uns dahin absteigen lässt, wo sich nur mehr Bruchstücke und deformierte Fetzen der Wahrheit befinden. Sobald man sich den großen Diskussionen und gelehrten Argumenten über Fragen, die dem Bereich des Geistes angehören, widmet, entfernt man sich vom Sinn und vom Inhalt. Beides wird dann immer unverständlicher.[4]

Wenn sich unser Geist erhebt, erreicht er viel höher entwickelte Wesen als wir, die die großen Wahrheiten in den heiligen Texten kennen und uns diesbezüglich aufklären. Die Exegese hingegen, die Methode der Personalität, lässt den Geist zu den weniger entwickelten Wesen hinabsteigen, die uns in die Irre führen. Der erste Weg führt zur Demut, weil er den Menschen veranlasst, sich unbewusst mit den höheren Wesen zu vergleichen, mit denen er in Kontakt tritt. Neben ihnen kommt er sich unwissend, schwach, unvollkommen vor und er wird demütig. Wenn er dagegen hinabsteigt, ist er gezwungen sich mit den gewöhnlichen Menschen zu vergleichen, mit den Tieren, den Insekten, den Mikroben. Dann fühlt er sich natürlich groß, wissend, einzigartig und es überkommt ihn ein Gefühl des Stolzes.

Wenn der Schüler die Augen zu den sehr entwickelten Wesen erhebt, sieht er seine Unvollkommenheit und versteht, was für eine Arbeit er noch an sich vollbringen muss. Er wird demütig, er öffnet sich und die Segnungen des Himmels werden ihm zuteil. Der Hochmütige hingegen, der sich immer mit Winzlingen vergleicht, blockiert seine Entwicklung, er verschließt sich. Hochmut ist ein Hindernis. Jesus sagte: »Wenn ihr nicht umkehrt und werdet wie die Kinder, so werdet ihr nicht ins Himmelreich kommen.«[5] Im Gegensatz zur üblichen Meinung, bedeutet »Kind« nicht etwa unwissend, im Gegenteil. Deshalb ist es jetzt Zeit für eine andere Kultur: Eine Kultur des Kindes, der Einfachheit, der Liebe, der Demut, wo die Menschen sich mit den Eingeweihten, den großen Meistern, den Engeln vergleichen und fühlen, wie viel sie noch lernen müssen. Dann werden Weisheit, Liebe und Freiheit in der Welt Einzug halten.

Im Allgemeinen erweitern die Menschen ihr Wissen mit Hilfe unzulänglicher Erfahrungen ihrer Personalität. Die geistigen Schüler und die Eingeweihten jedoch suchen das wahre Licht, den Geist auf, um ihr Wissen zu erweitern. Deshalb werden sie Hellseher, Heiler und Propheten. Diejenigen, die sich in den Schulen bei den menschlichen Personalitäten weiterbilden, wissen auch bestimmte Dinge, aber der größte Teil ihres Wissens dient weder dazu, ihre Gesundheit zu fördern noch ihr Glück oder ihre Weisheit zu mehren.

Jesus hat von den zwei Herren gesprochen. Lest das Ende des Gleichnisses: »Kein Hausknecht kann zwei Herren dienen: Entweder er wird er den einen hassen und den anderen lieben oder er wird an dem einen hängen und den anderen verachten.

Ihr könnt nicht Gott dienen und dem Mammon.« Das heißt, ihr könnt nicht gleichzeitig eurer höheren Natur und eurer niederen Natur dienen. Und er geht sogar noch weiter: »Was hoch ist bei den Menschen, das ist ein Gräuel vor Gott.« Was also für die Personalität, für die Welt ruhmreich ist, ist verabscheuungswürdig für die Individualität, für den Geist. Die Personalität sucht Zustimmung des Publikums, der unwissenden Menge, während die Individualität die Zustimmung der göttlichen Welt sucht.

Dieses Gleichnis vom treulosen Verwalter steht in Verbindung mit der Textstelle des Matthäus-Evangeliums: »Ihr sollt euch nicht Schätze sammeln auf Erden, wo sie die Motten und der Rost fressen und wo die Diebe einbrechen und stehlen; sammelt euch aber Schätze im Himmel, wo sie weder Motten noch Rost fressen, und wo die Diebe nicht einbrechen und stehlen. Denn wo dein Schatz ist, ist auch dein Herz. Das Auge ist das Licht des Leibes. Wenn dein Auge lauter ist, so wird dein ganzer Leib licht sein. Wenn aber dein Auge böse ist, so wird dein ganzer Leib finster sein. Wenn nun das Licht, das in dir ist, Finsternis ist, wie groß wird dann die Finsternis sein. Niemand kann zwei Herren dienen: Entweder er wird den einen hassen und den anderen lieben oder er wird an dem einen hängen und den anderen verachten. Ihr könnt nicht Gott dienen und dem Mammon.« Dies beweist, dass Jesus das Thema der zwei Herren immer wieder aufgegriffen hat.

Aber ich habe es euch schon gesagt und ich wiederhole es: Man darf die Personalität nicht abtöten. Die Personalität ist unglaublich nützlich, wenn sie sich als Dienerin in den Händen der Individualität befindet. Ohne die Personalität können wir auf der Erde nichts machen. Aber ihre Rolle ist die einer Dienerin und sie darf aus dieser Rolle nicht heraustreten, denn wenn sie die Rolle der Hausherrin spielen will, gerät alles im Menschen in Unordnung und widerspricht dem gesunden Menschenverstand.

Versuchen wir also alle, an der Kultur des Geistes teilzuhaben. Lassen wir unsere Personalität ein wenig beiseite, denn sie kann uns nicht viel nützen, solange sie sich nicht der Individualität unterwirft.

Mögen die Liebe, die das wahre Leben bringt, die Weisheit, die das Licht bringt und die Wahrheit, die die Freiheit bringt, immer mit euch und in euch sein.

Paris, 30. April 1938

Anmerkungen

1. Siehe auch Band 11 der Reihe Gesmtwerke »Der Schlüssel zur Lösung der Lebensprobleme«, Kap. 3: »Vom Nehmen und Geben (Sonne, Mond und Erde)«.
2. Siehe auch Band 234 der Reihe Izvor »Die Wahrheit, Frucht der Weisheit und der Liebe«.
3. Siehe auch Band 210 der Reihe Izvor »Die Antwort auf das Böse«, Kap. 7: »Die Frage der Unerwünschten«.
4. Siehe auch Band 241 der Reihe Izvor »Der Stein der Weisen«, Kap. 1: »Über die Deutung der Schriften«.
5. Siehe auch Band 217 der Reihe Izvor »Ein neues Licht auf das Evangelium«, Kap. 2: »Wenn ihr nicht werdet wie die Kinder« und Band 239 der Reihe Izvor »Die Liebe ist größer als der Glaube«, Kap. 8: »Wenn ihr nicht werdet wie die Kinder«.

*Kapitel 5*

# »Sammelt euch Schätze...«

»Ihr sollt euch nicht Schätze sammeln auf Erden, wo sie die Würmer und der Rost fressen und wo die Diebe einbrechen und stehlen. Sammelt euch aber Schätze im Himmel, wo sie weder Würmer noch Rost fressen und wo die Diebe nicht einbrechen und stehlen. Denn wo dein Schatz ist, da ist auch dein Herz.«

»Niemand kann zwei Herren dienen: Entweder er wird den einen hassen und den anderen lieben oder er wird an dem einen hängen und den anderen verachten. Ihr könnt nicht Gott dienen und dem Mammon.«

Mt 6,19-20,24

Diese Stelle aus dem Matthäusevangelium kann man mit dem Kapitel 16 aus dem Lukasevangelium über den untreuen Verwalter vergleichen, über das ich letzte Woche sprach. Zunächst einmal sei festgestellt, dass in jedem der beiden die Frage der Reichtümer in gleicher Weise behandelt wird; außerdem schließt sich an beiden Stellen ein Kommentar über die zwei Herren an. »Niemand kann zwei Herren dienen; entweder er wird den einen hassen und den anderen lieben oder er wird an dem einen hängen und den anderen verachten. Ihr könnt nicht Gott dienen und dem Mammon.«

Ich betone von Neuem die Tatsache, dass die Worte Jesu mit großer Sorgfalt studiert werden müssen, da sie genau abgewogen, abgemessen und berechnet sind. »Ihr sollt euch nicht Schätze sammeln auf Erden, wo sie die Würmer und der Rost fressen und wo die Diebe einbrechen und stehlen. Sammelt euch aber Schätze im Himmel...« Für Jesus gibt es also zwei unterschiedliche Arten von Banken, die Banken auf der Erde und die Banken im Himmel, welche natürlich ebenfalls sehr viele Angestellte mit unterschiedlichen Aufgaben haben. Der Mensch selbst stellt diese zwei Banken dar; sie sind beide in einem gemeinsamen Gebäude tätig, und diese beiden Banken sind Filialen von zwei großen kosmischen Banken und werden von ihnen versorgt.

Wundert euch nicht, dass ich das Bild der Bank verwende, um die Evangelien auszulegen. Das Leben unserer sichtbaren Welt ist nach dem Vorbild der unsichtbaren Wirklichkeit aufgebaut. Sein Räderwerk ist nur die Widerspiegelung des höheren Lebens. Das, was hier unten ist, ist eine Spiegelung dessen, was oben ist. Ich spreche hier absichtlich von einer Spiegelung, einer matten Spiegelung, denn weder die Schönheit noch das Licht der unsichtbaren Welt können sich auf der Erde offenbaren. Aber es gibt Entsprechungen, die es uns ermöglichen, diese beiden Welten zu vergleichen und dank dem, was wir hier unten, in unserer Welt, sehen, all das zu verstehen, was oben in der unsichtbaren Welt existiert. Diese zwei Banken, die eine auf der Erde und die andere im Himmel, sind nichts anderes als die Personalität und die Individualität, über welche ich schon im letzten Vortrag gesprochen habe.

Man kann sagen, dass eine Bank auf der Erde im Allgemeinen drei verschiedene Dienstleistungen anbietet. Die erste ist die der Schließfächer: Das sind die Tresore, in denen man seine Finanzen verwahrt. Die zweite befasst sich mit Finanzdienstleistung und Darlehen. Die dritte hat mit Transaktion und Spekulation zu tun. Nun, diese drei Sparten findet man ganz genau in der Struktur der Personalität wieder. Die Tresore entsprechen den Reserven des physischen Körpers. Die Abteilung für Finanzdienstleistung entspricht den Gefühlen, der Astral-Ebene, der Welt des Herzens, das ständig zum eigenen Vorteil Kontakte knüpfen will. Die Abteilung für spekulative Geldgeschäfte entspricht dem Mentalkörper, dem Intellekt. Dieser tut alles mit Berechnung und ist nur darauf bedacht, das jetzige oder künftige Scheitern der anderen zu seinem Vorteil auszunützen.

| | |
|---|---|
| Personalität | Mentalkörper: Spekulationen<br>Astralkörper: Kontakte, Darlehen<br>Physischer Körper: Schließfächer, Tresore |

Die irdische Bank bereichert sich immer auf Kosten der anderen. Sie kennt keine Rücksichtnahme, obwohl sie andererseits versucht, die ganze Welt davon zu überzeugen, dass das, was sie tut, fühlt und denkt, nur auf Liebe und Achtung für den Nächsten beruht. Aber die alleinige Tatsache, dass der Mensch, um sich zu ernähren Vieh, Geflügel oder Wild tötet, dass er Pferde, Ochsen, Rentiere, Kamele und Elefanten zähmt, damit sie ihm dienen und dass er andere Tiere tötet, um ihre Haut oder ihr Fett zu erhalten, ist bereits der Beweis, dass er auf Kosten der anderen lebt.

Schauen wir nun, was die Worte Jesu bedeuten: »Sammelt euch Schätze im Himmel, wo sie weder Würmer noch Rost fressen und wo die Diebe nicht einbrechen und stehlen.« Werfen wir einen Blick auf diese drei Worte: Rost, Würmer und Diebe.

Fangen wir mit dem Rost an. Die Alchimisten sollen nach dem Stein der Weisen gesucht haben, um Metalle in Gold zu verwandeln und viele glaubten, sie hätten nur nach dieser physischen Umwandlung gesucht.[1] Nein, der Stein der Weisen war nicht nur das Geheimnis, wie man Metalle in Gold umwandelt, sondern auch wie man die anfällige, verwundbare, Versuchungen und Krankheiten ausgesetzte Materie des Menschen umwandelt. Aber wir werden ein anderes Mal auf dieses Thema zurückkommen.

Die Alchimie wird also im Allgemeinen als die Kunst aufgefasst, Metalle in Gold zu verwandeln. Aber warum in Gold? Gold ist das einzige Metall, das rostfrei, wasser-, luft- und säurebeständig ist, und es ist nur löslich in einer Mischung aus Salpetersäure und Salzsäure, die mit dem Wort »Königswasser« bezeichnet wird. Das Eisen hingegen ist für seine rasche Oxydation bekannt. Wenn es mit feuchter Luft in Kontakt kommt, entsteht Rost, der sich in das Eisen hineinfrisst. Rost kann also als Symbol für die Stoffe stehen, die Metalle und das Mineralreich im Allgemeinen angreifen. Nun aber entspricht in der Hierarchie der Naturbereiche das Mineralreich der physischen Ebene, der Rost versinnbildlicht also das, was die physische Ebene, den menschlichen Körper, zerstört.

Die Würmer entsprechen eher dem pflanzlichen Reich. Und die Vegetation entspricht beim Menschen dem Astralbereich, dem Bereich des Herzens und der Gefühle. Ein Mensch, dessen Herz voll Hass und Zweifel ist, voll Hochmut, Verachtung und voller Gewalttätigkeit, ist den Würmern wehrlos ausgeliefert. Sagt man nicht von ihm, dass es in ihm »nagt«? Wenn man einen Wurm zerstückelt, muss man feststellen, dass er sich tatsächlich vermehrt, anstatt vernichtet zu werden, wie man es wollte. Vom symbolischen Standpunkt aus ist das ein sehr bemerkenswertes Phänomen, das man in der mythischen Erzählung von der von Herkules besiegten Hydra von Lerna wiederfindet. Die Hydra war das Schlangenungeheuer mit sieben Köpfen, die immer wieder nachwuchsen, sobald man einen von ihnen abschlug. Um das Ungeheuer zu überwältigen, musste man die sieben Köpfe auf einen Schlag abtrennen. Herkules gelang es, die Hydra durch das Feuer zu besiegen. Diese Hydra stellt die sieben Todsünden dar, die immer wieder aufleben, wenn man sie auszurotten versucht. Es gibt nur ein einziges wirksames Mittel: das Feuer der göttlichen Liebe, das alle Köpfe auf einmal verbrennt. Was ich euch aber einfach sagen wollte, ist Folgendes: Als Jesus von den Würmern sprach, wollte er damit auf die Feinde hinweisen, die uns auf der Astral-Ebene angreifen.

Auch die Diebe stehen symbolisch für etwas. Der Dieb wartet, bis es dunkel ist, um sich an seine Arbeit zu machen. Wenn es finster ist und alles schläft, schleicht er sich in das Haus. Die Diebe sind das Symbol für unsere Feinde auf der Mental-Ebene. Derjenige, dessen Intellekt verdüstert ist und vor sich hindöst, wird Dieben zum Opfer fallen, denn überall, wo Finsternis herrscht, kommen Diebe hin. Diese Diebe sind unsichtbare Wesenheiten, Zweifel, Sorgen, die in eurem Innern auftauchen. Sind all die Gedanken, die euch ausgeraubt, schwach und erschöpft zurücklassen, nicht der Beweis dafür, dass Diebe eingebrochen sind und euer ganzes Vermögen geraubt haben? Ihr wendet ein, es seien niemals Diebe zu Euch gekommen! Aber zeigt mir euren Schatz an Freude, Kraft und Frieden. Ihr könnt es nicht? Das ist der Beweis, dass Diebe bei euch waren. Die Diebe sind die Gedanken, die im Dunkeln arbeiten, um euch eure Eingebungen, euren Elan, Euren Glauben usw. zu nehmen.

Der Rost, die Würmer und Diebe, von denen Jesus sprach, entsprechen folglich der physischen, der astralen und der mentalen Ebene. Wir können sie in die Abbildung einsetzen, mit der wir uns in früheren Vorträgen schon beschäftigt haben.

Eines Abends fragte eine verrostete Eisenstange einen Pflug, der eben auf den Bauernhof zurückgebracht wurde, warum er so glänze: »Weil ich arbeite!« antwortete der Pflug. »Du aber bist verrostet, weil du untätig bist.« Beim Faulenzer wird der Wille durch Rost angegriffen. Das Herz des wollüstigen Menschen wird von den Würmern zernagt, und der düstere Intellekt wird zwangsläufig von Dieben heimgesucht. Gegen diese drei Kategorien von Feinden warnt Jesus mit folgenden Worten: »Ihr sollt euch nicht Schätze sammeln auf Erden...« Denn seht einmal, was demjenigen passiert, der sich auf irdische Schätze beschränkt: Er geht bald keinen Schritt mehr, weil das doch nicht nötig ist, da ihm Autos zur Verfügung stehen. Er schreibt nicht mehr, da seine Sekretärinnen es für ihn tun. Er spricht und

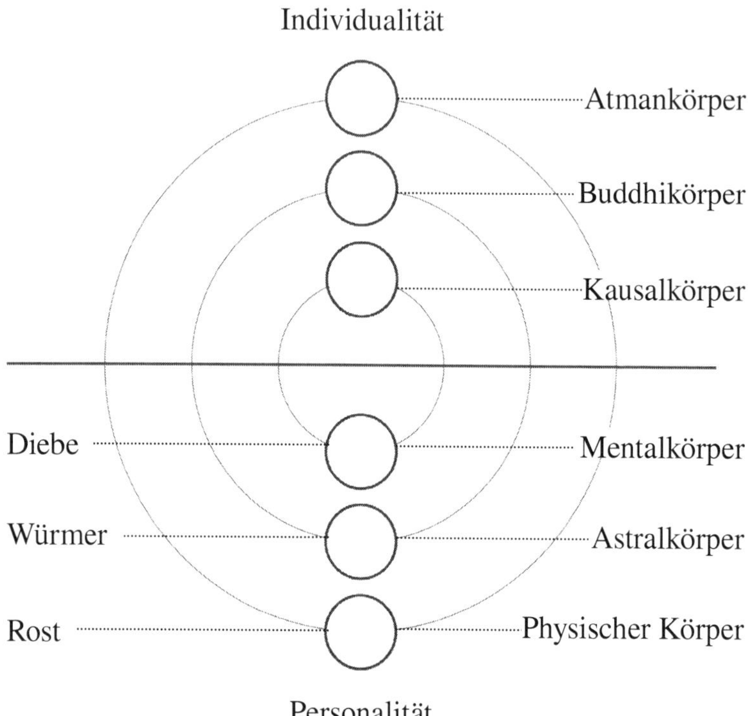


denkt nicht mehr, denn andere tun beides für ihn. Es bleibt ihm also nur noch zu essen, zu trinken, zu schlafen, Mätressen zu unterhalten und so fort. Allmählich versinkt er immer tiefer in Trägheit, Leidenschaft und Finsternis. Die Schätze, die er auf einer Bank angehäuft hat, werden über kurz oder lang von Rost, Würmern und Dieben angegriffen.

An einer weiteren Stelle gibt Jesus selbst die Erklärung für seine Ratschläge: »Denn wo euer Schatz ist, da ist auch euer Herz.« Ja, auch das sollte man vor allem wissen, denn alles wandelt sich auf dieser Erde. Man darf seine Häuser und Fabriken und Autos nicht ewig behalten, auch nicht seine Frau oder seinen

Mann, die vielleicht beide Geliebte haben, und auch nicht die Kinder, die den Eltern gegenüber oft feindselig gesinnt sind. Was bleibt dann dem Menschen, wenn er alles verliert, was er liebt? Nehmen wir an, euer Herz befindet sich im Geldschrank: wird dieser geleert, so wird auch euer Herz leer sein. Liebt ihr eine Frau rein körperlich, so wird auch euer Herz brechen, wenn sie euch verlässt. Als Jesus sagte: »Ihr sollt euch nicht Schätze sammeln auf Erden, sondern im Himmel«, bedeutete das also: Befreit euch von den drei niederen Prinzipien der Personalität und schließt euch an die drei höheren Prinzipien der Individualität an, wo ihr weder Rost noch Würmer noch Diebe zu befürchten braucht.

Oft entzieht der Himmel einem Menschen Reichtümer, um ihn zum Lernen zu zwingen. Wenn der Mensch gut und vernünftig ist, ist die Armut für ihn eine Quelle innerer Entfaltung. Zuerst arbeitet er gut, um aus seiner Situation herauszukommen; dann versteht er die Unglücklichen, die so sind wie er, versucht ihnen zu helfen und möchte etwas für sie tun. Schließlich denkt er nach und meditiert, denn da er ja keine materiellen Mittel besitzt, kommt er zwangsläufig zum Nachdenken und zur Besinnung. Die Armut ist also eine gute Schule. Gott liebt die Menschen, und Er weiß, dass sie faul werden, wenn Er sie mit Gütern überhäuft. Sie würden in Vergnügungen versinken und würden die Diebe kennen lernen. Deshalb entzieht Er ihnen ein bisschen die materiellen Mittel, um sie vor diesen Gefahren in Sicherheit zu bringen.

Vor ein paar Jahren dachten sich in den USA Diebe eine unglaubliche List aus, um einen Juwelier am helllichten Tag auszurauben. Sie taten, als würden sie eine Einbruchsszene filmen: Sie kamen mit einem Auto und während die einen mit dem Revolver in den Händen in den Juwelierladen liefen und alles mitnahmen, was sie nur konnten, taten die anderen so, als würden sie mit einer Kamera diese Szene filmen. Der Juwelier konnte schreien so viel er wollte: »Hilfe! Haltet den Dieb!«, kein Mensch rührte auch nur einen Finger. Alle Zeugen waren überzeugt, dass diese Schreie ein Teil der Szene seien und ganz sicher fanden sie, dass das Opfer seine Rolle ganz besonders gut spielte. Schließlich kamen die Diebe aus dem Laden heraus und sprangen schnell ins Auto, das sofort losfuhr. Der Juwelier rannte dann auch aus seinem Laden heraus und schrie noch lauter, und erst in diesem Moment begriffen die Leute, dass sie Zeuge eines wirklichen Einbruchs waren, aber da war es bereits zu spät.

Auch in euch gibt es Diebe, die euch auch am helllichten Tag überraschen. Der Tag und die Nacht sind Symbole. Die Nacht kann im Gehirn sogar zur vollen Mittagsstunde herrschen und umgekehrt. »Dunkelheit« bedeutet einen Zustand, in dem man die Pläne der Diebe nicht klar sieht.

Warum gibt es in der heutigen Zeit immer mehr Diebe? Ganz einfach weil im Verstand der Menschen immer mehr Dunkelheit herrscht und weil die Diebe die Dunkelheit brauchen, um arbeiten zu können, profitieren sie von diesen günstigen Bedingungen. Aber stellt euch zum Beispiel vor, die Anzahl der Hellseher würde zunehmen. Die Gedanken, die in den Köpfen der Übeltäter entstehen, würden sofort wahrgenommen werden, weil die Gedanken Wellen verbreiten, und genau diese Wellen warnen die Menschen, dass Diebe die Absicht haben, sie auszurauben. Da sie entdeckt werden, bevor sie überhaupt handeln können, werden sie ihre Pläne aufgeben. Kein menschliches Gesetz, keine noch so gut organisierte Polizei ist mächtig genug, um die Diebe verschwinden zu lassen. Es wird sie so lange geben, bis die Menschen ihre inneren Lampen anzünden und ihre spirituellen Augen öffnen. Dann werden die Diebe selbst merken, dass ihre Herrschaft zu Ende geht und sie werden gezwungenermaßen verschwinden oder sich verwandeln.

Natürlich kann man das Thema Diebe auch auf amüsante Art und Weise betrachten. Eines Tages wurde bei Mark Twain eingebrochen. Am nächsten Tag befestigte er an seiner Haustür folgenden Zettel: »Mitteilung an die nächsten Einbrecher: Das Silberbesteck wurde durch ein Service aus einfachem Metall ersetzt. Es befindet sich im Vorzimmer rechts vom Eingang neben einem Korb, wo die kleinen Katzen schlafen. Bitte beim Wegnehmen dieses Bestecks leise sein, damit die Katzen nicht aufwachen. Und da ich ebenfalls einen leichten Schlaf und feine Ohren besitze, stehen gleich beim Eingang Schuhe mit Gummisohlen. Ich bitte Sie, diese zu verwenden und sie nach Gebrauch wieder an ihren Platz zurückzustellen – und außerdem bitte ich Sie, beim Hinausgehen die Haustüre wieder zu schließen, weil es sonst zieht!«

Betrachten wir nun das Bild eines Baumes. Man kann sagen, dass er schematisch aus zwei Kegeln besteht: der Kegel der Äste mit der Spitze nach oben und der Kegel der Wurzeln mit der Spitze nach unten.

Wir haben schon einmal über die Symbolik dieser zwei Kegel gesprochen. Ich erinnere euch nur daran, dass der Kegel mit der nach oben gerichteten Spitze symbolisch für geistiges Wachstum steht; und der umgekehrte Kegel hingegen für Begrenzung, wie in der Hölle von Dante, wo es weder Licht noch Wärme noch die Möglichkeit von Bewegung gibt. Tatsächlich gibt es für denjenigen, der in seinem Bewusstsein sehr weit hinabgestiegen ist, kein Licht, keine Wärme und keine Bewegung mehr. Er befindet sich in

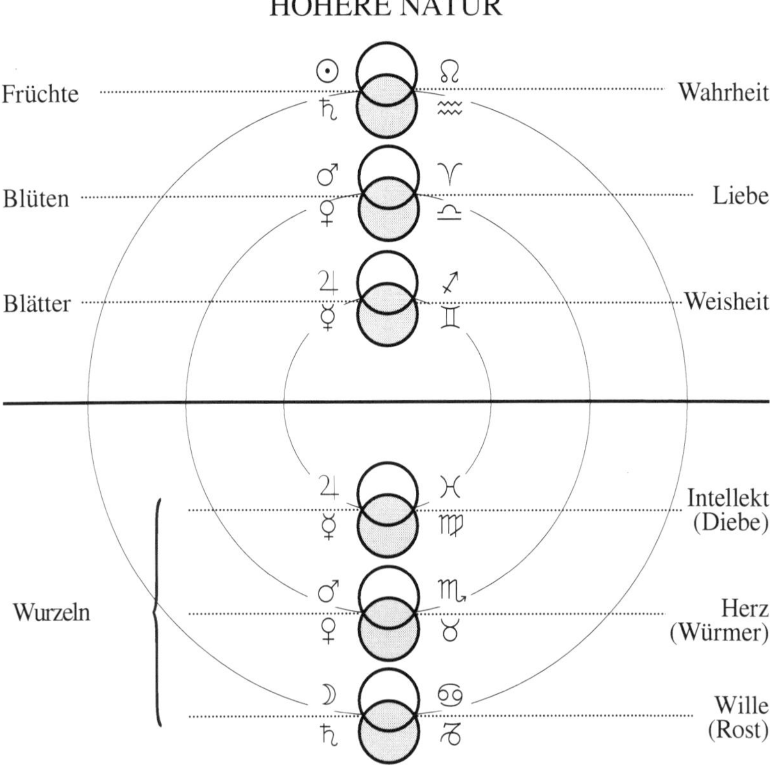

den Wurzeln des Baumes, also in den drei niederen Körpern, dem physischen, dem astralen und dem mentalen. Bewegung, Wärme und Licht werden ausschließlich in den Blättern, Blüten und Früchten sichtbar. Wer die Weisheit, die Liebe und die Wahrheit sucht, lebt in den Blättern, den Blüten und den Früchten, den drei höheren Körpern. Die Wurzeln bereiten also die Nahrung zu für die Früchte, die in der Krone des menschlichen Baumes reifen.[2] Die astrologischen Zeichen, die in die Abbildung eingezeichnet sind, unterstreichen die Genauigkeit der Entsprechungen: Unten der Mond, verbunden mit dem niederen Saturn, das ist die Trägheit. Denn der Mond ist unvergleichlich in dieser Hinsicht. Oben in der Abbildung die Sonne, verbunden mit dem höheren Saturn, das ist die Aktivität.

»Sammelt euch Schätze im Himmel, wo sie weder die Würmer noch der Rost fressen und wo die Diebe nicht einbrechen und stehlen.« Jetzt versteht ihr die Worte Jesu: Der Himmel, wo wir Schätze ansammeln sollen, das ist die Liebe, die Weisheit, die Wahrheit. Denn es ist die Wahrheit, die den Rost daran hindert, alles anzufressen. Es ist die göttliche Liebe, die die Würmer tötet. Es ist die Weisheit, die uns vor Dieben schützt.

Das, was ich euch enthülle, ist überall in der Natur eingeschrieben, aber man muss Augen haben, um es zu sehen. Wer glaubt, den Himmel kosten zu können, ohne dass er edle, gerechte Dinge tut, noch dem Pfad der Liebe und der Weisheit folgt, der irrt sich und wird bald verstehen, dass die Bank, auf der er immer seine Schätze hinterlegte, in Konkurs gegangen ist. Eines Tages, wenn er in die andere Welt hinübergeht, wird man ihn nicht unter den Söhnen Gottes empfangen, obwohl er auf Erden reich, von allen geschätzt und ruhmreich war. Man wird ihm sagen: »Sie haben nichts in unserer Bank hinterlegt, also können wir Ihnen auch nichts geben.« Er wird vielleicht antworten: »Wisst ihr nicht, dass ich berühmt, gelehrt und gebildet war? Ich habe eine große Anzahl von Professoren in einer großen Universität beschäftigt.« – »Das ist möglich, aber hier läuft alles anders. Hier sind Sie ein Unwissender. Zeigen Sie uns, was Sie während Ihres Lebens geleistet haben. Sie besitzen weder Liebe noch Weisheit, also sind Sie ein Unwissender.« Und wer oben, in den Akademien der Eingeweihten und Meister, nicht aufgenommen wird, der steigt wieder auf die Erde hinab, um seine irdischen Freunde wieder zu finden. Er klopft überall an und ruft: »Öffnet mir! Man jagt mich da oben fort!« Und er beginnt, sich auf Kosten anderer Menschen zu ernähren. Die Welt ist voller Seelen, die sich auf Kosten der Anderen zufrieden stellen wollen, unter dem Vorwand, die spirituelle Welt empfange sie nicht, und so werden sie zu Vampiren.

Man kann nur einem Weg folgen. Jesus sagte: »Suchet das Reich Gottes und Seine Gerechtigkeit und alles andere wird euch dazugegeben.« Liebe, Weisheit und Wahrheit, das ist das Reich Gottes in uns. Die Kultur, die sich jetzt nähert, ist die Kultur der Universellen Weißen Bruderschaft. Dank ihr werden wir in der göttlichen Liebe leben, die uns die höhere Freude und das von uns gesuchte Glück bringt, in der göttlichen Weisheit, die uns erleuchtet und in der Wahrheit, die uns befreit.

Der Friede sei mit euch!

Paris, 7. Mai 1938

Anmerkungen

1. Siehe auch Band 241 der Reihe Izvor »Der Stein der Weisen«, Kap. 10: »Der Stein der Weisen, Frucht einer mystischen Vereinigung«.
2. Siehe auch Band 221 der Reihe Izvor »Alchimistische Arbeit und Vollkommenheit«, Kap. 2: »Der menschliche Baum«.

*Kapitel 6*

# Das Wunder von den zwei Fischen und den fünf Broten

»Danach fuhr Jesus weg über das Galiläische Meer, das auch See von Tiberias heißt. Und es zog ihm viel Volk nach, weil sie die Zeichen sahen, die er an den Kranken tat. Jesus aber ging auf einen Berg und setzte sich dort mit seinen Jüngern. Es war aber kurz vor dem Passa, dem Fest der Juden. Da hob Jesus seine Augen auf und sieht, dass viel Volk zu ihm kommt, und spricht zu Philippus: Wo kaufen wir Brot, damit diese zu essen haben? Das sagte er aber, um ihn zu prüfen; denn er wusste wohl, was er tun wollte. Philippus antwortete ihm: Für zweihundert Silbergroschen Brot ist nicht genug für sie, dass jeder ein wenig bekomme. Spricht zu ihm einer seiner Jünger, Andreas, der Bruder des Simon Petrus: Es ist ein Kind hier, das hat fünf Gerstenbrote und zwei Fische; aber was ist das für so viele? Jesus aber sprach: Lasst die Leute sich lagern. Es war aber viel Gras an dem Ort. Da lagerten sich etwa fünftausend Männer. Jesus aber nahm die Brote, dankte und gab sie denen, die sich gelagert hatten; desgleichen auch von den Fischen, so viel sie wollten. Als sie aber satt waren, sprach er zu seinen Jüngern: Sammelt die übrigen Brocken, damit nichts umkommt. Da sammelten sie und füllten von den fünf Gerstenbroten zwölf Körbe mit Brocken, die denen übrig blieben, die gespeist worden waren. Als nun die Menschen das Zeichen sahen, das Jesus tat, sprachen sie: Das ist wahrlich der Prophet, der in die Welt kommen soll. Als Jesus nun merkte, dass sie kommen würden und ihn ergreifen, um ihn zum König zu machen, entwich er wieder auf den Berg, er selbst allein.«

Jh 6,1-15

Viele Esoteriker haben sich mit dieser Bibelstelle befasst und versuchten zu erklären, dass Jesus die beiden Fische und die fünf Brote mit Hilfe okkulter Kräfte vermehren konnte. Aber heute möchte ich euch diese Bibelstelle von einem anderen Gesichtspunkt aus erklären, um euch zu zeigen, dass sie grundlegende Wahrheiten der spirituellen Wissenschaft enthält.

Vergessen wir einen Augenblick diesen Bericht und schauen wir uns den Tierkreis näher an.

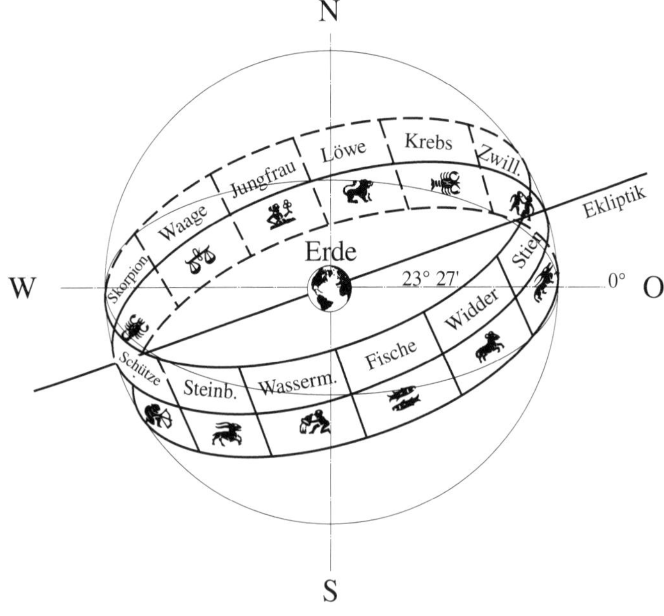

Ihr wisst, dass die Sonne die 12 Tierkreiszeichen in einem Jahr durchläuft. Der lebendige Punkt der Himmelswölbung, auch Frühlingspunkt genannt, Schnittpunkt der Ekliptik und des Äquators, welcher der Frühlings-Tag- und Nachtgleiche entspricht, dreht sich im Tierkreis der Sonne entgegengesetzt. Alle 2160 Jahre verändert dieser lebendige Punkt seine Stellung, was mit Veränderungen in allen Lebensbereichen einhergeht. Unter dem Einfluss der neuen Konstellation beginnen andere Kräfte, andere Strömungen auf die Menschheit zu wirken. Darum konnten die Eingeweihten des Altertums, welche die besonderen Einflüsse jedes Zeichens kannten, die kommenden Ereignisse voraussehen, wenn dieser Frühlingspunkt durch eine bestimmte Konstellation wanderte.

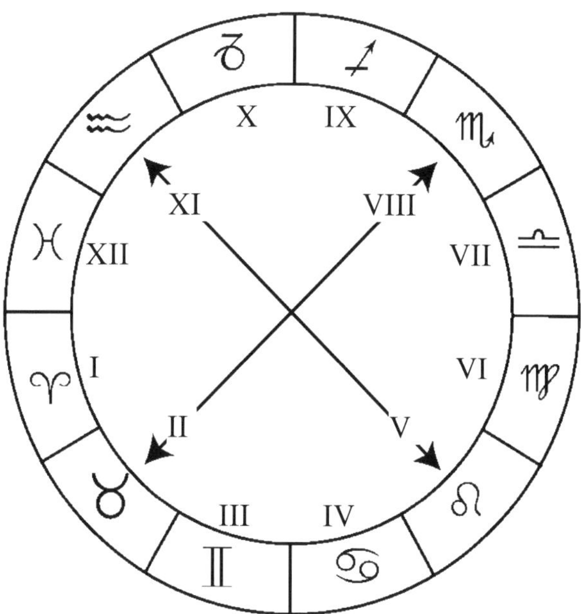

Jede Religion steht unter dem Einfluss von zwei sich gegenüberliegenden Zeichen des Tierkreises. Die christliche Religion ist dem Einfluss der Fische und dem gegenüberliegenden Zeichen Jungfrau unterstellt.

In den Evangelien finden wir oft das Symbol der Jungfrau und der Fische. Das Symbol der Jungfrau existiert seit uralten Zeiten. Sie ist das Bild der reinen, unberührten, keuschen Natur, die den ewigen Sohn der Menschheit zur Welt bringt, das höhere Ich, oder wie wir sagen, Christus. Die Fische werden auch sehr oft erwähnt in den Evangelien. Als Jesus seine ersten Jünger – Petrus und seinen Bruder Andreas – rief, sagte er zu ihnen: »Folget mir nach; ich will euch zu Menschenfischern machen« (Lk 1,17). Die Menschen werden hier also mit Fischern verglichen. Eines Tages, als man von Petrus die drei Drachmen Tribut verlangte, sagte Jesus zu ihm: »Geh hin an den See und wirf die Angel aus, und den ersten Fisch, der herauskommt, den nimm; und wenn Du sein Maul aufmachst, wirst Du ein Zweigroschenstück finden, das nimm und gib's ihnen für mich und dich« (Mt 17,27). Es gibt auch die Episode des wundersamen Fischfangs… Und an einer anderen Stelle steht: »Wer ist unter euch Menschen, der seinem Sohn, wenn er ihn bittet um Brot, einen Stein biete? Oder, wenn er ihn bittet um einen Fisch, ihm eine Schlange biete?« (Mt 7,9). Diese Worte wurden nicht zufällig ausgesprochen. Mit den Fischen und dem Brot wird überall an das Zeichen Fische und an das Zeichen Jungfrau erinnert, die im Tierkreis als ein junges Mädchen mit Weizengarben dargestellt ist; dem Weizen, aus dem das Brot gemacht wird. Jesus sagte auch: »Ich bin das Brot des Lebens… (Jh 6,35). Ich bin das lebendige Brot, das vom Himmel gekommen ist. Wer von diesem Brot isst, der wird leben in Ewigkeit« (Jh 6,51). Fische und Brot sind das grundlegende Symbol des Neuen Testaments. Jesus und seine Jünger meditierten über diese Symbole.

Betrachten wir nun Fische und Jungfrau vom Standpunkt der Astrologie her. Laut Astrologie wird das Zeichen Fische von

Jupiter und das Zeichen Jungfrau von Merkur beherrscht. In der Antike arbeitete man mit 7 Planeten (Sonne, Mond, Merkur, Venus, Mars, Jupiter und Saturn), die man auf die 12 Tierkreiszeichen verteilte. Seit der Entdeckung von Uranus, Neptun und Pluto fügen die modernen Astrologen den Fischen den Einfluss von Neptun hinzu. Heute Abend benützen wir für die uns interessierende Frage nur 7 Planeten. Bei der Behandlung anderer Fragen, werden wir die Gelegenheit haben, 10 Planeten zu verwenden. Auf jeden Fall müssen noch andere Planeten entdeckt werden, und die Auswahl, die man treffen kann, ist immer relativ.

Ich sagte euch, dass Merkur das Zeichen Jungfrau beherrscht und Jupiter das Zeichen Fische. Merkur stellt ein Kind dar, Jupiter einen Mann im reifen Alter. Sie stehen also im Gegensatz, was Größe, Tätigkeiten, Mentalität und so weiter betrifft... Alle Planeten besitzen einen Einfluss, der zu den verschiedenen Altersabschnitten des Menschen in Beziehung steht. Der Mond beeinflusst Empfängnis, Schwangerschaft und Geburt. Merkur regiert über die Kindheit, Venus über Pubertät und Jugend, die Sonne über die jungen Erwachsenen, die daran denken, ein Heim zu gründen und einen Beruf auszuüben. Mars beeinflusst den Erwachsenen, der kämpft, um sein Heim zu schützen. Jupiter regiert über das reife Alter; das ist der Vater, der viele Kinder hat, die er mit Wohltaten überschüttet und dessen Stellung Achtung und Wertschätzung auf sich zieht. Saturn regiert über das Alter. Das ist der alte Großvater mit einer großen Familie, der sich darauf vorbereitet, in die andere Welt zu gehen.

Wir haben gesehen, dass Merkur im Zeichen Jungfrau regiert. Das Symbol der Jungfrau und des Kindes (Merkur), das man im Bild von Isis und Horus wiederfindet und auch bei der Jungfrau Maria und Jesus, ist ein Symbol der Reinheit. Während Jupiter, der Planet der Großzügigkeit, des Wohlwollens, in den Fischen herrscht, dem Zeichen des kollektiven Lebens und des Opfers. Jungfrau und Fische – da haben wir die Achse des Christus. Unter dem Einfluss dieser beiden Tierkreiszeichen hat die christliche

Epoche versucht, in den Menschenseelen die beiden Eigenschaften der Jungfrau und der Fische zu entwickeln: Reinheit und Nächstenliebe! Christus, von der Jungfrau geboren, hat sich als Fisch manifestiert. Ihr wisst, dass die ersten Christen nicht das Kreuz als Symbol hatten, sondern den Fisch. Jesus selbst wurde ICHTHUS genannt (was im Griechischen »Fisch« bedeutet). Die Buchstaben dieses Wortes dienen als Anfangsbuchstaben für jedes Wort des folgenden Satzes: JESUS CHRISTOS THEU UIOS SOTER (Jesus Christus, Sohn Gottes, Retter).

Jedes Jahr erscheint am 25. Dezember um Mitternacht das Sternzeichen Jungfrau am Horizont. Auf der gegenüberliegenden Seite erscheinen die Fische. In Himmelsmitte befinden sich der Stier und gegenüber der Skorpion.

Ich werde nicht im Einzelnen über die Fische sprechen; es gibt genügend Bücher zu diesem Thema, falls ihr etwas über sie erfahren wollt. Aber ich werde euch von bestimmten Fischen erzählen, die von den Menschen für sehr intelligent gehalten werden, von den Aalen. Sehr lange standen die Forscher vor Problemen mit diesen Fischen, denn sie verstanden nicht, wie diese sich fortpflanzten. Zunächst leben die männlichen und die weiblichen Aale für gewöhnlich voneinander getrennt. Die Männchen bleiben in den Gewässern im Küstenbereich und in den Flüssen, während die Weibchen allein in die Flüsse, Teiche, Seen und Nebenflüsse hinaufschwimmen. Außerdem findet man bei den im Süßwasser gefischten weiblichen Aalen weder Eier noch Fischmilch der männlichen Fische. Als man jedoch begann, die Meere und Ozeane wissenschaftlich zu erforschen, entdeckte man, dass die männlichen und weiblichen Aale Europas jedes Jahr im Herbst die Wasserläufe hinunterschwimmen und sich im Meer versammeln, von wo aus sie eine lange und schwierige Reise beginnen, bis zu einem Gebiet auf der Höhe der Bermuda-Inseln, das Sargassosee heißt. Und dort geschieht dann auch die Fortpflanzung. Aus den von den Weibchen gelegten Eiern schlüpfen transparente

Larven, die von der Meeresströmung allmählich wieder nach Europa zurückgetrieben werden.

Diese Rückreise dauert ungefähr zwei Jahre. Wenn sie in der Nähe der europäischen Küsten angekommen sind, messen die Aale 7 oder 8 cm. Die Männchen verteilen sich in den Flussmündungen, während die Weibchen die Flussläufe hinaufsteigen und sich in Bächen, Seen und Teichen verteilen. Alle Spezialisten fragen sich, warum die Aale sich zum Laichen in die Sargassosee begeben, und konnten bis heute nicht den Grund herausfinden. Andererseits weiß man, dass sich auch Wolkenfronten über der Sargassosee bilden, hauptsächlich auf der Höhe von Cap Hatteras. Diese Wolken ziehen nach Europa und überqueren es von West nach Ost.

Also, dieser Punkt, den ich auf der Karte eingekreist habe, ist gleichzeitig der Ort, an dem die Aale laichen und auch der, an dem sich die meisten Wolkenmassen bilden, die Europa überqueren. Er liegt auf 75° westlicher Länge und 30° nördlicher Breite.

Welcher Einfluss ist an dieser Stelle wirksam? Der wahre Eingeweihte weiß, dass in der Natur alle Dinge miteinander verbunden sind und nichts dem Zufall überlassen wurde. Was für die gewöhnliche Wissenschaft, die Fakten isoliert voneinander studiert, ohne sie miteinander zu verknüpfen, ein Geheimnis ist, ist es nicht für die göttliche Wissenschaft. Dieses Gebiet, das ich euch gerade auf der Karte gezeigt habe, ist sehr wichtig. Dort befand sich früher Atlantis, ein seit langer Zeit verschwundener Kontinent. Einst gab es dort ein großes Einweihungszentrum, dessen Einflüsse sich bis in unsere Zeit auswirken. Aber das ist nicht die einzige Ursache für die Wanderung der Aale.

Es gibt auf der Erdkugel einen anderen Punkt, der ursächlich mit diesen Einflüssen zusammenhängt, die sich in diesem Bereich des Atlantiks auswirken.

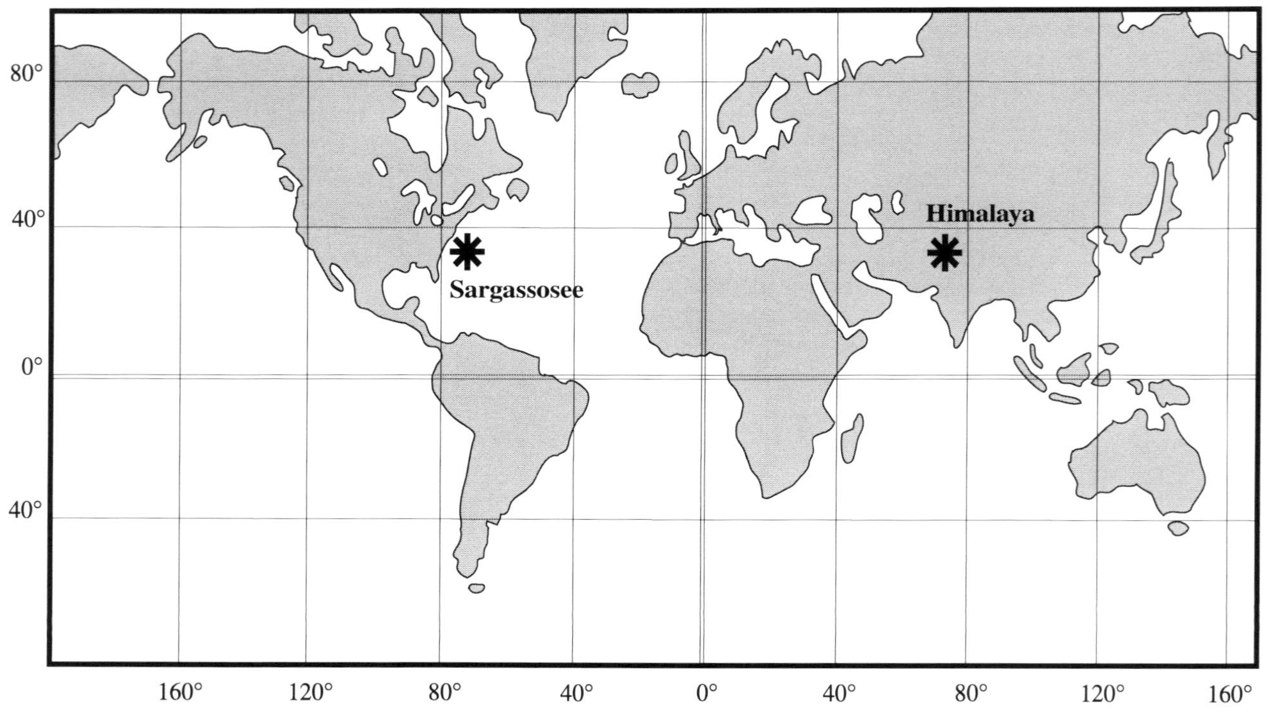
80°
40°
0°
40°
Himalaya
Sargassosee
160°
120°
80°
40°
0°
40°
80°
120°
160°

Jedes Jahr wandern die Aale zu dem Zeitpunkt aus, zu dem die Sonne die Sternzeichen Skorpion und Schütze durchläuft. Von allen Tierkreiszeichen ist das Zeichen Skorpion das geheimnisvollste. Es ist ein Wasserzeichen, das gleichzeitig Schlange, Skorpion, Adler und Taube ist. Ich werde euch ein anderes Mal erklären, warum die vier Tiere, aus denen die Sphinx zusammengesetzt ist (Stier, Löwe, Mensch und Adler), den vier Tierkreiszeichen Stier, Löwe, Wassermann und Skorpion entsprechen. Ihr fragt euch zweifellos: »Und warum jetzt der Skorpion anstelle des Adlers?« Das ist symbolisch zu verstehen. Das Vertauschen des Skorpions mit dem Adler ist das Symbol für einen Unfall, der sich in der Evolution des Menschen ereignet hat. Der Adler, der hoch im Raum flog und dann auf die Erde fiel, wo er sich in einen Skorpion verwandelte, ist das Symbol des Sündenfalls des von seiner schlecht beherrschten und gelenkten Sexualkraft nach unten gezogenen Menschen. Zwei weitere Symbole veranschaulichen dieselbe Idee: Die Taube und die Schlange, die übrigens auch von Jesus erwähnt werden. »Seid klug wie die Schlange und ohne Falsch wie die Taube« (Mt 10,16).

Die Aale, deren Form an die der Schlange erinnert (etymologisch bedeutet Aal »kleine Schlange«), wählen für ihre Wanderung den Zeitpunkt, zu dem die Sonne im Skorpion steht. Sie brauchen 6 Monate, um die Stelle zu erreichen, an der sie laichen und kommen also im Frühling dort an, zu dem Zeitpunkt, an dem die Sonne durch das Zeichen Stier geht.

In einem anderen Bereich geschieht genau das gleiche Phänomen; denn zur selben Zeit versammeln sich menschliche Aale, das heißt die Eingeweihten, die im Ozean des Lebens schwimmen, auf eine geheimnisvolle Anordnung hin an einem Ort, der dem gegenüber liegt, an dem die Aale sich zum Laichen versammeln müssen. Und wohin gehen diese Eingeweihten? Sie begeben sich zu einer Zeremonie, die an einem bestimmten Ort des Himalajas gefeiert wird. Aus allen Kontinenten kommen sie zu diesem Ort, der sie magnetisch anzieht, genauso wie die

Sargassosee die Aale anzieht. Und zwar zur Zeit des Mai-Vollmondes. Nun, heute am 14. Mai ist genau Vollmond, denn nach Mitternacht geht der Mond in den Schützen. In dem Augenblick wenden sich alle Eingeweihten mit Herz und Seele zum Himalaja, um dort an einer großen Zeremonie teilzunehmen, die im Beisein der großen Meister der Menschheit gefeiert wird.

Genauso wie die Aale sich in der Sargassosee versammeln, um ihre Eier zu legen, genauso versammeln sich die Eingeweihten im Himalaja, um die reinsten und erhabensten Gefühle und Gedanken zu gebären, die sie dann über die ganze Welt verbreiten. Schaut jetzt noch einmal auf die Karte: Zählt 75° östliche Länge und 30° nördliche Breite und ihr habt die Position des Himalaja. Dort ist die Stelle, an der sich die Eingeweihten versammeln und wo sich die Zeremonie abspielt, an der sie teilnehmen. Diese beiden Punkte liegen sich symmetrisch gegenüber.

Die Eingeweihten wenden sich zum Himalaja im Monat Mai, wenn die Sonne noch im Zeichen Stier steht, dem fruchtbarsten Zeichen des Tierkreises. Zur gleichen Zeit laichen die Aale, die Europa verlassen haben, als die Sonne im Skorpion stand – in dem Zeichen, das dem Stier gegenüber liegt – in der Sargassosee, dem Gebiet, das dem Himalaja genau gegenüber liegt. Diese Phänomene sind tatsächlich außergewöhnlich.

Zu gewöhnlichen Zeiten ist es verboten, solche Enthüllungen zu machen. Aber heute Abend habe ich die Erlaubnis, euch einige Worte zu diesem Thema zu sagen, obgleich diese Erklärungen nicht für jedermann gedacht sind. Vielleicht können sich einige von euch heute Abend dorthin zu den Eingeweihten begeben und dort an deren wunderbarer Arbeit teilhaben.

Kommen wir nun auf den Bericht über die Vermehrung der Fische und der Brote zurück. Ihr wisst bereits, dass gemäß der Astrologie jeder Körperteil mit einem Tierkreiszeichen in Verbindung steht, und der Solarplexus ist der Jungfrau zugeordnet und die Füße den Fischen. Da Jungfrau und Fische miteinander verbunden sind und die Achse von Christus repräsentieren, gibt es auch eine Verbindung zwischen den Füßen und dem Solarplexus.* Der Solarplexus gehört zum sympathischen Nervensystem, einem Komplex aus Nervengeflechten und Nervenknoten oder Ganglien. Ich zeige euch dazu eine vereinfachte Darstellung.

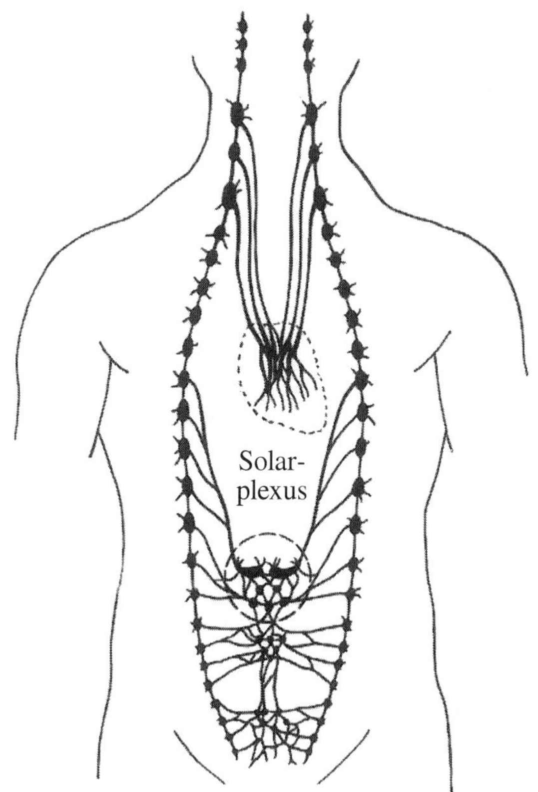


Ganglienkette des Sympathikus

*Siehe das folgende Kapitel: »Die Füße und der Solarplexus«.

Der Solarplexus liegt hinter dem Magen und besteht aus fünf normalen Ganglien und zwei so genannten halbmondförmigen Ganglien, geformt wie Fische. Nun, hier finden sich die fünf Brote und die zwei Fische – Weiblich und Männlich – wieder vereint.

Mit 12 Jahren verließ Jesus Palästina (das sich auf 30° nördlicher Breite befindet) und ging in den Himalaja, wo ihn Eingeweihte in die großen Mysterien der Natur und des Lebens einführten. Manche von euch werden vielleicht erstaunt sein über das, was ich da sage, denn nirgendwo in den Evangelien wird erwähnt, dass Jesus in den Himalaja ging, und andererseits denken sie, dass Jesus, da er ja Christus, der Sohn Gottes war, alles wusste und nicht von irgendjemandem unterrichtet zu werden brauchte.[1] Von mir aus, aber dann frage ich sie, was Jesus ihrer Meinung nach zwischen dem zwölften und dem dreißigsten Lebensjahr machte. Wer kann diese Lücke einer Zeitspanne von achtzehn Jahren erklären, von der die Evangelien nichts berichten?

Für die Eingeweihten ist die Frage sehr klar. Alle, die auf die Erde herabsteigen, auch wenn sie Söhne Gottes sind und ein unermessliches Wissen in sich tragen, sind gezwungen zu studieren. Um dieses Wissen durch die dichte Materie hindurch hervorkommen zu lassen, brauchen sie eine dementsprechende Umgebung, damit ihre Tugenden und Fähigkeiten wiedererweckt werden können. Jesus war also gezwungen, eine Einweihung zu empfangen. Diejenigen, die nicht die notwendigen Phasen der Entwicklung eines Menschen kennen, werden diese Erklärung ablehnen und sagen, dass Jesus seit seiner Geburt allwissend und allmächtig war. Wenn es so war, dann bitte ich sie, mir die Stelle zu erklären, wo geschrieben steht, dass Jesus, als er vierzig Tage fastete, vom Teufel versucht wurde.[2] Warum diese Versuchungen? Wusste Gott nicht, dass Christus vollkommen war und nicht versucht zu werden brauchte? Es ist einfach, die

Evangelien zu lesen, ohne sie zu vertiefen, ohne nachzudenken, ohne verschiedene Stellen miteinander zu vergleichen, aber auf diese Art und Weise ist man nicht imstande, sie richtig zu interpretieren.

Zwischen dem zwölften und dem dreißigsten Lebensjahr war Jesus in Indien und im Himalaja, zwei Gebiete, die nach der Überlieferung unter dem Zeichen der Jungfrau stehen, und er wurde dort in die großen Mysterien eingeweiht, die seit Anbeginn der Welt existieren. Er bereitete sich auf diese Weise vor, die göttlichen Qualitäten der beiden Konstellationen Jungfrau und Fische zu manifestieren: die Reinheit und die Opferbereitschaft.

Die beiden halbmondförmigen Ganglien ermöglichen es dem Menschen, der an seinen feinstofflichen Körpern gearbeitet hat, sich ohne seinen physischen Körper im Raum zu bewegen. Die fünf Ganglien sind die Brote, die die Vielzahl der Zellen im Organismus ernähren. Jedes Ganglion steht in Beziehung zu einer der fünf Tugenden: Güte, Gerechtigkeit, Liebe, Weisheit und Wahrheit.[3] Merkur, Herrscher in der Jungfrau, ist das Kind, das die Brote und Fische herbeibrachte, mit denen die Menge anschließend gespeist wurde. Das Volk, das sind alle Zellen, aus denen sich der physische Körper zusammensetzt und die jeden Tag durch die beiden Fische und die fünf Brote des Solarplexus ernährt werden.

Viele werden denken, dass diese Erklärungen reine Erfindung sind und nichts zu tun haben mit dem wirklichen Wunder, das Jesus vollbrachte. Diejenigen bitte ich, sich an den Text des Apostels Matthäus zu erinnern, in dem Jesus zu seinen Jüngern sagt: »Hütet euch vor dem Sauerteig der Pharisäer und Sadduzäer. Die Jünger dachten bei sich selbst und sprachen: Das wird's sein, dass wir kein Brot mitgenommen haben. Als Jesus das merkte, sprach er zu ihnen: Ihr Kleingläubigen, was bekümmert ihr euch doch, dass ihr kein Brot habt? Versteht ihr noch nicht? Denkt ihr nicht an die fünf Brote für die Fünftausend und wie viel Körbe voll ihr da aufgesammelt habt? Auch nicht an die sieben Brote für die Viertausend und wie viel Körbe voll ihr da aufgesammelt habt? Wieso versteht ihr denn nicht, dass ich nicht vom Brot zu euch geredet habe?« (Mt 16,6-12).

Andererseits berichtet Markus auch Folgendes: »Und am Abend war das Boot mitten auf dem See, und Jesus auf dem Land allein. Und er sah, dass sie sich abplagten beim Rudern, denn der Wind stand ihnen entgegen. Um die vierte Nachtwache kam er zu ihnen und ging auf dem See und wollte an ihnen vorübergehen. Und als sie ihn sahen auf dem See gehen, meinten sie, es wäre ein Gespenst, und schrien; denn sie sahen ihn alle und erschraken. Aber sogleich redete er mit ihnen und sprach zu ihnen: Seid getrost, ich bin's; fürchtet euch nicht!, und trat zu ihnen ins Boot, und der Wind legte sich. Und sie entsetzten sich über die Maßen; denn sie waren um nichts verständiger geworden angesichts der Brote, sondern ihr Herz war verhärtet« (Mt 6,47-52).

Diese beiden Abschnitte zeigen sehr wohl, dass es sich bei den Fischen und den Broten, über deren Vermehrung die Jünger berichten, nicht um wirkliche, materielle Fische und Brote handelt, und darüber hinaus, dass dieses Wunder in Beziehung steht zu der Fähigkeit Jesu, sich ohne den physischen Körper im Raum zu bewegen, und in diesem speziellen Fall, auf dem Wasser zu wandeln; und diese Fähigkeit erstaunt die Jünger, »weil sie«, so heißt es im Evangelium, »das Wunder der Brote nicht verstanden hatten.«

Ihr versteht allmählich besser, dass es sich bei diesem Bericht über das Wunder der Speisung einer Menge von mehreren tausend Menschen mit zwei Fischen und fünf Broten um einen symbolischen Bericht handelt, der nicht wörtlich zu nehmen ist. In jedem von uns nährt der Solarplexus mit seinen fünf Broten und seinen zwei Fischen Abermillionen von Zellen. An einer anderen Stelle des Evangeliums sagte Jesus: »Wen da dürstet, der komme zu mir und trinke! Wer an mich glaubt, aus dessen

Leib werden Ströme lebendigen Wassers fließen« (Jh 7,37-38). Auch an dieser Stelle spricht Jesus vom Solarplexus.[4]

Damit Christus diese Vielzahl von Zellen nähren kann, muss das höhere Bewusstsein des Menschen erweckt sein. Alle haben einen Solarplexus, aber bei den Meisten kann diese subtile Arbeit nicht stattfinden, weil sie ein chaotisches, allzu materialistisches Leben führen. Alle Menschen besitzen zwei Fische und fünf Brote, aber die Mehrheit ernährt sich nur teilweise – das heißt physisch –, ohne zu wissen, dass die Ernährung auch auf der spirituellen Ebene erfolgen muss.

Für denjenigen, der die Dinge wörtlich und konkret auffasst, hat Jesus nicht viel vollbracht. Eines Tages hat er Tausende von Menschen gespeist, aber es ist schon lange her, und jetzt ist alles vergessen. Es war also doch nicht von so großem Nutzen. Stellt euch vor, jemand lädt euch heute zu einem schmackhaften und üppigen Essen ein. Morgen habt ihr wieder Hunger, und ihr erinnert euch nicht einmal mehr an das, was ihr gestern bekommen habt. Die Menschenmenge existiert auch heute noch, und Jesus kann sie nicht täglich physisch ernähren. Es gibt so viele, die Hunger leiden auf der Erde! Auf der spirituellen Ebene hingegen, kann uns Christus jeden Tag Nahrung geben. Und auch wir sollen wie Christus werden und jeden Tag unser Volk der Zellen durch ein reines Leben voller Liebe ernähren.

Heute Abend gebe ich euch keine physische Nahrung, weil ihr morgen schon wieder eine andere verlangt. Ich gebe euch etwas viel Besseres: Das Mittel aus euch selbst heraus zu schöpfen: aus der unerschöpflichen Quelle des Lebens, die euch sättigen wird.

Was diesen geheimen Ort im Himalaja betrifft, von dem ich gesprochen habe, so kann niemand dorthin gelangen, solange er nicht rein ist. Nur durch reine Gedanken, reine Gefühle und reine Handlungen kann man die Erlaubnis erlangen, dort einzutreten. Diejenigen, die dorthin gelangen, haben die Möglichkeit, im Raum zu reisen und alle ihre Zellen zu ernähren. Sie können ihr Volk so gut zufrieden stellen, dass noch zwölf volle Körbe für die Tiere und die Vögel übrig bleiben.

Manche fragen sich, warum Jesus trotz seiner Reinheit, seiner Erhabenheit, seiner Göttlichkeit leiden musste, warum er Feinde hatte, wie zum Beispiel die Pharisäer und die Sadduzäer, und vor allem Judas, der ihn verriet. Die Achse Jungfrau-Fische, die in der Astrologie das sechste und zwölfte Haus darstellt, liefert die Erklärung. Das sechste Haus ist das Haus der Gesundheit und der Reinheit. Jesus heilte die Kranken mit Hilfe der Reinheit. Er lehrte, dass man nur durch Fasten und Beten die Dämonen austreiben und den Geistern befehlen kann. Jesus trieb Dämonen aus, aber diese versuchten, sobald sie den Kranken oder Besessenen verlassen hatten, bei anderen einzudringen, die geeignet waren, sie aufzunehmen, und insbesondere bei den Pharisäern und Sadduzäern, um sich durch sie rächen zu können. Durch die Austreibung der unreinen Geister war Jesus gezwungen, die karmischen Schulden der Kranken, die er befreit hatte, zu begleichen. Auf diese Weise vollbrachte er ein großes Opfer. Er war sich bewusst, dass er dadurch das Leiden, den Verrat durch Judas und die Kreuzigung auf sich nehmen musste, denn das zwölfte astrologische Haus, die Fische, ist das Haus der Prüfungen, der heimlichen Feindschaften, des Verrates. Doch Judas war ein Kollektivwesen, er musste diese Rolle spielen.

In der Natur begegnen wir Tatsachen, die scheinbar ohne Verbindung untereinander sind, aber um sie zu verstehen, liegt es an uns, diese Verbindung zu finden. Nehmen wir ein Beispiel aus der Chemie: Wenn man Sauerstoff und Wasserstoff hat, reicht das nicht aus, um Wasser zu erhalten, auch wenn man die beiden Gase im richtigen Verhältnis miteinander vermischt. Man muss sie noch vereinigen, was nur dank des Feuers möglich ist (einem elektrischen Funken), das die Reaktion auslöst. Der Unterschied zwischen Chemie und Alchimie besteht darin, dass die Chemie das Feuer niemals erwähnt und ihm kein Symbol zuordnet, wie den anderen Elementen. Alle chemischen Reaktionen werden mit Hilfe des Feuers ausgelöst, aber das Feuer wird in den Formeln nirgends erwähnt. Man sagt nur $H_2 + O = H_2O$. Die Chemiker stellen die Formeln so auf, als würde das Feuer nicht existieren oder als hätte es keinerlei Bedeutung. Die Alchimie hingegen stellt das Feuer über alles andere, als das unentbehrliche Element, ohne das nichts geschieht.

Der Sauerstoff stellt das männliche Prinzip dar, der Wasserstoff das weibliche Prinzip und das Wasser ist ihr Kind. Der Sauerstoff ist der Vater, der Wasserstoff die Mutter; und das Kind, das Wasser, gleicht weder seinem Vater noch seiner Mutter. In uns ist der Sauerstoff der Verstand und der Wasserstoff das Herz. Der Verstand ist eine Sache, das Herz eine andere. Sie können nebeneinander leben, ohne verbunden zu sein. Aber wenn sie nicht verbunden sind, können sie eben nicht das Wasser (das Leben) hervorbringen. Heutzutage sieht man überall diese Trennung des Herzens und des Verstandes: In der Familie, wo der Mann nicht mit seiner Frau verbunden ist, in der Gesellschaft, wo die Verstandesmenschen gegen die Herzensmenschen kämpfen, und vor allem im Menschen selbst, wo die Gedanken in die eine Richtung gehen und die Gefühle in die entgegengesetzte Richtung. Um das Herz und den Verstand zu verbinden, muss man das Feuer hinzufügen, das Feuer der Liebe. Wenn das Feuer sie verbindet, bringen der Verstand und das Herz ein Kind auf die Welt: die Handlung, das Ergebnis ihrer Vereinigung, ihres harmonischen Gleichgewichts. Wenn der Verstand und das Herz sich vereinigen, erzeugen sie das Wasser, das Wasser des Lebens. Durch die Vermittlung der beiden Prinzipien, Männlich und Weiblich, stellt das Feuer das Wasser her. So bewahrheitet sich die große Wahrheit, die von den Eingeweihten ausgedrückt wurde: Die Liebe bringt das Leben; das Leben wird aus der Liebe geboren. Solange euer Herz und euer Verstand nicht die gleiche

Richtung einschlagen, werdet ihr Wassermangel erleiden und ihr werdet austrocknen.

Viele psychische Schwierigkeiten rühren von dieser Trennung von Herz und Verstand im Menschen her. Die Medizin kann sagen, was sie will in Bezug auf die Nervenkrankheiten. In Wirklichkeit haben sie eine sehr einfache Hauptursache, sie findet sich in der Trennung von Herz und Verstand. Versucht deshalb, sie wieder zu versöhnen und ihr werdet in ihrer gemeinsamen Arbeit das Glück finden. Wenn das Wasser, wenn das Leben da ist, ist das der größte Beweis dafür, dass die beiden Prinzipien vereinigt sind und in voller Harmonie arbeiten.

Alles, was heutzutage in den Familien und in der Gesellschaft geschieht, ist nur eine Spiegelung dessen, was in der menschlichen Seele geschieht. Nur dem Anschein nach sind die Menschen miteinander verbunden. Damit es endlich eine wahre Familie, eine wahre Gesellschaft gibt, muss es ein Feuer geben, das ihre Mitglieder vereint und ein Wasser, das sie belebt…

Paris, 14. Mai 1938

Anmerkungen

1. Siehe auch Band 240 der Reihe Izvor »Söhne und Töchter Gottes«, Kap. 7: »Der Mensch Jesus und das kosmische Prinzip des Christus«.
2. Siehe auch Band 4 der Reihe Gesamtwerke »Das Senfkorn«, Kap. 6: »Die drei großen Versuchungen«.
3. Siehe auch Band 218 der Reihe Izvor »Die geometrischen Figuren und ihre Sprache«, Kap. 4: »Das Pentagramm«.
4. Siehe auch Band 240 der Reihe Izvor »Söhne und Töchter Gottes«, Kap. 12: »Aus seinem Leib werden Ströme lebendigen Wassers fließen«.

*Kapitel 7*

# Die Füße und der Solarplexus

»Beim Abendessen, als schon der Teufel dem Judas, Simons Sohn, dem Iskariot, ins Herz gegeben hatte, ihn zu verraten, Jesus aber wusste, dass ihm der Vater alles in seine Hände gegeben hatte und dass er von Gott gekommen war und zu Gott ging, da stand er vom Mahl auf, legte sein Obergewand ab und nahm einen Schurz und umgürtete sich. Danach goss er Wasser in ein Becken, fing an, den Jüngern die Füße zu waschen, und trocknete sie mit dem Schurz, mit dem er umgürtet war. Da kam er zu Simon Petrus; der sprach zu ihm: Herr, solltest du mir die Füße waschen? Jesus antwortete und sprach zu ihm: Was ich tue, das verstehst du jetzt nicht; du wirst es aber hernach erfahren. Da sprach Petrus zu ihm: Nimmermehr sollst du mir die Füße waschen! Jesus antwortete ihm: Wenn ich dich nicht wasche, so hast du kein Teil an mir. Spricht zu ihm Simon Petrus: Herr, nicht die Füße allein, sondern auch die Hände und das Haupt! Spricht Jesus zu ihm: Wer gewaschen ist, bedarf nichts, als dass ihm die Füße gewaschen werden; denn er ist ganz rein. Und ihr seid rein, aber nicht alle.«

Jh 13,2-10

Diese Stelle des Evangeliums ist sehr bekannt, weil jeder erstaunt war, über die Geste Jesu während des letzten Abendmahles mit seinen Jüngern. Man hat sie immer als Jesu Lektion der Demut verstanden, die er seinen Jüngern geben wollte. Diese Auslegung ist richtig, aber unvollständig, deshalb möchte ich noch einige Erklärungen hinzufügen, die für eure geistige Entwicklung sehr wichtig sind. Aber alles hängt auch davon ab, wie ihr mit diesen Erklärungen umgehen werdet. Stellt euch vor, ich gäbe euch ein Samenkorn und würde euch sagen, dass es wundersame Eigenschaften besitzt. Wenn ihr es wegwerft oder in einer Ecke liegen lasst, anstatt es einzupflanzen und zu gießen, wie kann es dann wachsen? Genauso hängt das, was ihr in diesem Vortrag finden werdet, von euch ab. Wer den Wunsch hat, aus allem, was er hört, etwas zu gewinnen, wird sicher etwas sehr Wertvolles finden.

Jesus erhob sich also, nahm ein Tuch und begann, die Füße seiner Jünger zu waschen. Doch Petrus weigerte sich zunächst, sich die Füße von seinem Meister waschen zu lassen, aber Jesus sagte zu ihm: »Was ich tue, verstehst du jetzt noch nicht, aber du wirst es bald verstehen.« Er hatte also die Absicht, seinen Jüngern den Sinn dieser Geste zu erklären. Jesus gab seinen Jüngern viele Erklärungen, die nicht überliefert wurden. Am Ende seines Evangeliums sagt Johannes, dass die ganze Welt nicht groß genug wäre, um die Bücher zu fassen, die geschrieben werden müssten, wenn alle Worte und Taten Jesu aufgeschrieben worden wären.

Viele glauben, die Apostel seien Menschen ohne jegliche Bildung oder Intelligenz gewesen. Ganz und gar nicht. Jesus wählte sie aus, weil sie in der Vergangenheit Eingeweihte und große Magier waren. Es ist unmöglich, der Schüler eines großen Meisters zu werden, wenn man es nicht verdient hat, wenn man in der Vergangenheit nicht gearbeitet hat, um die notwendigen Tugenden zu besitzen. Sogar der ungläubigste von ihnen, Thomas, war die Reinkarnation von Salomon, und er war glücklich, ein einfacher Schüler Jesu zu sein. Wenn ihr mir nicht glaubt, prüft es nach!

Und auch was Jesus betrifft, sind viele Gläubige der Meinung, dass er Wunder vollbringen konnte, ohne je studiert oder gearbeitet zu haben. Nun erwähnen aber die Evangelien nichts von seinem zwölften bis zu seinem dreißigsten Lebensjahr. Wohin war er während dieser achtzehn Jahre verschwunden? In den Archiven der Großen Universellen Weißen Bruderschaft, wo sein Leben bis ins Detail aufgeschrieben steht, kann man lesen, dass Jesus während dieser ganzen Zeit Reisen machte: Er ging in den Himalaja und dort wurde er von großen Eingeweihten unterrichtet.

Die zeitgenössische Wissenschaft studiert die Naturphänomene auf eine noch unvollständige Art und Weise, das heißt, ohne sie untereinander zu verknüpfen. Nun kannte Jesus aber die Beziehungen, die es zwischen den verschiedenen Organen unseres physischen Körpers und den verschiedenen Bereichen der Natur gibt und man sollte diese Beziehungen auch kennen, wenn man verstehen möchte, warum Jesus seinen Schülern die Füße wusch.

Als ich euch das Wunder von der Vermehrung der zwei Fische und der fünf Brote erklärte, mit denen Jesus fünftausend Menschen speiste, sprach ich von bestimmten astrologischen Entsprechungen zwischen den Füßen und dem Solarplexus. Jesus wurde geboren, als der Frühlingspunkt gerade in das Tierkreiszeichen Fische eintrat. Die christliche Epoche steht also unter dem Einfluss der Fische und des entgegengesetzten Zeichens, der Jungfrau. Jesus wurde von der Jungfrau geboren und stellt die Fische dar. Heute wollen wir diese Achse Jungfrau-Fische noch einmal betrachten, diesmal aber unter einem anderen Gesichtspunkt.

Ich habe euch also gesagt, dass im menschlichen Körper die Füße dem Tierkreiszeichen Fische entsprechen und der Solarplexus dem Tierkreiszeichen Jungfrau. Jesus wusch seinen Jüngern die Füße, um ihnen diese sehr wichtige Verbindung zwischen den Füßen und dem Solarplexus zu zeigen. Heute werde ich noch eingehender vom Solarplexus sprechen und ebenso vom sympathischen Nervensystem, zu dem er gehört.

Das sympathische Nervensystem besteht aus Zentren, die sich vom Gehirn bis hinab zur Basis des Rückenmarks erstrecken und aus einem peripheren Teil, der sich aus verschiedenen Nervensträngen und Nervenknoten (Ganglien) zusammensetzt, die untereinander durch ein Netz von Nervengeflechten, Plexus genannt, verbunden sind. Der Solarplexus (Sonnengeflecht), der in der Höhe des Magens liegt, ist eines von ihnen.

Die Ganglien des sympathischen Nervensystems teilen sich folgendermaßen auf (siehe Abbildungen A und B, Seite 147 und 149):

- 3 intrakraniale (im Schädel befindliche) Ganglienpaare, die auf der Bahn des Trigeminus-Nerves liegen;
- 3 zervikale Ganglienpaare (Nacken-Ganglien), die mit dem Herzen in Verbindung stehen;
- 12 dorsale Ganglienpaare (Rücken-Bereich) in Verbindung mit der Lunge und dem Solarplexus;
- 4 lumbale Ganglienpaare (Lenden-Ganglien) in Verbindung mit dem Solarplexus und durch diesen mit dem Magen, dem Dünndarm, der Leber, der Bauchspeicheldrüse und den Nieren verbunden;
- 4 sakrale Ganglienpaare in Verbindung mit dem Mastdarm, den Geschlechtsorganen und der Blase.

Das ergibt also 26 Paare. Diese Zahl 26 ist kein Zufall. Es ist die Zahl der 4 Buchstaben, aus welchen der Name Gottes besteht: י ה ו ה oder י = 10, ה = 5, ו = 6, ה = 5. Was zusammen 26 ergibt. Der Name Gottes ist also nach denselben Gesetzen aufgebaut, die auch die Struktur des sympathischen Nervensystems bestimmen.

Die beiden Dreiergruppen zu je zwei intrakranialen und zervikalen Ganglienpaaren stehen in Verbindung mit der göttlichen Welt und entsprechen der psychischen Seite der Natur, der Kabbala.

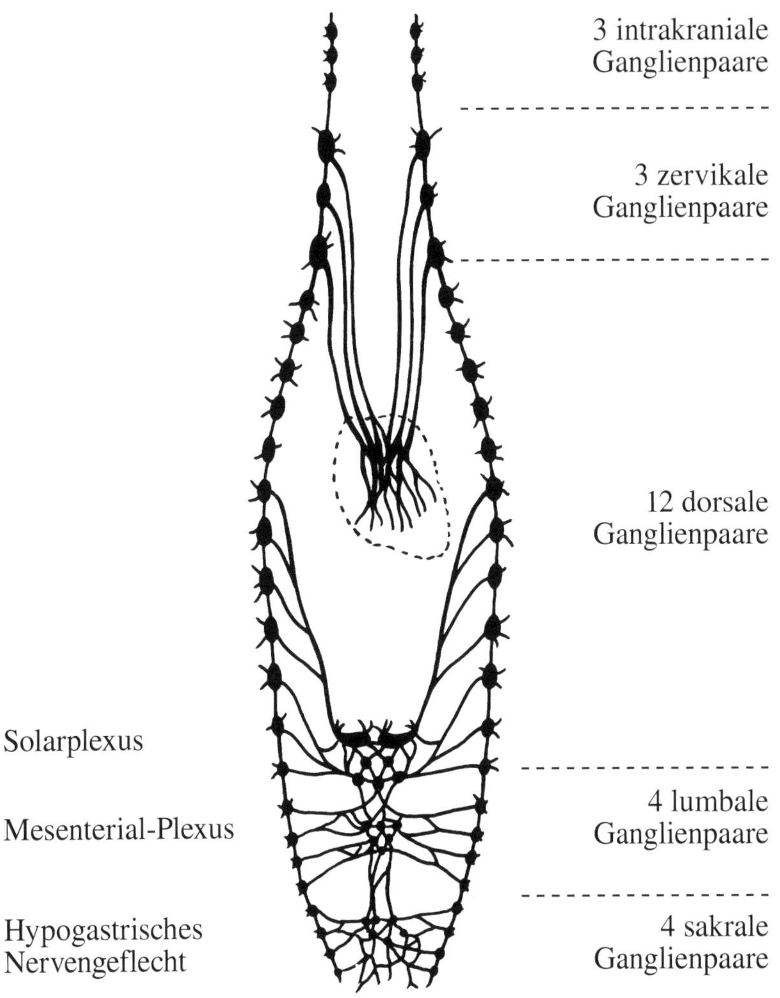


Abbildung A
**Ganglien-Reihe des Sympathikus***

* Der Sympathikus bildet zusammen mit dem Parasympathikus das vegetative Nervensystem, das alle Lebensfunktionen selbstständig steuert.

Die 12 dorsalen Ganglienpaare stehen mit der spirituellen Welt in Verbindung und entsprechen der physiologischen Seite der Natur, der Astrologie.

Die beiden Gruppen der lumbalen und sakralen Ganglien zu je 4 Paaren stehen mit der physischen Welt in Verbindung. Sie entsprechen dem anatomischen Bereich der Natur, der Alchimie. Untersuchen wir nun jede dieser Gruppen im Einzelnen (siehe Abbildung C, Seite 151).

- 2 x 3 Ganglienpaare innerhalb des Schädels: 3 ist die Zahl der Gottheit. Es ist die Zahl der Kabbala, denn die Kabbala zeigt uns die Faktoren und Prinzipien, die im Universum wirken. Die Kabbala antwortet auf die Frage »wer«: Wer hat erschaffen? Wer handelt? Wer entscheidet?
- 12 dorsale Ganglienpaare: Die 12 ist die Zahl der Natur, die Zahl der Astrologie (die 12 Tierkreiszeichen), welche die Einflüsse der Planeten und der Tierkreiszeichen und die Funktionen der Organe des kosmischen Körpers studiert. Die Astrologie steht in Verbindung mit dem Blutkreislauf und der Atmung. Der Frühlingspunkt zum Beispiel wandert alle 72 Jahre um ein Grad zurück; außerdem ist 72 die Anzahl der Herzschläge pro Minute. Was die Atmung betrifft, so sind 18 Atemzüge in der Minute die Norm, und 18 ist genau ein Viertel von 72. Die Astrologie antwortet auf die Frage »wann?«.
- 2 x 4 lumbale und sakrale Ganglienpaare: Die 4 ist die Zahl der Alchimie, weil sie die 4 Erscheinungsformen der Materie repräsentiert: Erde, Wasser, Luft und Feuer. Die Alchimie antwortet auf die Frage »was?«.

Das sympathische Nervensystem spielt eine bedeutende Rolle im Organismus:

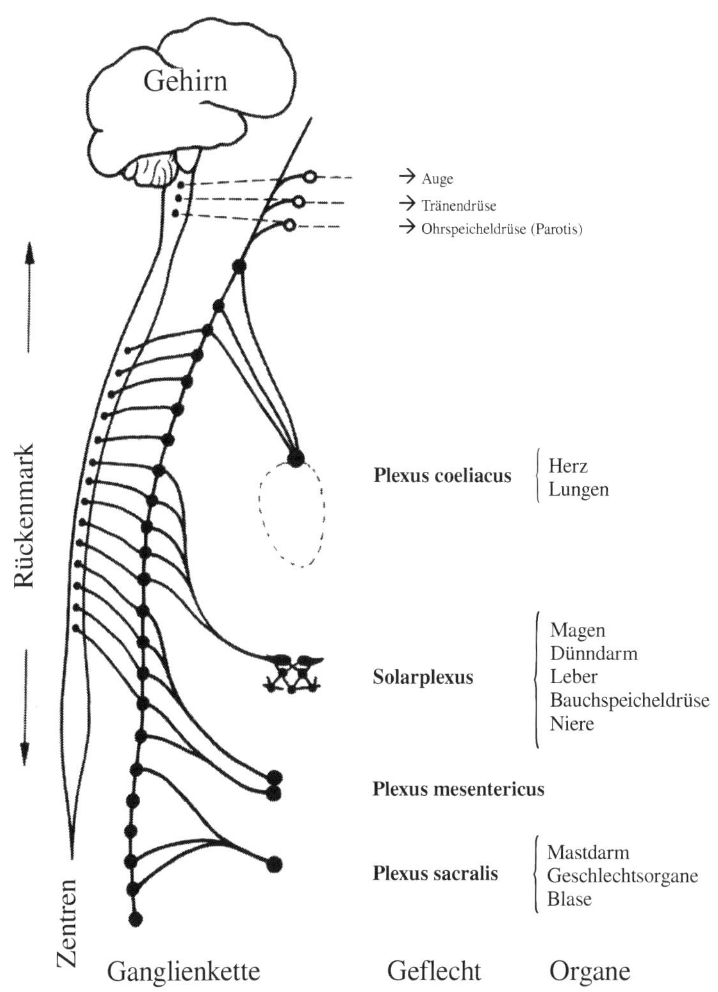


Abbildung B
**Längsschema des sympathischen Nervensystems**

1) durch seine sensitiven Nervenbahnen, welche die für die Ernährung zuständigen Organe mit der grauen Substanz des Rückenmarks verbinden;

2) durch seine motorischen und sekretiven Nervenbahnen, die die graue Substanz des Rückenmarks mit den glatten Fasern der inneren Organe, mit den Muskelfasern des Herzens und mit den Drüsen verbinden.

Das sympathische Nervensystem regelt also die Mechanismen der Verdauung, der Atmung, des Blutkreislaufs und der Ausscheidung. Alle Details dieser Prozesse finden statt, ohne dass wir etwas davon bemerken, wir sind uns dessen nicht bewusst. Manchen Eingeweihten gelingt es, auf ihr sympathisches Nervensystem einzuwirken, und von dort aus auf die Organe, die von ihm abhängen. Man glaubte lange Zeit, es bestünde keine Beziehung zwischen dem sympathischen Nervensystem und dem Gehirn. Heutzutage weiß man, dass sie in sehr enger Beziehung stehen.

Das Gehirn kann nicht direkt auf die Organe einwirken, es wirkt durch einen Mittler hindurch; das ist der große Sympathikus. Die Eingeweihten arbeiten daran, in ihrem Inneren diese Verbindung zwischen Solarplexus und Gehirn bewusst zu machen, denn wenn diese Verbindung einmal bewusst verwirklicht wurde, wird alles sehr einfach.[1] Es gibt manche Yogis in Indien und anderswo, die lange geübt haben, mit dem Solarplexus zu arbeiten und deshalb fähig sind, Wunden, die sie sich selbst oder die andere ihnen zugefügt haben, in ganz kurzer Zeit zu heilen. Wie ihr feststellen konntet, sind die 26 Ganglienpaare des sympathischen Nervensystems in 5 Gruppen untergliedert. Diese 5 Gruppen sind mit den 5 Tugenden verbunden: der Reinheit, der Gerechtigkeit, der Liebe, der Weisheit und der Wahrheit.

– Die Reinheit ist mit den 4 sakralen Ganglienpaaren verbunden, die die Basis der Ganglienkette bilden, denn die Reinheit ist die Basis, das Fundament.[2]

– Die Gerechtigkeit hat ihre Entsprechung in den 4 lumbalen

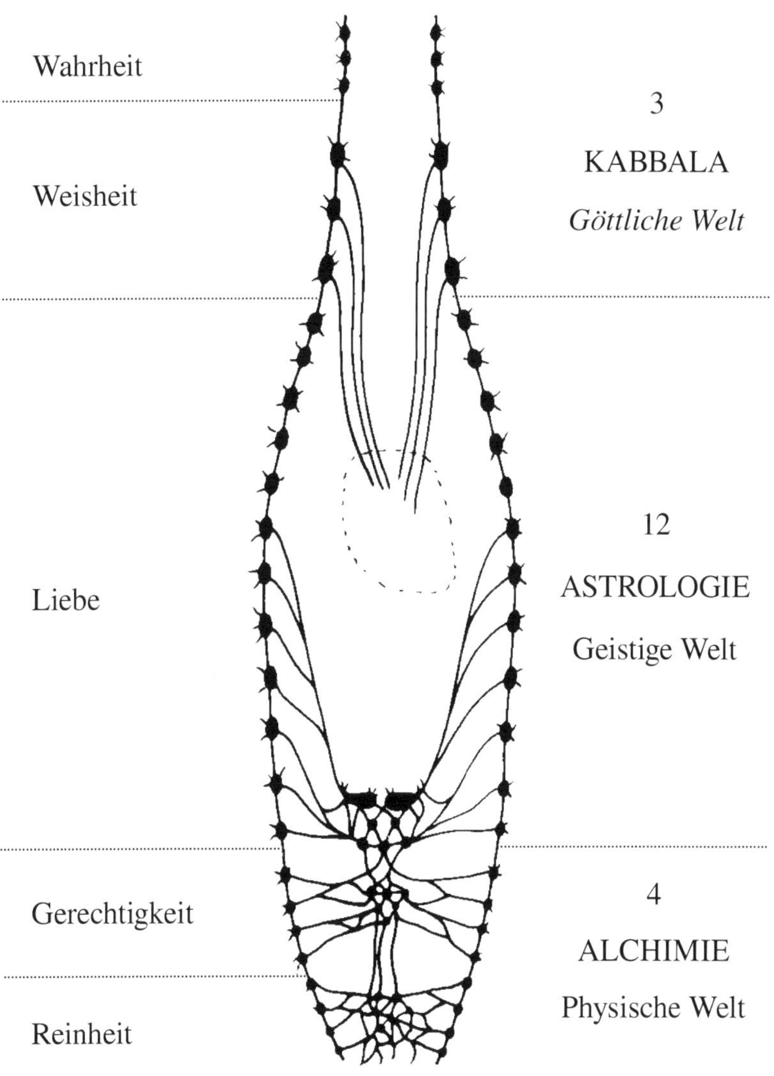
Wahrheit
Weisheit
Liebe
Gerechtigkeit
Reinheit
3
KABBALA
*Göttliche Welt*
12
ASTROLOGIE
Geistige Welt
4
ALCHIMIE
Physische Welt

Abbildung C

Ganglienpaaren. Sie liegen in der Nierengegend und sind mit der Waage ♎, dem Symbol des Gleichgewichts, verbunden. Sie stehen in Verbindung mit allen Verdauungsorganen: dem Magen, der Leber, dem Darm usw. Wenn sich der Mensch nicht richtig ernährt, ist das Gleichgewicht gestört und die nachfolgenden Schwierigkeiten offenbaren, dass die Gerechtigkeit immer die Aufgabe hat, die Ordnung wiederherzustellen.

– Die Liebe ist mit den 12 dorsalen Ganglienpaaren verbunden. Sie ist eine Kraft, die uns weit macht. Dieses »Weitwerden« finden wir in der Atembewegung wieder. Die Liebe verbindet uns auch mit allen Wesen, mit dem ganzen Universum, das in den 12 Tierkreiszeichen zusammengefasst ist.

– Die Weisheit ist mit den 3 zervikalen Ganglienpaaren verbunden, denn wahre Weisheit kommt aus dem Herzen.

– Die Wahrheit ist mit den 3 innerhalb des Schädels gelegenen Ganglienpaaren verbunden, denn die Wahrheit steht über allem, sie ist gleichbedeutend mit dem Gipfel, dem Ziel, das es zu erreichen gilt.

Wahrheit, Weisheit, Liebe, Gerechtigkeit und Reinheit bringen uns mit allen harmonischen Kräften des Universums in Verbindung, deren Segen wir empfangen. Jede Tugend verbessert die Funktionskraft der Ganglien und der Organe, mit denen sie verbunden sind, genauso wie jeder Verstoß gegen diese Tugenden diese Funktionskraft stört.

Zwischen unserer psychischen und unserer physischen Verfassung besteht immer eine Verbindung. Traurigkeit zum Beispiel wirkt auf die sympathischen Nervenbahnen, die in ihrer gefäßverengenden Funktion zu einer Zusammenziehung des arteriellen Systems führen. Man fühlt sich dann arm, einsam und verlassen, und obwohl es der Wirklichkeit nicht entspricht, fühlt man sich so. Diese durch die Traurigkeit bewirkte Verengung behindert also den Blutkreislauf und als Folge davon auch die Verdauung, die Atmung usw. Um dagegen die gefäßerweiternden Nerven anzuregen, muss man die Freude und die Liebe herbeirufen. Und statt täglich beim Aufstehen zu denken: »Ich habe kein Geld, mein Mann – oder meine Frau –, betrügt mich, die erwarteten Briefe sind nicht eingetroffen« sollte man sich um positive Gedanken bemühen. Jeder wahre Schüler trägt jeden Morgen beim Aufstehen diesen Gedanken in sich: »Mein Herr und Gott, unser Schöpfer, ich danke Dir heute, dass ich lebe und gesund bin, dass ich atmen, gehen, singen, sehen und hören kann, denn das sind unermessliche Schätze.« Man soll fröhlich aufstehen und Gott dabei danken. Die Menschen altern nur deshalb so schnell, weil sie nicht wissen, wie sie jeden Tag die Freude herbeirufen sollen.

Aber kehren wir jetzt zu der Geste Jesu zurück, seinen Jüngern die Füße zu waschen. Durch diese Geste wollte er sagen: »Ich gebe euch ein Beispiel. Später werdet ihr eurerseits die gleiche Demut und die gleiche Uneigennützigkeit den anderen gegenüber zeigen müssen.« Jesus wusch auch die Füße des Judas, von dem er doch wusste, dass dieser ihn bereits verraten hatte. Symbolisch gesehen ist es so, dass derjenige, der es sich versagt, sich an den Menschen zu rächen, die ihm Böses angetan haben, ihnen die Füße wäscht.

Aber als Jesus seinen Jüngern die Füße wusch, wollte er in ihnen vor allem die konstruktiven Kräfte des Solarplexus erwecken. In manchen ganz einfachen Situationen des täglichen Lebens haben einige von euch ganz sicher bemerkt, dass zwischen den Füßen und dem Solarplexus diese Verbindung besteht. Wenn ihr sehr kalte Füße habt, fühlt ihr, dass sich der Solarplexus zusammenzieht und wenn ihr in diesem Moment esst, funktioniert die Verdauung nicht richtig. Wenn ihr hingegen eure Füße zum Beispiel in heißes Wasser eintaucht, stellt ihr im Sonnengeflecht eine Erweiterung fest, eine sehr angenehme Empfindung, die euch in gute Laune versetzt.

Wenn ihr einem bestimmten Menschen begegnet oder sich vor euren Augen etwas Unerfreuliches abspielt, fühlt ihr manchmal, dass sich euer Solarplexus zusammenzieht, und ihr fühlt euch unwohl. Hingegen einer anderen Person gegenüber oder bei einem angenehmen Anblick, wie zum Beispiel einem Wasserfall, einem Blumengarten oder einem Berg, fühlt ihr euch erweitert. Warum? Natürlich fühlt nicht jedermann diese Auswirkungen oder ist sich ihrer nicht bewusst. Nicht alle Menschen können fühlen und analysieren, was in ihrem Solarplexus vorgeht. Aber die Schüler der spirituellen Wissenschaft sollten immer feinfühliger und immer bewusster und fähig werden, zu beobachten, was in ihnen vorgeht. Auf diese Weise können sie zahlreiche Entdeckungen machen. Der Solarplexus wird für sie zu einem Führer, er gibt ihnen Hinweise über zahlreiche Dinge und Personen. Man spricht manchmal vom sechsten Sinn. Dieser sechste Sinn, das ist der Solarplexus.

Der Solarplexus ist ein ausgesprochen wichtiges Zentrum für uns. Wir müssen alles vermeiden, was bewirkt, dass er sich zusammenzieht, weil das wiederum die automatische Kontraktion der Blutgefäße und der verschiedenen Kanäle im Organismus nach sich zieht. Wenn das Blut oder die anderen Flüssigkeiten schlecht zirkulieren, bilden sich Ablagerungen, die mit der Zeit die verschiedenartigsten Störungen hervorrufen.

Was den Solarplexus am meisten durcheinanderbringt und in der Folge auch alle inneren Organe wie Leber, Nieren, Magen und so weiter, das sind Angst, Zorn, Sorgen, Zweifel und mit Leidenschaften verbundene Liebe. Chaotische Gedanken und Gefühle zerstören die Harmonie des Solarplexus, und da der Plexus unser Kraftreservoir ist, folgt dieser Disharmonie eine vollkommene Entmagnetisierung. Wenn ihr einen Schrecken oder einen Schock bekommt, seid ihr sofort ohne Kraft, eure Beine tragen euch nicht mehr, eure Hände zittern und euer Kopf ist leer. Das bedeutet, dass euer Solarplexus seine Kräfte erschöpft hat.

Der Plexus kann sich also entleeren, aber er kann sich auch füllen. Genau das muss der geistige Schüler lernen: wie er seinen Solarplexus aufladen kann. Ich werde euch einige Methoden erklären.

Jeder Baum ist ein Reservoir von Kräften, die aus der Sonne und aus der Erde hervorströmen, und diese Kräfte kann man aufnehmen. Wählt euch einen großen Baum aus: eine Eiche, eine Buche, eine Tanne usw. Lehnt euch mit dem Rücken an seinen Stamm, indem ihr die linke Hand auf euren Rücken legt, mit der Handinnenseite gegen den Baumstamm. Gleichzeitig legt ihr die rechte Handfläche auf euren Solarplexus. Dann konzentriert ihr euch auf den Baum, indem ihr ihn bittet, euch einen Teil seiner Energien zu geben. Ihr nehmt sie auf mit der linken Hand und lasst sie durch die rechte Hand in euren Solarplexus fließen. Dann bedankt ihr euch beim Baum. Das ist eine Art der Energieübertragung, die da vor sich geht. Doch ihr könnt euren Solarplexus auch stärken, indem ihr einer Quelle, einem Wasserfall oder einem Springbrunnen zuseht und zuhört. Das sind scheinbar unbedeutende Methoden, aber sie haben eine große Wirkung. Fließendes Wasser beeinflusst den Solarplexus, dieser macht sich an die Arbeit und vertreibt die schädlichen Einflüsse. Manchmal sieht man fließendem Wasser zu, aber unbewusst und ohne sich dessen Nützlichkeit bewusst zu sein, weshalb es nicht viel Wirkung zeigt.

Ihr könnt auch eure Hände oder besser noch eure Füße, ins Wasser tauchen, denn das ist die wirksamste Methode. Wenn ihr euch entmagnetisiert, verwirrt oder verspannt fühlt, dann macht euch warmes Wasser, taucht ganz bewusst eure Füße hinein und beginnt, sie sehr aufmerksam zu waschen. Damit wirkt ihr auf den Solarplexus ein, er erhält neue Kräfte und euer Bewusstseinszustand wandelt sich sofort. Auch wenn es euch dann und wann nicht gelingt zu meditieren, nehmt ein Fußbad und ihr werdet sehen, dass ihr euch danach viel leichter konzentrieren könnt.

Ihr braucht die Füße nicht lange im Wasser zu lassen, aber ihr solltet dabei zu ihnen sprechen und sie sanft waschen: »Meine lieben Füße, jetzt sehe ich ein, wie viele Dienste ihr mir erweist. Nie achte ich auf euch. Ihr tragt das ganze Gewicht meines Körpers und bringt mich überall hin, wo ich hingehen will. Von heute an will ich euch dankbarer sein für eure Demut und eure Geduld.« Für bestimmte Zellen stellen die Füße eine Art Schule dar, die sie eine Zeit lang besuchen müssen. Die Zellen der Füße sind lebendige Wesen, und eines Tages werden diese Wesen Prüfungen ablegen. Wenn sie sie bestehen, sagt die kosmische Intelligenz zu ihnen: »Ihr könnt nun in eine höhere Region aufsteigen«, und sie werden in Lunge, Herz oder Gehirn geschickt, um ihre Entwicklung fortzusetzen. Vorerst sind diese Wesen in den Füßen, denn in der Vergangenheit zeigten sie Hochmut und Grausamkeit und wurden deshalb in die Füße geschickt, um Demut und Güte zu lernen.

Dasselbe gilt auch für das Leben der Menschen. Diejenigen, die hart, hochmütig oder bösartig sind, werden vom Schicksal in Völker und Familien geschickt, die leiden müssen, damit sie das Gesetz der Gerechtigkeit, der Demut und der Opferbereitschaft lernen. So heißt es in der Lehre der Einweihungswissenschaft, ob man ihr nun Glauben schenkt oder nicht.

Alle Zellen müssen sich entwickeln. Die uneigennützigsten, die am weitesten entwickelten befinden sich im Herzen. Während die anderen Zellen schlafen, sich amüsieren oder sich ausruhen, arbeiten die Zellen des Herzens ununterbrochen, um den Organismus in Gang zu halten und in ihm die Kräfte zu verteilen. Die Zellen sind Wesen, die zum Wohle des Organismus zusammenarbeiten müssen. Wenn manche von ihnen sich gerne befreien und ein Reich für sich bilden wollen, kündigt sich eine schwere Krankheit an. Aber wenn sich Zellen aus der allgemeinen Harmonie abtrennen, so sind nicht sie daran schuld. Schuld ist der Mensch, denn er ist es, der sie durch sein Verhalten mitreißt; er ist dafür verantwortlich. Krankheiten sind das Ergebnis unserer Gedanken, unserer Gefühle und unserer Handlungen, die indirekt auf unser sympathisches Nervensystem wirken.

Die Wissenschaft der Zukunft wird den Menschen lehren, in Harmonie zu leben, und in Harmonie zu leben heißt zuallererst, alles herauszufinden, was den Solarplexus stärkt. Wie viele

Menschen lieben es, dem Sonnenuntergang oder dem Fallen der Blätter im Herbst zuzusehen und sich melancholischen Gedanken und Erinnerungen an verlorenes Liebesglück hinzugeben. Das sollte man vermeiden. Ein Schüler sollte sich einzig und allein mit dem verbinden, was lebendig und aufsteigend ist in der Natur, was ihn erhellt, ihn stärkt und erhebt. Alles, was wir leben, essen, atmen, berühren wirkt auf den Solarplexus. Deshalb gibt es Dinge, die wir weder berühren noch essen noch hören noch anschauen sollten, weil sie auf den Solarplexus einwirken und ihn schwächen. Wenn wir hingegen am Morgen den Sonnenaufgang betrachten, fühlen wir, dass auch in uns etwas aufgeht. Und wenn wir im Frühling in die Natur hinausgehen, wenn alle Knospen treiben und alles aufblüht, fühlen wir auch in unserem Inneren etwas aufblühen.

Aber kommen wir zur Bedeutsamkeit der Füße zurück. Wir dürfen niemals vergessen, dass wir durch die Füße ständig mit der Erde und den Erdströmen in Berührung kommen. Die Füße sind wie Antennen. Ich hatte einen Freund, der durch seine Zehen Gewitter und Regenfälle lange im Voraus herannahen spürte. Er war eine perfekte Wetterstation. Aber diese elektrischen und magnetischen Strömungen, die von der Erde aufsteigen oder zu ihr hinunterfließen, zirkulieren nur dann reibungslos in den Füßen, wenn sie nicht von unreinen feinstofflichen Schichten behindert werden. Deshalb ist es empfehlenswert, sich jeden Abend die Füße zu waschen.

Ihr erinnert euch, dass Petrus es zuerst ablehnte, sich von Jesus die Füße waschen zu lassen. Dann aber wollte er, dass er ihm noch dazu Hände und Kopf wäscht. Doch Jesus sagte zu ihm: »Wer gewaschen ist bedarf nichts, als dass ihm die Füße gewaschen werden.« Da die Füße der Körperteil sind, der den engsten Kontakt mit der Erde hat, stellen sie die physische Ebene dar, von der man sich lösen muss, um Zugang zu den höheren Ebenen zu finden. Wenn man sich also die Füße wäscht und sich dabei bewusst auf die darunter und darüber liegenden Zentren konzentriert, arbeitet man an der Loslösung von der physischen Ebene. Habt ihr euch gefragt, warum der Gott Hermes mit Flügeln an den Fersen dargestellt wurde? Hermes war der Götterbote, und seine Flügel waren das Symbol für seine Fähigkeit, im Raum zu reisen. Aber die Flügel an seinen Fersen müssen gleichzeitig als eine Darstellung von Zentren, den Chakras, verstanden werden, die der Mensch in den Füßen besitzt. Sind diese Zentren einmal erweckt, hat der Mensch die Möglichkeit, sich in den Raum und auf höhere Ebenen zu bewegen. Übrigens, erinnert euch an das, was ich euch anlässlich des Vortrags »Die Wunder der zwei Fische und der fünf Brote« über den Solarplexus sagte: Das Wunder der Brotvermehrung steht in Beziehung zu der Fähigkeit Jesu, sich außerhalb seines physischen Körpers zu bewegen. Denn Markus, der berichtet, wie Jesus über das Wasser ging und so ihr Boot erreichte, sagt: »Sie waren ganz erschreckt und erstaunt, denn sie hatten das Wunder der Brote nicht verstanden.« Diese Bemerkung liefert uns den Beweis, dass die Entsprechung zwischen Sonnengeflecht und Füßen in engem Zusammenhang mit der Fähigkeit steht, sich außerhalb des physischen Körpers im Raum zu bewegen.

Ich sagte euch, dass die Füße mit der physischen Ebene in Verbindung stehen; denn auf genau dieser physischen Ebene sind wir immer Opfer, weil diese Ebene immer mehr oder weniger in Verbindung steht mit der unterirdischen Welt, den Regionen der Hölle. Deshalb sind die Füße – symbolisch gesehen –, die verwundbare Stelle des Menschen, was übrigens auch ein anderer Mythos, der von der Ferse von Achilles aufzeigt. Um Achilles unverwundbar zu machen, hatte Thetis, seine Mutter, ihn in das Wasser des Styx getaucht, aber da sie ihn an der Ferse festhielt, blieb dieser Teil des Fußes unbenetzt, und Achilles starb vor den Mauern von Troja, durch einen vergifteten Pfeil, der ihn in die Ferse traf.

Jetzt versteht ihr den Sinn der Geste Jesu und seiner Worte: »Wer gewaschen ist, bedarf nichts, als dass ihm die Füße gewaschen werden; denn er ist ganz rein.« Sich die Füße zu waschen, steht für den Begriff der Reinigung, da die Füße die materiellste Ebene symbolisieren.

Es gäbe noch vieles über die Füße zu sagen. Seit undenklichen Zeiten haben die Weisen Übereinstimmungen zwischen dem Mikrokosmos und dem Makrokosmos aufgedeckt. Diese Wissenschaft der Entsprechungen enthüllt, dass nicht nur der Körper des Menschen mit den Tierkreiszeichen in Verbindung steht (der Kopf mit dem Widder, der Hals mit dem Stier usw.), sondern auch, dass jeder Teil für sich wiederum in Beziehung steht mit der Ganzheit des Organismus, mit dem Universum.[3] Diese Entsprechungen wurden in Bezug auf die Hände erforscht, aber sie gelten ebenso für die Füße. Bestimmte Punkte der Füße sind mit den übrigen Organen des Körpers verbunden, und man kann manche Störungen in anderen Organen heilen, indem man auf diese Punkte z. B. mit Massagen einwirkt.

Aber heute Abend wollte ich euch vor allem zeigen, dass die Geste der Fußwaschung Jesu eine sehr viel tiefere Bedeutung hat, als bis jetzt angenommen wurde. Denkt über alles nach, was ich euch sagte, schließt die Füße und den Solarplexus in eure geistige Arbeit mit ein, und schon bald werdet ihr all die Segnungen spüren, die diese Übungen euch bringen.

Mögen Licht und Frieden mit euch sein!

Paris, 18. März 1939

Anmerkungen

1. Siehe auch Band 6 der Reihe Gesamtwerke »Die Harmonie«, Kap. 9: »Sonnengeflecht und Gehirn« und Kap. 11: »Das geistige Herz« sowie Band 10 der Reihe Gesamtwerke »Sonnenyoga«, Kap. 17: »Tag und Nacht – Bewusstsein und Unterbewusstsein«.
2. Siehe auch Band 7 der Reihe Gesamtwerke »Die Reinheit«.
3. Siehe auch Band 236 der Reihe Izvor »Weisheit aus der Kabbala«, Kap. 11: »Der Körper des Adam Kadmon«.

*Kapitel 8*

# Das Gleichnis vom Weizen und vom Unkraut

»Er legte ihnen ein anderes Gleichnis vor und sprach: »Das Himmelreich gleicht einem Menschen, der guten Samen auf seinen Acker säte. Als aber die Leute schliefen, kam sein Feind und säte Unkraut zwischen den Weizen und ging davon. Als nun die Saat wuchs und Frucht brachte, da fand sich auch das Unkraut. Da traten die Knechte zu dem Hausvater und sprachen: Herr, hast du nicht guten Samen auf deinen Acker gesät? Woher hat er denn das Unkraut? Er sprach zu ihnen: Das hat ein Feind getan. Da sprachen die Knechte: Willst du denn, dass wir hingehen und es ausjäten? Er sprach: Nein! Damit ihr nicht zugleich den Weizen mit ausrauft, wenn ihr das Unkraut ausjätet. Lasst beides miteinander wachsen bis zur Ernte; und um die Erntezeit will ich zu den Schnittern sagen: Sammelt zuerst das Unkraut und bindet es in Bündel, damit man es verbrenne; aber den Weizen sammelt mir in meine Scheune.

Matthäus 13,24-30

Jesus bediente sich mehrfach der Bilder vom Acker, vom Sämann, vom Samen und so weiter, und er gab selbst die Interpretation dazu. Ich werde daher nicht näher darauf eingehen. Ich werde mich nur mit der Antwort des Hausvaters an seine Knechte befassen, die ihn fragten, ob sie das Unkraut ausreißen sollten. »Nein, sprach er, damit ihr nicht zugleich den Weizen mit ausrauft, wenn ihr das Unkraut ausjätet. Lasst beides miteinander wachsen bis zur Ernte.«

Befassen wir uns zunächst mit dem Weizen und dem Unkraut. Hier handelt es sich um Symbole von Gegebenheiten, wie sie nicht allein im Bereich der Pflanzen vorkommen, sondern auch unter den Tieren, den Vögeln, in der Gesellschaft, in unseren eigenen physischen und psychischen Organismen. Der Weizen, der ein Grundnahrungsmittel für den Menschen ist, und das Unkraut, welches das Wachstum des Getreides behindert, sind zwei Symbole, die man in der einen oder anderen Form überall wiederfinden kann.

Das Unkraut enthält Elemente, die zweifellos genutzt werden könnten. Es gibt viele Kräuter, Pflanzen und Früchte, welche die Wissenschaft lange Zeit schlicht nicht beachtet hat, bis sie dann entdeckten, dass sie bestimmte Elemente besitzen, die Heilungen bewirken oder zur Herstellung bestimmter Produkte dienen konnten. Im großen Laboratorium der Natur ist nichts unnütz.

Wenn ihr dieses Gleichnis vom Weizen und vom Unkraut versteht, habt ihr eines der wichtigsten Lebensgesetze verstanden: Wie ihr trotz scheinbar ungünstiger Bedingungen, die das Schicksal euch in den Weg gelegt hat, wachsen könnt und wie ihr die vom Hausvater vorgegebene Regel umsetzen könnt: »Lasst den Weizen und das Unkraut bis zur Ernte zusammen wachsen.« Diese Frage ist in pädagogischer und sozialer Hinsicht von höchster Wichtigkeit. Die Menschen wettern immer gegen das Böse, die Verbrecher, das Laster, und ihre Sprache ist voll von Ausdrücken, bei denen es immer darum geht, auszumerzen, auszureißen, zu eliminieren, zu vernichten und so fort. Aber solange die Welt existiert, ist es weder gelungen, das Böse auszurotten noch all die schlechten Menschen zu vernichten.[1]

Jeden Tag beklagt ihr euch darüber, neben abstoßenden Leuten leben zu müssen, die für euch wie Unkraut sind, und ihr wollt euch ihrer entledigen, indem ihr sie beseitigt, aber ist das die richtige Methode? Gibt es keine besseren Mittel als Gewalt und Zerstörung? Man glaubt seine Ruhe zu haben, wenn man diese schlechten Menschen erst einmal los ist. Aber das ist genau so, als würde man versuchen, die Mücken zu vernichten, dabei aber vergisst, die Sümpfe trockenzulegen, in denen sie sich vermehren. Um das Böse auszulöschen, genügt es nicht, sich der boshaften Menschen zu entledigen, denn diese Menschen werden aufgrund bestimmter Bedingungen hervorgebracht. Man muss daher die Bedingungen ändern, den Sumpf trockenlegen und es wird keine Mücken mehr geben. Ihr sagt, dass ihr das wisst. Das bezweifle ich nicht, aber ihr überseht, dass auch in euch ein Sumpf existiert, der das Böse und die boshaften Wesen hervorbringt. Ihr verbringt eure Zeit damit, die Mücken, die euch quälen, zu töten, aber ihr tut nichts, um euren eigenen Sumpf trockenzulegen. Und das gilt wirklich für uns alle!

Schaut euch an, wie Pädagogen, Religionsanhänger und Moralisten reagieren. Sie haben ein Vokabular voll von Sätzen wie: »Reißen wir das Laster mit der Wurzel aus! Rotten wir die schlechten Gewohnheiten aus!« Das ist eine sehr gute Absicht, aber wie sie realisieren? Sie schwingen alle ihre Waffen, um das Böse zu vernichten, aber das verhindert nicht seine Existenz, und es kommt sogar manchmal vor, dass diejenigen, bei denen es gelungen ist, gewisse Laster auszumerzen, anschließend zu Opfern noch größerer Laster werden.

Man legte es so aus, dass das Weizenfeld die Welt darstellt, und das Unkraut und der Weizen die Bösen und die Guten, die eines Tages getrennt werden. Diese Interpretation ist richtig aber ungenügend. Das Weizenfeld stellt nicht nur die Welt dar, sondern zugleich auch den Menschen selbst, der Weizen und Unkraut in sich trägt, das heißt, seine gute und seine böse Natur. Man kann sich fragen, woher es kommt, dass der nach dem Bilde Gottes geschaffene und von seinem Schöpfer mit so außergewöhnlichen Gaben ausgestattete Mensch gleichzeitig alle möglichen beklagenswerten Neigungen aufweist, den Drang zu lügen, zu stehlen, zu töten, zu verraten. Wie ist es möglich, dass Gott der Schöpfer eines so boshaften und verbrecherischen Wesens ist? Das Gleichnis beantwortet diese Frage. Es beschreibt, dass ein Feind gekommen ist, während wir schliefen, und dass er in uns Samen anderer Natur ausgesät hat, als die, welche wir von Gott empfangen haben, sodass zwei Arten von Samen gemeinsam in uns wachsen. Die Worte: »Während die Leute schliefen«, erklären alles. Und das geschieht selbst bei den am weitesten entwickelten Menschen. Wenn das Bewusstsein einschläft, verdunkelt sich der Verstand; der Feind (der hier eine große Gemeinschaft sehr niederer Wesen symbolisiert, die den Regeln der Evolution entgegengesetzte Ziele verfolgen) sät seine Gedanken, seine Gefühle und seine Begierden in die menschliche Seele. Darum müssen die Schüler der Universellen Weißen Bruderschaft sehr aufmerksam, sehr wach sein, sogar während des Schlafes: Wenn ihr Körper schläft, darf ihre Seele nicht schlafen.

Seit die Welt existiert, ist das Unkraut ein Studienobjekt für die Menschen. Ob in Krankenhäusern, Schulen oder an Gerichtshöfen versucht man, die Elemente des Unkrauts zu analysieren, aber es ist unmöglich herauszufinden, was das Böse in all seinen Manifestationen eigentlich ist. Das Böse und das Gute sind eng verflochten, und wenn man eines herausreißen will, riskiert man, das andere gleich mit auszureißen. Man darf sie nur so trennen wie Hermes Trismegistos es empfohlen hat: »Du wirst das Feine vom Dichten trennen mit großem Geschick.«

Der Mensch besitzt weder schon genügend Wissen noch Fähigkeiten, die ihm ermöglichen würden, sich vom Bösen zu befreien. Die beste Lösung ist, das Gute und das Böse zusammen leben zu lassen, und die Aktivität und die außergewöhnlich mächtigen Kräfte, die in den Elementen des Bösen enthalten sind, zu nutzen, das heißt einige winzige Anteile des Bösen zu nehmen, um die Kräfte des Guten zu stärken und zu beleben. Genauso, wie man es mit Edelreisern macht. Was macht der Gärtner? Auf den Stamm eines jungen wilden Birnbaums, mit ungenießbaren Früchten, pfropft er zum Beispiel den Zweig eines Birnbaums von guter Qualität, der dann von der Kraft des wilden Baumes profitiert. In gleicher Weise sollte man lernen, auf den Baum des Bösen Zweige vom Baum des Guten aufzupfropfen. Genauso wie oft die Kräfte des Bösen sich erlauben, die Kräfte des Guten anzuzapfen und diese umzuwandeln, um sie für ihre Zwecke zu nutzen, so hat auch das Gute jegliches Recht, die Kräfte des Bösen anzuzapfen und sie umzuwandeln, um sie in den Dienst eines erhabenen Ideals zu stellen.[2]

Wir besitzen Organe, deren Funktionen uns weder spirituell noch ästhetisch vorkommen mögen, und doch sind sie äußerst notwendig und müssen sehr wohl akzeptiert werden. Wir müssen auch wissen, dass in der Natur alles mit etwas anderem verbunden ist: Jede Zelle, jedes Organ ist mit anderen Zellen und anderen Organen verbunden, genauso wie die Wurzeln eines Baumes mit den Zweigen, den Blättern, den Blüten und den Früchten verbunden sind. Und wenn der Mensch diese Wurzeln abtrennt, das heißt, wenn er die Organe, welche die Grundlage seiner Existenz bilden, abtrennt, ergeben sich daraus schreckliche Konsequenzen. Es ist richtig, dass diese Organe manchmal tragische Ereignisse hervorrufen, aber man muss sie leben lassen und sich bemühen, aus ihnen Kräfte zu schöpfen und diese umzuwandeln.

Wenn man die Biografien der bemerkenswertesten Menschen liest, muss man oft mit Erstaunen feststellen, dass viele von ihnen anormale oder sogar kriminelle und monströse Neigungen in sich bargen. Wenn man die Struktur des Menschen nicht kennt, versteht man nicht, wie das möglich sein kann; in Wirklichkeit ist es sehr einfach: Aufgrund ihrer niederen Neigungen, gegen die sie beständig ankämpften, gelang es diesen Menschen, bewusst oder unbewusst, Edelreiser in ihrem Wesen anzulegen. Je schrecklicher und glühender ihre Leidenschaften (ihre Wurzeln) waren, desto köstlichere Früchte und umso bemerkenswertere Werke brachten sie hervor. Viele andere hingegen, die keine dieser Schwächen hatten, gaben der Menschheit nichts und führten ein außerordentlich bedeutungsloses und mittelmäßiges Leben.

Ich will damit nicht sagen, dass man das Böse in der Welt tolerieren, rechtfertigen oder kultivieren sollte, nein, man sollte lediglich diese erhabene Philosophie verstehen, die lehrt, wie man bis hin zu den Kräften des Bösen alles zum Ruhme des Guten nutzen kann. Je höher sich der Stamm und die Äste erheben, desto tiefer wachsen die Wurzeln in die Erde. Wer das nicht versteht erschrickt, wenn er die Kraft des Bösen entdeckt. Man darf keine Angst haben; alles in der Natur ist nach großartigen Gesetzen aufgebaut. Wenn wir keine tiefen Wurzeln haben, werden wir unfähig sein, das Leben im Boden anzuzapfen.

Die Natur ist unbeschreiblich viel weiser als wir. Man hält ein Gift zwangsläufig für schädlich, weil es tödlich sein kann. Und doch sammeln bestimmte Wissenschaftler das Gift von Vipern oder andere giftige Substanzen, und heilen damit gewisse Krankheiten. Das Gift ist eine hoch konzentrierte Substanz, die als solche für den Organismus nicht verträglich ist. Wenn man sie aber zu dosieren weiß, kann man sich ihrer bedienen, um Menschen das Leben zu retten.

Genauso müssen diejenigen, die mit schlechten Personen zu tun haben, verstehen, dass diese stark konzentrierte Kräfte besitzen, und wenn es einem gelingt, sie zu verdünnen, können diese Kräfte viel Gutes bewirken. Die ganze Arbeit des Schülers besteht in der Nutzung von Kräften und in deren perfekter Dosierung.

Sich in philosophische Hirngespinste zu versteigen über den Ursprung oder die Existenz des Bösen und sich nur damit zu befassen, ist gefährlich. Noch niemand konnte das Böse vernichten. Diejenigen, die mit ihm kämpfen wollten, solange sie nicht das wahre Wissen besaßen, wurden besiegt. Allein die großen Erzengel und die Gottheiten können die Frage des Bösen lösen. Man darf sich weder mit dem Bösen beschäftigen noch dagegen kämpfen; man soll sich nur mit dem Guten befassen, denn auf diese Weise wird das Böse umgewandelt und man entzieht ihm beachtliche Kräfte. Man lässt das Böse arbeiten zum Nutzen der Kräfte des Guten: der Liebe, der Weisheit und der Wahrheit. Aber nur derjenige, der Reinheit in seinem Herzen, Weisheit in seinem Verstand, Liebe in seiner Seele und Wahrheit in seinem Geist besitzt, kann alles umwandeln und verbessern.

Kümmert euch nicht um das Böse, lasst das Unkraut neben dem Weizen wachsen, denn wie könnt ihr das Unkraut herausreißen und den Weizen stehen lassen? Unkraut wächst in jeder Familie, in jeder Gemeinschaft, wie kann man daher den Ehemann herausreißen und nur die Frau übrig lassen (oder umgekehrt), wo sie doch derart miteinander verbunden sind und sich einer Trennung widersetzen? Man muss ein begnadeter Chirurg sein, um nur den kranken Teil zu entfernen, ohne die gesunden Zellen zu verletzen. Man muss ein erfahrener Richter sein, um die Schuldigen zu bestrafen, ohne die Unschuldigen zu treffen, wie das heutzutage oft vorkommt.

Und fragt doch mal belesene und gelehrte Leute, ob sie zufrieden wären, wenn man die Unwissenden beseitigen würde. Sie werden aufschreien und sagen, dass dies gegen ihre Interessen wäre und sie niemanden mehr hätten, den sie unterweisen und beeindrucken könnten. Was würden Ärzte oder Apotheker tun, wenn man die Kranken und die Krankheiten beseitigte? Sie würden verhungern. Was würden die Geschäftsleute sagen, wenn man die naiven Leute beseitigte, die sie gerne hereinlegen? Sie würden schreien: »Lasst dieses Unkraut mitten unter uns wachsen, wir ziehen Gewinn daraus.«

Verweilen wir einen Moment bei den Worten des Hausvaters: »Und um die Erntezeit will ich zu den Schnittern sagen: Sammelt zunächst das Unkraut und bindet es in Bündel, auf dass man es verbrenne.« Ihr seht, das Unkraut wird ins Feuer geworfen. Man befreit sich von seinem eigenen tauben Gestein, indem man sieben Mal durchs Feuer geht, denn allein das Feuer kann das Gute vom Bösen trennen. Was geschieht, wenn ihr Fieber habt? Die Stunde der Ernte ist gekommen. Dabei handelt es sich vielleicht um eine kleine Ernte; die große Ernte wäre viel schwieriger zu ertragen gewesen, und niemand weiß, ob ihr in den Speicher gelegt oder verbrannt worden wärt! Wenn das Feuer (das Fieber) da ist, lässt es das Unkraut in euch dahinschmelzen und verbrennt es; das heißt, es beseitigt das Böse, die Abfälle, die Stoffe, die euch am Wachsen hindern. Sobald das Feuer seine Arbeit vollbracht hat, stoßt ihr einen Seufzer aus, denn ihr fühlt euch besser. Auf diese Weise gibt es große und kleine Ernten und das Fieber kommt, um euch von einem bestimmten Unkraut zu befreien. Das Unkraut existiert auf allen drei Ebenen, auf der physischen, der astralen und der mentalen Ebene.

Es besteht ein außerordentlich fruchtbarer Austausch zwischen allem Guten und allem Bösen. Auf der Erde gibt es Berge und Ebenen, und zwischen diesen kreisen Ströme, die bestimmte Manifestationen des Lebens hervorrufen. Wenn die Erde vollkommen eben wäre, gäbe es kein Leben mehr. Jesus, der dieses Gesetz sehr wohl kannte, hielt sich immer mitten unter Armen, Sündern und Verbrechern auf. Die Pharisäer und Sadduzäer hingegen, welche die Gesetze der Natur ignorierten, verachteten Jesus und klagten ihn an, mit der unwissenden und sündigen Menge zu verkehren. Ihr Hochmut hielt sie fern von den Armen und Benachteiligten, Jesus hingegen suchte nahe bei den Schwachen, Kranken und Verwahrlosten zu leben, um einen Austausch mit ihnen zu erwirken. Er gab ihnen sein Licht, seine Liebe, seine Reinheit, aber zugleich entzog er ihnen rohe, grobe Stoffe, vergleichbar denjenigen, die von den Wurzeln im Boden absorbiert werden und dank derer der Baum Blüten und Früchte hervorbringen kann. Die Bösen stellen die Energien zur Verfügung und die Guten absorbieren sie, um sie umzuwandeln und in bearbeiteter Form zu verteilen: in Form von Güte, Barmherzigkeit und Wissen. Dieser Austausch ist notwendig. Jesus nahm die Sünden der Menschen auf sich, das heißt, er entzog ihnen unbearbeitete

Energien, die er in den Blättern seines Wesens umwandelte, und diese verteilte er dann in Form von Licht und Liebe.

Wer sich weigert, Kontakte mit Unwissenden und Bösen zu unterhalten, und nur mit vornehmen, gelehrten und tugendhaften Menschen verkehren will, kommt in seiner Entwicklung nicht voran, weil er kein guter Alchimist ist, ihm bleiben gewisse Eigenschaften und Tugenden versagt, die jedoch unverzichtbar für seine Entwicklung sind. Und darum waren die Pharisäer unwissend, trotz all ihres Wissens, denn sie hielten sich abseits von der Menge, was sie nicht daran hinderte, dennoch genauso sündhaft und boshaft wie diese zu bleiben. Jesus hingegen stieg so weit wie möglich hinunter, er mischte sich unters Volk; jedoch ganz bewusst, indem er daran arbeitete, das Volk zu unterweisen und es zu reinigen, um es bis zu Gott zu erheben. Das Misstrauen und der Hochmut der Pharisäer öffneten weit das Tor ihrer Seele für die Unreinheiten und Schwächen, der Mut, die Überzeugung und die Liebe Jesu hingegen reinigte die Atmosphäre, überall wo er vorüber kam.

Ich sage dies nicht, um euch zu drängen, all die verdorbenen und kriminellen Leute aufzusuchen. Bevor man sich ihnen nähert, ist es unabdingbar, zunächst gründlich das Thema vom Unkraut und dem Weizen zu studieren. Das bedeutet, man sollte also diese Transmutation des Bösen in Gutes bewerkstelligen können, über die ich gerade gesprochen habe. Es gibt tugendhafte und liebenswerte Frauen, die Trinker und Lustmolche heiraten, in der Hoffnung sie zu retten. Da aber der Wunsch einen Menschen zu retten nicht genügt, um ihn seinen Lastern zu entreißen, werden oft sie selbst genauso weit hinuntergezogen, anstatt ihren Ehemann zu retten. Um das Böse zu verwandeln, muss man über ein immenses Wissen verfügen. Die Eingeweihten können uns helfen, weil sie unsere Sünden, unsere Fehler, unsere Schwächen auf sich laden, und uns dafür ihr Licht, ihren Frieden, ihre Liebe geben. Allein die Eingeweihten wissen, wie die Umwandlung des Bösen in Gutes durchzuführen ist. Sie allein wissen, was das Unkraut enthält und sind fähig, Nutzen daraus zu ziehen. Aber ich habe nicht die Erlaubnis, euch mehr zu diesem Thema zu sagen, denn ihr könnt die kostbaren Elemente des Unkrauts noch nicht nutzen.

Aber dieser Austausch, von dem ich spreche, den die Eingeweihten mit der Menge vornehmen, vollzieht sich auch in uns, in den Tiefen unseres Wesens. Der Magen zum Beispiel ist eine Fabrik, in der die Rohmaterie umgewandelt wird; dort befinden sich die Wurzeln unseres physischen Wesens. Das Rohmaterial, das man dem Magen gibt, wird dann in den Lungen, dem Herzen, dem Gehirn weiterbearbeitet; es steigt empor, wird zu Gedanken und Gefühlen, und diese Gedanken und diese Gefühle steigen ihrerseits hinab in den Organismus, um die Zellen mit ihren feinstofflichen Energien zu nähren. Auf diese Weise vollzieht sich ein ständiger Austausch zwischen der niederen Seite und der höheren Seite unseres Wesens. Ohne diese Wechselbeziehungen, ohne diesen Energiekreislauf würden wir sterben.

Der heilige Paulus sagte: »Es war mir ein Dorn ins Fleisch gedrungen. Drei Mal habe ich den Herrn gebeten, ihn aus mir zu entfernen, und Er hat zu mir gesagt: Meine Gnade sei dir genug, denn meine Macht erfüllt sich in der Schwäche.« Wer eine Schwäche im physischen Körper oder in der Seele besitzt, sucht sich davon zu befreien, ohne zu wissen, dass diese Schwäche in seinem Inneren die Quelle großer Reichtümer ist. Wäre der Mensch in Bedingungen hineingestellt, wo alles leicht wäre, würde er keinen Stachel mehr spüren, der ihn dazu zwingt voranzuschreiten, und er würde stagnieren. Es ist seine Unvollkommenheit, dieser Stachel in seinem Fleisch, der ihn zwingt, gründlich zu arbeiten, sich dem Himmel, dem Herrn zu nähern. Manchmal lässt uns der Himmel Schwächen, um uns in unsere spirituelle Arbeit zu drängen, denn was dem Anschein nach eine Schwäche ist, ist in Wirklichkeit eine Stärke, eine Kraft. Wenn unser Geist erleuchtet ist, wenn unser Intellekt aufgeklärt ist, können wir die Schwächen, die Begierden und Instinkte, die uns quälen, nutzen. Es sind Laboratorien, in denen wir jeden Tag arbeiten können, um Kräfte und Materialien zu schöpfen und um zu großen Alchimisten werden zu können.

Freut euch also, ihr seid alle sehr reich, denn ihr habt alle Schwächen. Aber ihr müsst wissen, wie ihr sie dazu bringt, an die Arbeit zu gehen. Man muss die inneren Zustände genauso arbeiten lassen, wie man die Kräfte der Natur zum Arbeiten gebracht hat: den Wind, die Stromschnellen, das Feuer, die Elektrizität, die Wärme, das Licht. Die Menschen finden es normal, die Kräfte der Natur zu nutzen, aber wenn man ihnen erklärt, dass sie den Wind, die Stürme, die Wasserfälle, den Blitz nutzen sollen, die in ihnen sind, dann sind sie sehr erstaunt. Und doch ist nichts natürlicher, und wenn ihr die Regeln der spirituellen Alchimie kennen würdet, wüsstet ihr die Energien, die in euch sind, zu transformieren und zu nutzen.

Wir werden folgende Abbildung noch genauer betrachten. Wir haben bereits viel darüber gesprochen, denn sie ist ein Schlüssel, die die geheimen Tore der Natur und unserer Seele öffnet. Aber heute Abend werden wir sie unter einem anderen Gesichtspunkt betrachten.

Ihr seht, dass sie zunächst die verschiedenen Kategorien von Menschen darstellt: die groben, ungeschliffenen Menschen (physische Ebene), die gewöhnlichen Menschen (Astral-Ebene), die talentierten Menschen (Mental-Ebene), die Genies (Kausal-Ebene), die Heiligen (Buddhi-Ebene), die großen Meister (Atman-Ebene).

Stellen wir nun eine Analogie her zwischen diesen verschiedenen Kategorien von Menschen und den verschiedenen Teilen eines Baumes. Die groben, ungeschliffenen Menschen befinden sich in den Wurzeln des Lebens, sie arbeiten unter der Erde. Die gewöhnlichen Menschen arbeiten im Stamm, sie lassen den Rohstoff, den andere umwandeln werden, durch sich hindurch. Die Menschen mit Talenten stellen die Zweige dar, die diesen Rohstoff zu den Blättern bringen; ist diese Materie einmal bearbeitet, lassen sie diese wieder hinabsteigen. Sie nehmen also, um der Menschheit zu geben, sie kümmern sich um den Austausch. Die Genies sind die Knospen, aus denen die Blätter wachsen; und genau dort beginnt die große Arbeit: Die Verarbeitung des rohen Saftes mit Hilfe der Sonnenstrahlen. Die Heiligen sind die Blüten des kosmischen Baumes; durch ihre Farben, ihre Schönheit und ihren Duft ziehen sie Schmetterlinge, Insekten, Vögel und Menschen an. Ihre Bestimmung ist es, Früchte zu bilden; dank ihnen wird das Leben rein und schön. Und die großen Meister schließlich sind die Früchte des kosmischen Baumes, die himmlische Nahrung, das »Himmelsbrot«; ihnen ist der Wohlgeschmack aller Säfte zu eigen.

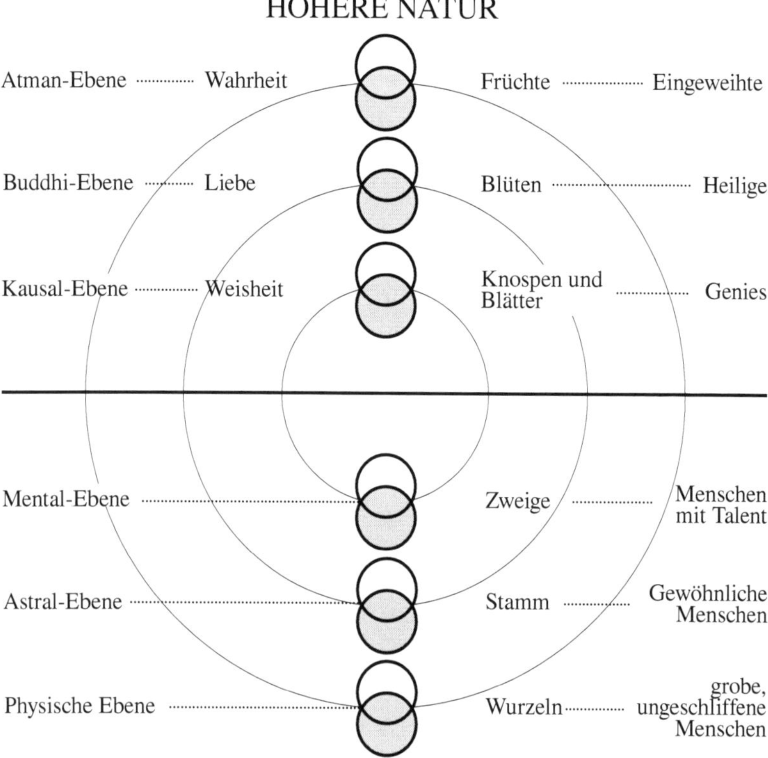

Der Mensch stellt einen Baum dar, mit Wurzeln, einem Stamm, Zweigen, Blättern, Blüten und Früchten. Alle Menschen besitzen Wurzeln, einen Stamm und Zweige, aber sehr wenige unter ihnen werden vom Frühling besucht; die meisten sind Bäume ohne Früchte, ohne Blüten und sogar ohne Blätter, Bäume im Winter, trostlos, dunkel und schmucklos. Und doch existieren in jedem Menschen Lotusblüten; aber man muss viel arbeiten, großes Wissen besitzen und viel Zeit opfern, damit sich diese Blüten entfalten, ihren Duft verströmen und ihre Früchte bilden können. Die Früchte sind die Werke der verschiedenen Tugenden.

Die Vorstellung von der Geburt der Gottheit findet sich in Indien im Symbol der Lotusblüte wieder, in der Krishna geboren wird. Die Geburt von Krishna ist die Geburt des Höheren Selbst, des Christus in uns. Der Mythos von Saturn hingegen, von seinem Sohn Jupiter abgesetzt und ins Exil unter die Erde geschickt, wo er in den Minen arbeitet, beschreibt den Fall des Menschen in die dichteste Ebene der Materie. Das ist die Ebene der Wurzeln, wo Dunkelheit herrscht und eine große Enge und Begrenzung. Aber je weiter man aufsteigt in den Stamm, in die Zweige und in die Blätter, desto mehr nimmt auch die Möglichkeit zu, sich zu bewegen, und ebenso das Licht, die Wärme und die Freude.

Blätter, Blüten, Früchte, das sind die Weisheit, die Liebe und die Wahrheit. Die Blätter stehen für die Weisheit, die Blüten für die Liebe und die Früchte für die Wahrheit. Mit großer Weisheit verwandeln die Blätter den rohen Saft in verarbeiteten Saft, so wie die Alchimisten die Metalle mit Hilfe des Steines der Weisen in Gold verwandelten. Die Blüten sind mit der Liebe verbunden, wir werden von ihren Farben, ihrem Duft und der reinen Materie ihrer Blütenblätter angezogen. In ihnen befindet sich der Nektar, den die Insekten trinken. Die Früchte schließlich stehen für die Wahrheit, die das Ergebnis der Vereinigung von Weisheit und Liebe ist.

Zu bestimmten Jahreszeiten fallen die Blätter, die Blüten und die Früchte vom Baum; es bleiben nur die Zweige, der Stamm und die Wurzeln, die immer da sind. Auf die gleiche Weise mangelt es in der Welt niemals an groben, ungeschliffenen, an gewöhnlichen und an talentierten Menschen. Genies, Heilige und große Meister hingegen gibt es viel seltener. Im Winter bleiben vom Blätterwerk, von den Blüten und den Früchten des Sommers nur noch die Erinnerung an ihre Farben, ihren Geschmack und ihren Duft; all diese Schönheit bleibt ins Gedächtnis eingraviert. Das Gleiche gilt für die Genies, die Heiligen und die großen Meister; noch lange nach ihrem Verschwinden spricht die Menschheit von ihren Werken und der Freude, die sie um sich verbreitet haben. Auf der Erde haben Liebe, Weisheit, Schönheit und Wahrheit keine guten Daseinsbedingungen. Genies, Heilige und große Meister besuchen die Erde, um hier ihre Farben, ihren Duft, ihren Wohlgeschmack zu verbreiten und gehen wieder von dannen. Was dauerhaft auf der Erde bleibt, das ist Mittelmäßigkeit und Hässlichkeit. Im Himmel jedoch sind die Blätter, die Blüten und die Früchte ewig und alles Übrige vergänglich.

Beobachtet euch, und ihr werdet feststellen, dass auch in euch Wurzeln, Stamm und Zweige beständig, widerstandsfähig und zäh sind, das heißt, das, was den Instinkten, den Leidenschaften, den rein persönlichen Neigungen entspricht. Von Zeit zu Zeit erscheinen Blätter in eurem Verstand (lichtvolle Gedanken), Blüten in eurer Seele (warmherzige Gefühle) und Früchte (unpersönliche, selbstlose Handlungen). Leider dauert dieser Frühling nicht lange an. Alles vergeht und entschwindet. Inspirationen, feinstoffliche Zustände eures Überbewusstseins, vergehen schnell und ihr findet euch als derselbe wieder, mit dem Bedürfnis zu essen, zu trinken, euch durchzukämpfen und aus allem Nutzen zu ziehen.

Aber gehen wir noch weiter, um noch weitere großartige Entsprechungen aus der Natur zu entdecken. Wenn ihr die

Abbildung betrachtet, seht ihr, dass die Wurzeln mit den Früchten verbunden sind. Sie sind der Ausgangspunkt, die Früchte dagegen sind der Endpunkt. Sobald die Früchte reif sind, wird die Arbeit der Wurzeln unterbrochen. Die Früchte und ihre Kerne sind die zukünftigen Wurzeln; von dort aus wird der Stängel zu wachsen beginnen. Die Tatsache, dass bestimmte Pflanzen Früchte in ihren Wurzeln haben (Wurzelknollen), weist auf die Existenz dieser Verbindung zwischen Wurzeln und Früchten hin. Die Pflanzen mit Wurzelknollen sind diejenigen, die sich nicht in der spirituellen Welt zu entwickeln wussten; sie sind unter der Erde verblieben. Ihr seht auch, dass eine Verbindung zwischen Stamm und Blüten existiert, und zwischen Ästen und Blättern. Im Menschen ist es das Gleiche, wo der physische Körper mit dem Geist verbunden ist, das Herz mit der Seele und der Verstand mit dem Kausalkörper. Und darum existieren Wechselbeziehungen und eine enge Verbindung zwischen den groben, ungeschliffenen Menschen und den großen Meistern, zwischen den gewöhnlichen Menschen und den Heiligen, zwischen den talentierten Menschen und den Genies.

Und jetzt betrachten wir diese Abbildung einmal vom musikalischen Standpunkt aus.

Ihr kennt alle den Lärm, und ihr wisst, wie schwer er zu ertragen ist. Der Lärm bringt uns durcheinander, ermüdet uns, irritiert uns. Musik, Harmonie hingegen erquickt und inspiriert uns, öffnet uns weit. Sie offenbart uns die höhere Welt, sie verbindet uns mit ihr. Lärm kann als Symbol für Disharmonie betrachtet werden und man findet ihn auf der physischen, der astralen und der mentalen Ebene.[3] Mit den höheren Ebenen hingegen betritt man den musikalischen Bereich: die Harmonie, die Melodie, die Symphonie. Wenn ihr die Musik aus dem Blickwinkel der Magie erforscht, werdet ihr feststellen, dass jeder Ton eine große Macht besitzt und dass die musikalischen Schwingungen vielfältige und verschiedenartige Formen hervorrufen.

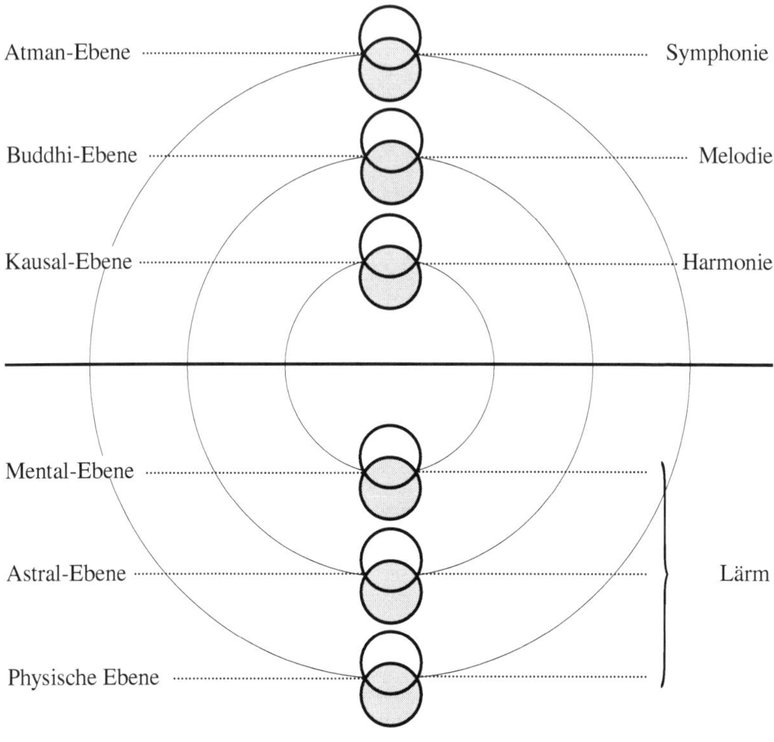


Harmonische Klänge rufen symmetrische Formen hervor und disharmonische Klänge asymmetrische Formen. Wenn ihr die magische Kraft der Töne begreifen würdet, würdet ihr das Lied »Aum«* anders singen als bisher, denn dieses Lied, das uralten Ursprungs ist, ruft herrliche Formen in der Seele hervor. Wenn ihr einmal so weit seid, werde ich euch Übungen aufzeigen, dank derer ihr in euch und in eurer Umgebung harmonische

* Leicht erlernbares, schönes Lied. Unter www.aivanhov.de kann es in der Rubrik »Die Lehre/Gemeinsame Übungen/Singen« online angehört oder beim Prosveta Verlag auf CD gekauft werden.

Formen erschaffen könnt. Wenn man zum Beispiel den Akkord c-e-g spielt, erschafft man eine großartige Form, dieser Akkord ist eine Welt, die geboren wird.

Ein wahrer Eingeweihter kennt und versteht die Musik. Er kann sich ihrer bedienen, um Menschen zu beruhigen, sie zu heilen und sogar, um wilde Tiere zu zähmen, denn die Klangwellen sind eine starke Kraft.[4]

Wenn ihr wüsstet, welch einen Reichtum an Liedern und an Melodien unsere Bruderschaft besitzt, würdet ihr euch darum bemühen, wirklich gut zu singen, zu eurem Nutzen. Das hängt nur von euch ab. Wenn ihr innerlich vorbereitet zu unseren Versammlungen kommt, werdet ihr nach und nach große Veränderungen spüren, denn ihr seid hier von höheren Wesen umgeben, die nur den einen Wunsch haben, an euch zu arbeiten. Wenn ihr euch ihnen öffnet, werden sie gute Samen aussäen, und alles, was bereits in euch ausgesät ist, wird keimen und wachsen. Wenn ihr allein bleibt, könnt ihr die Samen in euch nicht zum Keimen bringen. Es müssen lichtvolle Wesen der unsichtbaren Welt in die Seelen der Menschen kommen, damit die Samen zu wachsen beginnen.

Kennt ihr die Form, die eine Flamme annimmt, wenn man sie in das Schwingungsfeld eines Musikinstruments bringt? Wenn die Flamme sehr fein eingestellt und reguliert ist und man einen sehr reinen Ton zum Beispiel auf einer Geige spielt, dann gleicht die Flamme der Form einer Weizenähre. Produziert man jedoch ein disharmonisches Geräusch, ähnelt sie der Form von Weidelgras, einem Unkraut in Weizenfeldern. Das bedeutet, dass der Mensch, der mit der Weisheit arbeitet (der ewigen Harmonie), mit der Liebe (der ewigen Melodie) und mit der Wahrheit (der ewigen Symphonie, dieser Musik der Sphären, die allein einige große Meister bisher hören konnten), dass dieser Mensch Weizen, Blumen, Früchte und alles Wunderbare im Leben, hervorbringt. Die Gedanken und Gefühle all derjenigen

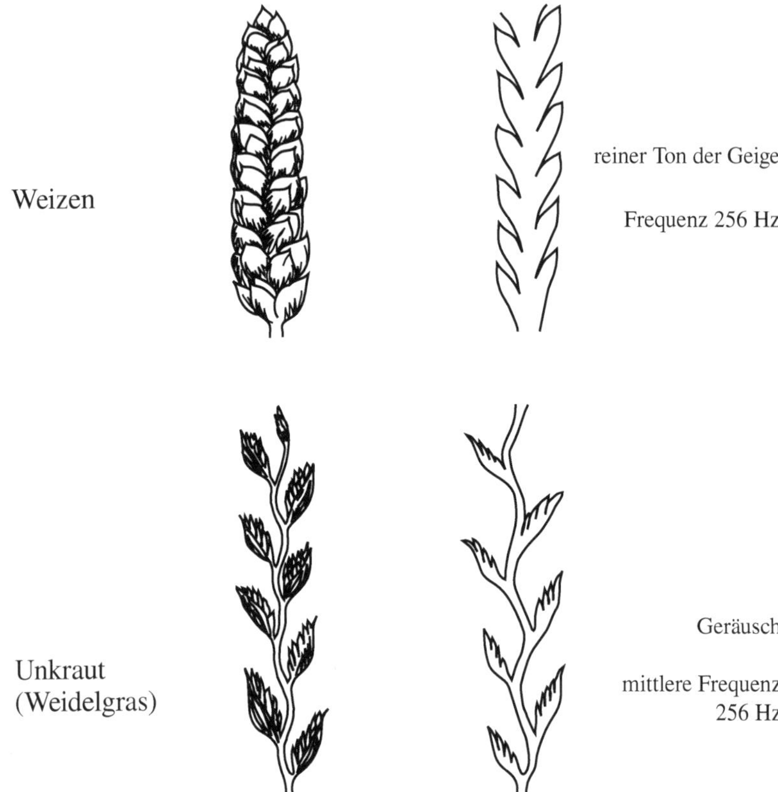


hingegen, die Böses tun, lassen Unkraut entstehen: Dornen, wilde Tiere, giftige Pflanzen. Der Weizen ist das Symbol der reinsten Nahrung, die unseren physischen Körper, unser Herz und unseren Intellekt ernähren sollte.

Unkraut vermindert die Klarheit des Intellektes und stört das Gleichgewicht der Kräfte. All diejenigen, die trunken sind von Vergnügen, von Getränken, Verrücktheiten oder vergänglichem Ruhm, nähren sich von Unkraut. Betrachtet genau die Struktur der Weizenähre und des Weidelgrases und ihr werdet eine Fülle von Erkenntnissen gewinnen. Das Klangbild der Ähre des Weidelgrases ist gewunden, langgezogen, leicht spelzig und wirkt unruhig; das der Weizenähre ist kompakt, gradlinig und wirkt harmonisch geschlossen.

Es heißt in dem Gleichnis: »Während die Leute schliefen, kam sein Feind und säte Unkraut.« Genau das geschieht überall in der Welt, wo Menschen finstere Gedanken und Gefühle aussenden, die schädliche Wirkungen in den Seelen hervorrufen. Blumen und Früchte werden von den Engeln, den Erzengeln und den Gottheiten hervorgebracht: Ihre Gesänge, ihre Gefühle, ihre Gedanken durchdringen unsere Atmosphäre und lassen all das entstehen, was am besten, am schönsten und am spirituellsten auf der Erde ist. Genauso steigern die gerechten und die guten Menschen die Ernte von Früchten und Weizen, das Unkraut hingegen wird von Menschen hervorgebracht, die Gedanken und Gefühle der Eifersucht, des Hasses und der Rachsucht nähren. Wenn es eine große Zahl von guten und reinen Menschen gäbe, wäre das die Fülle. Leider sind jedoch viele Menschen damit beschäftigt, eine große Anzahl von zerstörerischen Gedanken und Gefühlen in die Welt zu setzen, und das Unkraut findet sich überall: in der Philosophie, den Wissenschaften, der Erziehung, der Literatur, den Künsten.

Ich werde euch zeigen, was noch dem Unkraut gleicht. Gebt mir ein Geldstück. Ihr seht, ich stecke es in diesen Umschlag, den ich in einem zweiten Umschlag verschließe. Ich klopfe dreimal darauf, und das Geldstück ist pulverisiert. Das ist verblüffend, nicht wahr? Zum Trost für die Person, die mir das Geldstück lieh, werde ich es wiederherstellen. Ich gebe das Pulver in die beiden Umschläge zurück, mache ein magisches Zeichen und hopp – da ist das Geldstück wieder! Dummerweise ist das nur ein Taschenspielertrick und eure Bewunderung ist nicht gerechtfertigt. Genau so trefft ihr in der Welt auf Leute, die euch mit Tricks und Lügen zu blenden versuchen, indem sie euch großartige Versprechungen machen, die sie niemals halten. Ja, wie viele Menschen geben euch Unkraut zu essen und wollen euch davon überzeugen, dass es Weizen ist!

Ihr müsst wissen, und das ist sehr wichtig, dass eine Philosophie oder eine Lehre, die euch nicht zugleich innere Erweiterung, Kraft, Licht und Liebe bringt, nichts als Unkraut ist, denn der Weizen muss euch nähren, euch stark machen, damit ihr voller Licht, Liebe und glücklich seid.

Der Weizen ist das Symbol der Vollkommenheit unter den Pflanzen. Verfolgt daher einmal seine Lebensgeschichte: Er wird von den Menschen geschnitten, in Garben gebunden, gedroschen und in die Mühle gebracht, um dort vom Mühlrad vermahlen zu werden. Wenn er zu Mehl geworden ist, mischt man ihn mit Wasser, knetet ihn lange, und legt ihn dann in den Ofen, wo er vom Feuer gebacken wird. Und wenn er denkt, diese Serie von Prüfungen hätte ihr Ende erreicht, fangen die Zähne der Menschen an, ihn zu zerkauen. Wie viele Mysterien liegen im Leben des Weizens verborgen! Die Evolution des Menschen läuft nach dem gleichen Prozess ab, bis zu dem Moment, wo er, wie der Weizen, schließlich bereit sein wird, zum Heil der Menschheit geopfert zu werden.

Wenn ihr Brot esst, erzählt das Weizenkorn eurem Unterbewusstsein seine Geschichte. Es sagt euch: »Seid geduldig! Gott ist gut und Er wird euch durch all eure Prüfungen führen. Fasst Mut! Ich, das kleine Weizenkorn, ich bin da, um euch zu helfen. Ich gebe euch Leben, Kraft und Freude. Nehmt euch an mir ein Beispiel; ich bin sehr klein, aber ich ernähre die ganze Welt; ihr hingegen, die ihr groß seid, ihr schafft es nicht, jemand anderen als euch selbst zu ernähren, ohne dass ihr euch beklagt und dagegen auflehnt. Glaubt ihr, dass ich nicht auch von Unkraut umgeben war? Dennoch habe ich nichts gesagt, ich habe alles ertragen.«[5]

Eine Überlieferung berichtet, dass Venus der Erde den Weizen und die Bienen gegeben habe, aber dass die Erde aus

Eifersucht das Unkraut und die Wespen hervorgebracht habe.

Es gibt eine sehr schöne Erzählung von Tolstoi, die auf einer Legende vom Weizenkorn beruht. Als ich Schuldirektor in Bulgarien war, hatte ich die Idee, ein Theaterstück daraus zu machen, das ich von meinen Schülern aufführen ließ. Diese Legende erzählt, dass ein König eines Tages ein Samenkorn von der Größe einer Haselnuss aufsammelte, dessen Herkunft er nicht herausfinden konnte. Er zog das Wissen all der Weisen seines Hofes zu Rate, aber keiner konnte ihm sagen, woher dieses Samenkorn stammte. Unterdessen erfuhr er, dass in seinem Königreich ein sehr alter Mann lebte, der ihn vielleicht aufklären könnte. Der König ließ diesen Mann suchen, der auf zwei Krücken gestützt daherkam und fast blind war. Der Alte betrachtete lange das Samenkorn und sagte schließlich: »Majestät, ich weiß nicht, was dieses große Samenkorn ist, aber wenn ihr mir erlaubt, werde ich meinen Vater rufen, der sich vielleicht erinnern wird, Vergleichbares gesehen zu haben.« Der Vater kam an, nur mit einer Krücke und noch rüstig. Er war sehr wütend, weil sein eigener Vater ihn unter dem Vorwand geschlagen hatte, dass er nicht genügend arbeiten würde. Man zeigte ihm das Samenkorn, aber er konnte dem König nicht helfen. Er schlug daher seinerseits vor, seinen Vater kommen zu lassen. Dieser kam auch alsbald; er sah jung, rüstig, fröhlich und so weiter aus. Er nahm das Samenkorn und rief aus: »Aber das ist ein Weizenkorn, von dem Weizen, der in meiner Jugend wuchs; zu jener Zeit hatte der Weizen noch sehr große Samenkörner, aber seit die Menschen angefangen haben, einander zu bekämpfen, sich zu bestehlen und umzubringen, sind die Weizenkörner immer kleiner geworden. Und ihr seht mich nur deshalb so rüstig und jünger als mein Sohn und mein Enkel, weil ich weiterhin nach den Regeln der Ehrlichkeit und der Güte lebe, die in meiner Jugend herrschten.« Dieses Stück wurde ein großer Erfolg.

Heutzutage versuchen die Menschen das Unkraut auszureißen, aber sie zerstören alles, was daneben an Gutem wächst, und das ist schade. Die einzig wirksame Lehre ist die Lehre des Weizens. Aber die Welt wird das Geheimnis des Weizens erst begreifen, wenn aller Weizen zerstört sein wird und sie kein Brot mehr haben werden. Die Menschen werden also erst durch das Leiden begreifen, was die andere Methode bedeutet, die der Liebe.

Es ist nicht unsere Aufgabe, die Bösen auszumerzen, es ist allein Gottes Sache, Gerechtigkeit walten zu lassen. Wir selbst sollen uns einzig mit dem Guten befassen, wir sollen das Gute erforschen und für es arbeiten. Je mehr wir die spirituelle Macht des Guten verstärken, desto mehr werden die Bösen dadurch begrenzt. Die höheren Kräfte können die Bösen umwandeln, aber wir sind dazu nicht fähig. Wenn wir nicht in Kontakt mit dem Geist Gottes treten, sind wir machtlos gegenüber dem Bösen, und wir verstärken es noch, bis wir ihm sogar die Macht geben, uns zu zerstören.

Es wird die Zeit der Ernte kommen, dann wird das Böse in der Welt von der Erde absorbiert werden. Ihr wisst nicht, meine lieben Brüder und Schwestern, was für eine Arbeit sich in den Regionen des Geistes vollzieht. Erhabene Wesenheiten haben den Auftrag erhalten, auf die Erde herabzusteigen, um dort Ordnung zu schaffen, und während sie herabsteigen, vertreiben sie aus der unsichtbaren Welt die finsteren Wesenheiten, die entfliehen und bei den Tieren und den Menschen Zuflucht suchen werden. Auf diese Weise empfangen all diejenigen, die für das Böse offen sind, diese finsteren Wesenheiten, die sie dazu drängen, in Unordnung und Anarchie zu handeln. Und das wird so weitergehen, bis zur Auslöschung all dessen, was böse ist. Die Erde hat die Aufgabe, das Böse aufzunehmen und zu verschlingen, so wie es in der Apokalypse steht, wo Johannes vom Drachen (dem Bösen) spricht, der gebunden und in den Abgrund geworfen wird. Und nur weil die Menschen diese finsteren Wesenheiten auf der Flucht aufnehmen, gibt es so viele Verbrechen auf der Erde. Das ist auch der Grund, warum wir keine Tiere essen sollen: weil sie ein Gefäß für niedere Wesenheiten sein können.

Man täuscht sich, wenn man glaubt, einen Verbrecher loswerden zu können, indem man ihn tötet; denn einmal tot, begibt er sich auf die Astral-Ebene und auf die niedere Mental-Ebene und verstärkt dort das Böse. Er will sich rächen, und so ist er noch gefährlicher, denn er schleicht sich in die Köpfe der Menschen ein, um sie zu Verbrechen anzustiften. Auf diese Weise realisiert er durch sie seine üblen Pläne. Er hat sogar noch mehr Handlungsmöglichkeiten als vor seinem Tod, da er ja nicht mehr begrenzt ist und durch zahlreiche Personen wirken kann. Solange eine ekelhaft riechende Flüssigkeit in einem Glasbehälter eingeschlossen ist, kann der Geruch sich nicht verbreiten, aber öffnet den Behälter und der Gestank breitet sich im ganzen Haus aus. Ist also ein Verbrecher lebendig, bleibt er in seinem Körper eingeschlossen, aber sobald er tot ist, ist er frei, und sein Geist wird eine große Zahl von menschlichen Gehirnen aufsuchen, um sie zu beeinflussen. Man dürfte die Verbrecher nicht zum Tode verurteilen, wegen der Folgeerscheinungen, die dieser Tod im Unsichtbaren hervorruft. Es liegt an uns, die Lebensbedingungen so zu organisieren, dass es keine Verbrecher mehr zu geben bräuchte. Eine Philosophie, eine Erziehung, die nicht auf spirituelle Gesetze gegründet ist, gleicht einem Sumpf, und ein Sumpf kann nur Mücken hervorbringen. Niemals wird die Zahl der Verbrecher zurückgehen, wenn man sich nicht entschließt, das soziale Leben auf Prinzipien zu gründen, die bereits in der Natur selbst existieren.

Man darf die Kriminellen weder töten noch in Freiheit lassen, sondern muss sie beschäftigen, ihnen Arbeit geben. Die größten Verbrecher können durch die Gesetze von Liebe, Weisheit und Wahrheit verwandelt werden. Wenn wir sie nicht verwandeln können, heißt das, dass wir weder Liebe noch Weisheit noch

Wahrheit besitzen. Wie konnte Pestalozzi, der weder ein großer Meister noch ein Eingeweihter war, die wahre pädagogische Methode entdecken? Er war einer der größten Pädagogen; er sammelte straffällige Kinder auf und verwandelte sie durch die Liebe. Er hat die wahren pädagogischen Gesetze herausgefunden, weil er die Menschen liebte, sie zu verwandeln wünschte und dafür Opfer brachte. Man kann die Menschen nicht ändern, wenn man für sie keine Opfer bringen will. Heutzutage suchen alle das, was leicht und angenehm ist und hoffen darauf, große Ergebnisse zu erzielen, möglichst ohne Anstrengungen. Leider existiert dieses Gesetz in der Natur nicht. Die Natur sagt im Gegenteil: »Wenn man wenig gibt, weiß man wenig und man empfängt wenig.« Es existiert kein anderes Gesetz: Je mehr wir unser Herz, unseren Intellekt und unseren Willen der göttlichen Ursache überlassen, desto mehr empfangen wir an Weisheit, Liebe und Wahrheit. Je mehr wir uns der höheren Welt weihen, desto mehr Freude, Freiheit, Reichtum und Segnungen empfangen wir. So sieht die Realität aus.

Ich wiederhole: »Eine Zeit wird kommen, und sie ist schon nah, wo das Böse von der Erde gejagt wird, Erzengel Michael wird den Drachen in Ketten legen und für tausend Jahre einsperren.[6] Das wird die Stunde der Ernte sein.« Alles, was in uns böse ist, ist mit dem kosmischen Bösen verbunden, und sobald dieses (in Form des Drachen) unter die Erde hinabsteigen wird, wird es all das Böse, das in uns ist, mit sich fortreißen. Und dann wird es ein großes Wehklagen und Zähneknirschen geben, denn diese Reinigung wird sich in einer großen Hitze und unter großen Leiden vollziehen. Die unsichtbare Welt wird ein Feuer senden, um die Welt zu reinigen. Dann wird es eine Trennung in uns geben zwischen dem Unkraut und dem Weizen. Gegenwärtig befindet sich die Erde bereits im Zeichen des Feuers und wer viel Unkraut in sich besitzt, wird enorm unter ihm leiden, denn das Feuer, das kommt, wird überall eindringen. Wer aber Weizen besitzt, wird sich freuen und einer Lampe gleichen, deren Flamme immer heller wird, weil dieses Feuer vom Himmel, welches das Unkraut verbrennen wird, die Söhne des Gottesreiches erleuchten wird.*

Paris, 21. Mai 1938

Anmerkungen

1. Siehe auch Band 5 der Reihe Gesamtwerke »Die Kräfte des Lebens«, Kap. 3: »Gut und Böse«.
2. Siehe auch Band 5 der Reihe Gesamtwerke »Die Kräfte des Lebens«, Kap. 4: »Der Kampf mit dem Drachen«.
3. Siehe auch Band 229 der Reihe Izvor »Der Weg der Stille«, Kap. 1: »Lärm und Stille« und Kap. 7: »Harmonie als Voraussetzung der inneren Stille«.
4. Siehe auch Band 306 der Reihe Broschüren »Musik und der Gesang im spirituellen Leben«.
5. Siehe auch Band 242 der Reihe Izvor »Unerschöpfliche Quellen der Freude«, Kap. 5: »In der Schule des Lebens: Die Lektionen der kosmischen Intelligenz«.
6. Siehe auch Band 230 der Reihe Izvor »Die himmlische Stadt – Kommentare zur Apokalypse«, Kap. 9: »Erzengel Michael streckt den Drachen nieder« und Kap. 15: »Der für tausend Jahre gefesselte Drache«.

* Dieser Vortrag wurde vor dem zweiten Weltkrieg gehalten und die Andeutungen des Feuers sind zweifach: Einerseits das physische Feuer, das des Krieges, und andererseits das innere, psychische Feuer (Anmerkung des Herausgebers).

*Kapitel 9*

# Die spirituelle Alchimie

Ich werde euch zwei Passagen aus der Bibel vorlesen: zunächst einen Auszug aus dem 2. Buch Mose und dann einen Auszug aus dem Johannesevangelium.

»Und der Herr sprach zu Mose und Aaron: Wenn der Pharao zu euch sagen wird: Weist euch aus durch ein Wunder!, so sollst du zu Aaron sagen: Nimm deinen Stab und wirf ihn hin vor dem Pharao, dass er zur Schlange werde! Da gingen Mose und Aaron hinein zum Pharao und taten, wie ihnen der Herr geboten hatte. Und Aaron warf seinen Stab hin vor dem Pharao und vor seinen Großen, und er ward zur Schlange. Da ließ der Pharao die Weisen und Zauberer rufen, und die ägyptischen Zauberer taten ebenso mit ihren Künsten: Ein jeder warf seinen Stab hin, da wurden Schlangen daraus; aber Aarons Stab verschlang ihre Stäbe. Aber das Herz des Pharao wurde verstockt, und er hörte nicht auf sie, wie der Herr gesagt hatte. […]

Und der Herr sprach zu Mose: Sage Aaron: Nimm deinen Stab und recke deine Hand aus über die Wasser in Ägypten, über ihre Ströme und Kanäle und Sümpfe und über alle Wasserstellen, dass sie zu Blut werden, und es sei Blut in ganz Ägyptenland, selbst in den hölzernen und steinernen Gefäßen. Mose und Aaron taten, wie ihnen der Herr geboten hatte, und Mose hob den Stab und schlug ins Wasser, das im Nil war, vor dem Pharao und seinen Großen. Und alles Wasser im Strom wurde in Blut verwandelt. Und die Fische im Strom starben, und der Strom wurde stinkend, so dass die Ägypter das Wasser aus dem Nil nicht trinken konnten; und es war Blut in ganz Ägyptenland.«

Mose 7,8-13 und 19-21

»Und am dritten Tage war eine Hochzeit zu Kana in Galiläa, und die Mutter Jesu war da. Jesus aber und seine Jünger waren auch zur Hochzeit geladen. Und als der Wein ausging, spricht die Mutter Jesu zu ihm: Sie haben keinen Wein mehr. Jesus spricht zu ihr: Was geht's dich an, Frau, was ich tue? Meine Stunde ist noch nicht gekommen. Seine Mutter spricht zu den Dienern: Was er euch sagt, das tut. Es standen aber dort sechs steinerne Wasserkrüge für die Reinigung nach jüdischer Sitte und in jeden gingen zwei oder drei Maße. Jesus spricht zu ihnen: Füllet die Wasserkrüge mit Wasser! Und sie füllten sie bis obenan. Und er spricht zu ihnen: Schöpft nun und bringt dem Speisemeister! Und sie brachten es ihm. Als aber der Speisemeister den Wein kostete, der Wasser gewesen war, und nicht wusste, woher er kam – die Diener aber wussten es, die das Wasser geschöpft hatten –, ruft der Speisemeister den Bräutigam und spricht zu ihm: Jedermann gibt zuerst den guten Wein, und wenn sie betrunken werden, den geringern; du aber hast den guten Wein bis jetzt zurückbehalten.

Das ist das erste Zeichen, das Jesus tat, geschehen in Kana in Galiläa, und er offenbarte seine Herrlichkeit. Und seine Jünger glaubten an ihn.«

Jh 2,1-11

Gestern habe ich euch das Gleichnis vom Unkraut und vom Weizen eingehend erklärt. Ich habe euch das Unkraut und den Weizen als Symbole des Guten und des Bösen dargestellt, und ich habe euch gesagt, dass sie in der Welt so eng miteinander verbunden sind, dass wir Gefahr laufen, auch den Weizen auszureißen, wenn wir das Unkraut vernichten wollen. Sie müssen daher zusammen bleiben bis zur Stunde der Ernte.

Heute möchte ich diese Symbole Unkraut und Weizen wieder aufgreifen und sie ganz besonders auf den Menschen übertragen.

Das Unkraut ist das Symbol unserer niederen Natur. Diese Natur ist nicht wirklich schlecht, sie erfüllt ihre Funktionen und man kann ihr keinen Vorwurf machen. In dieser niederen Natur finden sich dennoch günstige Bedingungen für die Entfaltung schädlicher Keime, die der Feind der Menschheit, der Geist des Bösen, aussäen konnte. Die niedere Natur beinhaltet ein Element, das sie gleich einem Krebsgeschwür anfrisst, das ihre vitalen Kräfte trinkt, sodass der menschliche Geist sie letztlich notgedrungen verlassen muss, um sich zu befreien. Die Ernte, von der uns die Evangelien berichten, kommt daher für jeden Menschen ganz individuell zum Zeitpunkt seines Todes, aber sie wird eines Tages auch kollektiv für die ganze Menschheit stattfinden.

Religionsvertreter und Moralisten täuschen sich, wenn sie empfehlen, das Böse und die Laster auszureißen, denn man hat auf diese Weise noch nie gute Ergebnisse erzielen können. Die Äste eines Baumes sind mit den Wurzeln verbunden und sie vertrocknen, wenn man die Wurzeln abtrennt. Und in gleicher Weise sind unsere höheren Zustände an das Vorhandensein von Wurzeln in uns gebunden. Wenn wir gewissen Zellen in uns die Freiheit gewähren, sich zu verselbständigen, würden wir in großes Chaos geführt werden, aber das bedeutet nicht, dass wir sie ausreißen müssen, damit wir nicht mitgezogen werden. Im Gegenteil, sie sind da, damit wir aus ihnen Kräfte schöpfen können, denn die Organe, die sich unterhalb des Zwerchfells befinden, stellen große Fabriken dar, welche die für die Arbeit des Geistes notwendigen Materialien und Energien produzieren. Viele Religionsvertreter meinen, die

Sexualkraft sei etwas Schlechtes, und um sich nicht von ihr mitreißen zu lassen, raten sie, wie Eunuchen zu werden. Aber diejenigen, die diesen Ratschlägen folgen, sind danach unfähig, im Leben zu handeln. Sie verstehen nichts, weder von der Wissenschaft noch von der Philosophie oder von den Künsten, denn sie sind der Inspiration beraubt.[1]

Die Inspiration, wie etwa die Freude beim Anblick von Schönheit, kommt von der Sexualkraft, die nicht, wie man meint, eine teuflische Kraft ist. Man hat das Böse in uns durch die Schlange symbolisiert; aber diese ist nur für die Unwissenden schädlich, für die Bösen und für diejenigen, die den Willen Gottes nicht erfüllen. Den Eingeweihten dient sie auf vollkommene Weise. Die Kabbala lehrt, dass der unreine Geist die Form einer Schlange angenommen hat, um die ersten Menschen zu versuchen. Der Name dieses Geistes war Samael. Die ersten Menschen im Paradies studierten die Eigenschaften der Elemente (symbolisiert durch die Bäume im Garten Eden), aber sie waren weder fähig, das Gift zu neutralisieren, das der unreine Geist zunächst Eva injizierte, noch sich dagegen zu wehren.

Im Leben müssen die Menschen ertragen, dass sie fortwährend Injektionen aller möglichen Gifte ausgesetzt sind; manche reagieren richtig, andere hingegen werden krank. Es ist genauso wie bei Insektenstichen. Es gibt Leute, bei denen der einfache Stich einer Mücke, eines Flohs oder einer Wespe einen elenden Zustand auslöst, und andere, die das kaum spüren, sie sind unverwundbar, wie der Igel, der sogar gegen Schlangenbisse unempfindlich ist. Nun, warum können die einen reagieren, sich verteidigen und die schädlichen Substanzen neutralisieren und die anderen nicht? Wenn ihr Flöhe und Wanzen diesbezüglich nach ihrer Meinung fragt, werden sie euch sagen, dass nach ihren wissenschaftlichen Studien das Blut von unreinen Personen köstlich für sie ist, hingegen das der anderen einen widerlichen Geschmack hat.

Und warum werden manche Personen krank, weil einige negative Worte gegen sie geäußert wurden, während andere nicht einmal das Gift einer Beleidigung oder einer Beschimpfung spüren, die man ihnen zu injizieren versucht...?

Die Verse, die ich euch zu Anfang vorgelesen habe und wo es heißt, der Stab Aarons habe sich in eine Schlange verwandelt und wieder zurück in einen Zauberstab, birgt Geheimnisse der höchsten Einweihungsstufe. Die Schlange wurde immer gleichzeitig als Symbol für den Geist des Bösen und für den Geist der Weisheit betrachtet. Ihr kennt den Hermesstab: Das ist ein Stab, um den sich zwei ineinander verschlungene Schlangen winden.[2]

Für die Eingeweihten repräsentiert die erste Schlange des Stabes die Sexualkraft, die Ursache des Bösen, und die zweite ist das Symbol der Umwandlung und der Sublimierung dieser Kraft in eine höhere Ebene, nämlich Weisheit und Hellsicht. Aus diesem Grund sind die Pharaonen des Alten Ägypten oft mit einer kleinen Schlange dargestellt, die zwischen ihren beiden Augen hervorkommt. Das bedeutete, dass sie die Sexualkraft umgewandelt hatten, indem sie diese bis zum Gehirn aufsteigen ließen. Diese umgewandelte Kraft gibt den Eingeweihten die Möglichkeit, einen Blick auf die Feinstofflichkeit der überirdischen Regionen zu werfen. In bestimmten Religionen der Antike gab es den Schlangenkult und man bediente sich ihrer als Orakel. In Delphi zum Beispiel sagte man, dass die Pythia unter der Eingebung einer Pythonschlange weissagte. Das Symbol einer spiralförmig eingerollten Schlange oder das einer Schlange, die sich in den Schwanz beißt, stammt aus einer sehr weit in die Vergangenheit reichenden Überlieferung. Die Weisen, die um die Gesetze wissen, und auch die Methoden kennen, wie man die Kraft umwandelt, die in jedem Menschen schläft, werden zu Schlangen, das heißt zu vernünftigen, klugen Wesen. In Indien werden die Weisen »Nagi«, Schlangen, genannt, um zu zeigen, dass die Kräfte des Bösen segensreich werden können, wenn der Mensch sie zu transformieren weiß. Die Schlange in uns befindet sich in der Wirbelsäule. Am unteren Ende der Wirbelsäule schläft die Kraft der Kundalinischlange, die bei einem Eingeweihten, der weiß, wie man sie erweckt, Wunder vollbringen kann.[3]

Das Gift ist eine kondensierte, sehr mächtige Materie. Es war den ersten Menschen verboten, von den Früchten vom Baum der Erkenntnis des Guten und des Bösen zu essen, denn diese enthielten Elemente, die sie noch nicht ertragen konnten; sie mussten warten. In gewisser Weise war das Paradies ein alchimistisches Laboratorium, und die ersten Menschen waren Alchimisten, welche die großen Geheimnisse der Natur erforschen wollten. Aber sie waren neugierig und hatten es zu eilig, sie machten verfrühte Erfahrungen, wie viele dieser »Zauberlehrlinge«, von denen die Geschichte des Okkultismus voll ist. Ihr kennt sicher »Zanoni«, den Roman von Bulwer-Lytton. Eines Nachts, trotz des Verbots seines Meisters Mejnour, betritt Glyndon das Geheimzimmer, wo jener ein Fläschchen mit dem Elixier des unsterblichen Lebens aufbewahrt. Er atmet das Elixier ein und benetzt damit seine Schläfen... Aber nach einigen Sekunden großartiger Empfindungen findet er sich plötzlich einem schrecklichen Ungeheuer gegenüber, dem Hüter der Schwelle, dessen Anblick er nicht ertragen kann, und er fällt in Ohnmacht. Von da an verfolgt durch die Gegenwart dieses Ungeheuers, wäre Glyndon verrückt geworden, wenn er nicht durch Zanoni befreit worden wäre... Auf diese Weise stürzen sich zahllose Okkultisten, ohne sich über lange Zeit durch Meditation, Gebete und Reinigungsübungen vorbereitet zu haben, auf die großen Mysterien der Natur, mit der Ausrede, ihre Hellsicht und ihre magischen Kräfte entwickeln zu wollen, und werden so zur Beute feindseliger Wesenheiten.[4]

Alles ist für die Kinder Gottes vorbereitet. Alles, was Gott geschaffen hat, ist gut, aber zu einer festgesetzten und angemessenen Zeit. Könnt ihr Trauben essen, wenn sie noch unreif sind? Ernährt man ein Kind von wenigen Monaten so, wie man einen Erwachsenen ernährt...?

Daher hatte Gott den ersten Menschen untersagt, die Früchte vom Baum der Erkenntnis des Guten und des Bösen zu kosten. Eva, neugieriger als Adam, betrachtete sie, wagte aber noch nicht, sie zu berühren. Doch in dem Moment erwachte die Schlange in ihrem Rücken, denn es wurde sehr warm. Ihr wisst, dass Schlangen in der Wärme, die sie äußerst beweglich und schnell macht, wach werden. Um sie ungefährlich zu machen, muss man sie der Kälte aussetzen. Doch an diesem Tag im Paradies war es sehr warm (natürlich ist das alles symbolisch zu verstehen) und die in Evas

Wirbelsäule verborgene Schlange erwachte und sagte zu ihr: »Versuch es, koste von dieser Frucht, warum hast du Angst? Wenn du davon isst, wirst du Gott gleich, und nur deshalb verbietet Er sie dir.« Zwar wird Eva aufgrund dieser Frucht Gott gleich werden, was die Schlange jedoch unterlassen hat, ihr zu sagen, das ist, dass das erst nach Milliarden von Jahren voller Leiden, voller Wechselfälle des Lebens und aufeinander folgender Reinkarnationen der Fall sein wird. Eva aß also von der verbotenen Frucht und gab auch Adam davon. Doch ihr Organismus konnte sie nicht vertragen. Gott hatte ihnen gesagt, dass sie sterben würden, sollten sie von dieser Frucht essen. Und sie sind tatsächlich tot, tot in dem Sinne, dass sich in ihnen eine Veränderung des Bewusstseinszustandes vollzogen hat. Vorher waren sie frei, glücklich, leicht, lichtvoll, und sie sind tot in Bezug auf diesen höheren Zustand; sie sind tot für die Freuden und die Lichtfülle des Himmels und sie sind lebendig geworden für die Leiden der Erde.

Ihr habt verstanden, dass die Schlange aus der Genesis auch ein Symbol ist: Das Symbol der Sexualkraft, die im Menschen erwacht ist und der er erlegen ist. Die Schlange erwacht in der Wärme und schläft ein in der Kälte. In allen Leidenschaften werdet ihr Wärme finden: eine Wärme, die alles im Inneren zerstört und verzehrt. In den äquatorialen Wäldern, wo große Hitze herrscht, leben wilde Tiere und Raubtiere. Und wer oft am Äquator (Magen, Sexualität) lebt, stößt auf die Leidenschaften (die Raubtiere), die in ihm entfesselt werden. Wenn ihr jemanden mit dem Feuer der Leidenschaften erwärmt, erweckt ihr in ihm alle diese Raubtiere. Man sollte immer die durch Leidenschaften hervorgerufene Wärme meiden, darum lassen die Eingeweihten ihre Schüler nicht in der Wärme verweilen, sie setzen sie ein wenig der Kälte aus. Hier ein Beispiel: Ihr seid sehr reich und berühmt, ihr lebt also in der Wärme, das heißt im Überfluss und in der Leichtigkeit; in diesem Moment erwacht die Schlange in euch, und wenn ihr euch nicht zu beherrschen wisst, fangt ihr an, euch zu amüsieren, in den Vergnügungen zu leben, und ihr steigt Schritt für Schritt in die Hölle hinab. Deshalb ist es besser, wenn all diejenigen, die schwach sind, nicht zu viele materielle Möglichkeiten haben, damit sie sicher sein können, dass sie auch immer die Schlangen im Inneren beherrschen.

Wärme und Kälte sind zwei okkulte Methoden, mit denen die Eingeweihten arbeiten. In der Kälte gibt es weder Fäulnis noch wilde Tiere. Aber ich spreche hier nicht von der physischen Kälte; unter Kälte verstehe ich den Ort, wo der Tod nicht existiert, wo es niemals Krankheiten gibt. Der Nordpol ist eine Region, von wo aus all die himmlischen Kräfte, die auf der Erde verteilt sind, zu uns kommen. Er ist von den erhabensten Wesen bewohnt, die sehr rein und unsterblich sind. Die Nordlichter sind gelegentliche Manifestationen ihrer Aura. Ihr könnt an meinen Worten zweifeln, aber später wird die Wissenschaft zu diesen Geheimnissen vordringen. Vom spirituellen Standpunkt aus ist der Nordpol das höchste Zentrum, das auf unserer Erdkugel existiert.

Viele haben Angst vor der Sexualkraft, wo doch sie es ist, die alle unsere Zellen ernährt. Sie stellt eine Energie dar, aus der man mit Besonnenheit schöpfen muss, weil sie ein roher Saft ist, der sich in den Zellen umwandelt, und den der Geist dann im ganzen Organismus verteilen muss, in Form von Vitalität auf der physischen Ebene, in Form von Liebe und Freude im Herzen, in Form von Licht und Weisheit im Gehirn. Die Sexualkraft gleicht einem Fluss, aber die Weisen richten überall Mühlen ein, um ihn zu lenken. Sie lassen es nicht zu, dass er sie quält oder sie in Tragödien verwickelt; sie lassen ihn nicht die Städte und Dörfer in ihrem Innern überschwemmen oder verwüsten, sondern sie errichten Fabriken und Bewässerungskanäle und ernten die Früchte, die diese weise verteilte Kraft hervorgebracht hat. Je vernünftiger man in der Verwendung der Sexualkraft ist, desto mehr spirituelle Reichtümer erlangt man. Die beherrschte Sexualkraft gleicht dem Wasser eines großen Flusses, den man kanalisiert hat, um die Felder zu bewässern. Ihr wisst wie viel Reichtum und Macht das alte Ägypten dank des Nils erwarb.

Je mehr man mit Weisheit aus der Sexualkraft schöpft, desto besser begreift man das Reich Gottes, die Engel, die Erzengel und alles, was schön ist im Leben. Alle Eingeweihten sind sich in diesem Punkt einig und sie sagen sogar, dass diese Kraft dazu dient, die Larven der Astralwelt zu nähren, wenn die Menschen sie vergeuden, sie nicht beherrschen. Es sind also die Menschen, welche die niederen Wesenheiten stärken, und dann kreisen diese beständig um sie herum, um ihnen zu schaden, sie zu schwächen, sie auszulaugen, aber sie werden die Letzten sein, die begreifen, dass sie selbst es sind, die ihre Feinde nähren und stärken. Ich kann euch nicht viel über diese Dinge sagen, denn das ist ein heikles Thema, für das jeder seine eigene Lösung finden muss. Ich für meinen Teil gebe euch nur einige Erklärungen und Beispiele, aber es ist an euch, herauszufinden, was zu euch passt. Ich nehme besonders gerne Beispiele aus dem Bereich der Pflanzen, denn dort sind die Gesetze immer sichtbar. Die Pflanzen sind große Alchimisten, und wenn ihr lernen wollt, auf die Materie einzuwirken, müsst ihr die Pflanzen studieren.

Die Methoden, die ich euch offenbare, sind von beträchtlichem Wert für euer ganzes Dasein. Wenn es euch gelingt, mich zu verstehen, werdet ihr den magischen Aaronstab besitzen, der sich in eine Schlange verwandeln wird, um alle die anderen Schlangen zu verschlingen, und ihr werdet unverwundbar. Heute öffne ich vor euch aufs Neue für einen Moment das große Buch der lebendigen Natur und lese euch eine Seite daraus vor. Profitiert davon.

Nehmt wahr, wie angespannt ihr seid, wenn ihr gegen euch selbst kämpft und auf wie viel Schwierigkeiten ihr trefft. Es entbrennt ein schrecklicher Krieg in euch und dieser Krieg stürzt euch in alle möglichen Widersprüche. Ihr betrachtet alle niederen Kräfte in euch zwangsläufig als euren Feind, und ihr wollt alle töten. Aber dieser Feind ist sehr mächtig (denn seit Jahrhunderten stärkt er sich in dem Krieg, den ihr ihm liefert) und mit jedem Tag wird er bedrohlicher. Nehmen wir das Beispiel der Liebe. Man sperrt sich in ein Kloster ein, um dem zu entrinnen, und dann denkt man jeden Tag noch mehr daran. Selbst wenn man sich in die Wüste flüchtet oder in eine Höhle, es nützt nichts. Man liest bestimmte fromme Bücher, man isst eine spezielle Kost, nichts bringt Erfolg. Das zeigt ganz einfach, dass die Grundlage unserer Philosophie falsch ist. Solange wir die Kraft der Liebe als einen zu vernichtenden Feind betrachten, werden wir nicht das geringste dauerhafte Resultat erzielen. Wir schlagen der Hydra einen Kopf ab, aber kurze Zeit später wächst ihr ein neuer, denn die Köpfe wachsen immer nach. Unsere Methoden sind unwirksam, weil wir immer annehmen, dass es Feinde in uns gibt. In uns leben zwar schreckliche Kräfte, aber sie sind nur unsere Feinde, weil wir weder unterrichtet noch gut aufgeklärt noch geduldig sind. Besonders schlecht für uns ist die Tatsache, dass wir keine guten Alchimisten sind mit der Fähigkeit, alles umzuwandeln.

Das, was schlecht ist für die gewöhnlichen Menschen, ist großartig für die Eingeweihten. Ihr meint, Leiden seien schrecklich und abscheulich, aber die Eingeweihten sagen, dass sie die Rohmaterie sind, aus denen sie die für ihre Evolution notwendigen Elemente zubereiten. Die Leiden, über die ihr euch beklagt, sind die unverzichtbaren Farben des Malers. Der Mensch, der nicht bestimmte Leiden erfahren hat, wird nicht die Farben finden, mit denen er bemerkenswerte Werke schaffen kann.

Die Sonne sendet das Licht und das Leben, das die Erde, die Menschen, die Tiere und die Pflanzen aufnehmen. Wir atmen das Leben ein und wir geben unsere Abfälle, unsere Unreinheiten, unsere Sünden zurück, welche die Sonne umwandelt, und uns aufs Neue in Form von Leben zurücksendet. Dieser ununterbrochene Kreislauf zwischen der Erde und der Sonne existiert auch zwischen den gewöhnlichen Menschen und den Eingeweihten. Diese sammeln die Rohmaterialien, wandeln sie um und senden uns Schätze zurück. Wenn wir vernünftig werden wollen, dann sollten wir uns nicht über die Fehler und Schwächen, die wir bei den anderen sehen, beklagen, sondern daran arbeiten, sie umzuwandeln. Indem wir daran arbeiten, die Boshaftigkeiten und Schwächen der Menschen um uns herum umzuwandeln, arbeiten wir für das Reich Gottes, und die Eingeweihten werden uns als Schüler akzeptieren. Sie werden zu uns sagen: »Kommt mit uns, ihr seid jetzt so weit vorbereitet, dass ihr uns helfen könnt, wir brauchen Mitarbeiter.«

Manche werden erwidern: »Schwierigkeiten besiegen, Bosheit und Schwächen von anderen umwandeln, das ist nichts für uns, und wir haben keine Ahnung von Alchimie.« Aber dann frage ich: Wie ist es den Austern gelungen, dieses Problem zu lösen? Es kommt vor, dass ein Sandkorn in eine Muschel gelangt, aber da sie weder Hände noch Füße noch Tentakel hat, kann sie es nicht wieder hinausbefördern. Also fängt sie an nachzudenken, zu meditieren, und eben dadurch wird sie zu einem großen Alchimisten. Sie macht sich daran, eine Substanz abzusondern, mit der sie das Sandkorn umschließt und es in eine Perle verwandelt. Ihr wisst wie sehr man Perlen schätzt, und dabei sind es doch nur eingehüllte Sandkörner. Und wenn wir unsererseits die Hindernisse und Widrigkeiten des Lebens nicht umzuwandeln wissen, zeigt das nur, dass wir weniger fähig und intelligent sind als die Muschel. Jeder Feind, jede Schwierigkeit kann zu einer Perle in unserem Dasein werden. Darum besitzen die Eingeweihten viele Perlen. Wenn wir sie fragen, wie sie es fertiggebracht haben, so reich zu sein und warum sie so viele Perlen an ihre Freunde verschenken, werden sie uns antworten, dass sie das Gesetz verstanden haben, das es ermöglicht, alle Feinde in Freunde zu verwandeln und alle Schwierigkeiten des Lebens in wertvolle Perlen. Erforscht die Arbeit der Muschel. Ihr, ihr habt Füße, Arme, einen Mund, Augen, Ohren, ein Gehirn und so weiter, wie kommt es also, dass ihr noch nicht darauf gekommen seid, wie ihr eine Perle herstellen könnt?

Die Pharisäer, die immer bestrebt waren, mit reichen und in der Gesellschaft angesehenen Menschen in Beziehung zu treten, die die ersten Plätze in Zusammenkünften und Versammlungen verlangten und die Armen gering schätzten, bewiesen damit, dass sie die wahre Alchimie nicht kannten. Sie verstanden nicht, warum Jesus die Gesellschaft von Unwissenden, Sündern und einfachen Leuten suchte. Alle verdammten Maria-Magdalena, aber Jesus empfing sie mit Nachsicht und Sanftmut, denn er kannte das Gesetz der Transmutation, und dank ihm wurde sie zu einer herrlichen Perle, von der man noch heute spricht.

Gestern haben wir die Rolle der Wurzeln, des Stammes, der Äste, der Blätter, der Blüten und der Früchte studiert, und wir haben gesehen, welcher Kategorie von Menschen sie entsprechen. Heute befassen wir uns mit einem anderen Phänomen: dem Aufsteigen des Saftes im Stängel.

All die von den Wurzeln aus dem Boden gezogenen Materialien werden als roher Saft bezeichnet. Dieser von den Wurzelhärchen absorbierte Saft gelangt dann über Kanäle unter der Rinde in den Stamm und weiter zu den Blättern. Dieser Kreislauf des Saftes vollzieht sich aufgrund dreier Mechanismen:

der Osmose – der Kapillarwirkung – der Transpiration.

– Die Osmose ist ein Phänomen der Diffusion von zwei Lösungen verschiedener Konzentration durch die Zellmembranen der Pflanze.

– Die Kapillarwirkung ist die Eigenschaft, welche die sehr feinen Kanäle des Pflanzengewebes besitzen, um Flüssigkeiten zu absorbieren und sie zu den Blättern aufsteigen zu lassen.

– Die Transpiration, das ist die Verdunstung des im Rohsaft enthaltenen Wassers durch das Blatt. Durch Transpiration entsteht ein Sog, der das Aufsteigen des Saftes zu den Blättern begünstigt.

In der Funktion des menschlichen Organismus finden wir diese drei Mechanismen wieder, die Osmose, die Kapillarwirkung und die Transpiration. Osmose und Kapillarwirkung sind sehr wichtig für den Kreislauf, die Verdauung und die Atmung. Was nun die Transpiration angeht, so werde ich darauf etwas genauer eingehen, denn ich spüre, dass ihr deren ganze Bedeutung noch nicht verstanden habt.

Ihr wisst, dass Schweiß dieselbe Zusammensetzung hat wie Urin, nur wesentlich verdünnter. Somit macht die Haut, die den Schweiß durch die Poren absondert, dieselbe Arbeit wie die Nieren, und durch das Schwitzen säubert, reinigt sich der Mensch. Es gibt mehrere Methoden des Schwitzens, aber ich empfehle euch eine sehr einfache: heißes Wasser trinken. Ihr bringt Wasser zum Kochen und trinkt es so heiß wie möglich. Das heiße Wasser dringt durch Osmose in alle Kanäle, weitet sie, steigt auf durch die Kapillarwirkung und bewirkt die Transpiration durch die Poren. Indem man so transpiriert, fühlt man sich erneuert, gereinigt und gestärkt. Schwitzen ist wesentlich für die Gesundheit. Ihr spürt zum Beispiel, dass ihr euch erkältet habt und dass ihr zu fiebern beginnt, dann könnt ihr euch durch Schwitzen heilen, indem ihr mehrere Schalen sehr heißes Wasser trinkt, das euch helfen wird, die Giftstoffe auszuscheiden.

Aber die physische Transpiration genügt nicht. Seele und Geist müssen auch transpirieren. Es ist die Liebe, dieses spirituelle Wasser, das die Seele zum Transpirieren bringt; und es ist die Weisheit, dieses göttliche Wasser, das den Geist zum Transpirieren bringt. Natürlich muss man den Begriff »Transpiration« sehr weit gefasst verstehen. Transpiration ist das Symbol für einen vollkommenen Austausch, der zwischen dem Mikrokosmos (dem Menschen) und dem Makrokosmos (dem Universum) stattfindet. Im Physischen vollzieht sich dieser Austausch durch die Haut: Durch die Haut geben wir Unreinheiten ab und nehmen Energien auf. Aber auf feinstofflicher Ebene vollzieht sich dieser Austausch durch die Aura, unsere spirituelle Haut. Wenn ich also sage, dass unsere Seele und unser Geist transpirieren müssen, so wie unser physischer Körper, meine ich damit den Austausch, den wir auf den feinstofflichen Ebenen pflegen müssen.

In einem anderen Vortrag[5] habe ich euch aus symbolischer Sicht die Bedeutung der drei Pigmente (Chlorophyll, Karotin und Xanthophyll) interpretiert, die unter der Einwirkung von Licht den Vorgang der Assimilation in der Pflanze ermöglichen. Das Chlorophyll ist grün, das Karotin ist rotorange und das Xanthophyll ist gelb. Wenn wir jetzt ihre komplementären Farben nehmen: Das Rot, das Blau und das Violett, finden wir das Dreieck wieder, das die drei Prinzipien Wille, Herz und Intellekt repräsentiert. Diese drei Prinzipien entsprechen in unserem Organismus dem Magen, dem Herzen (mit den Lungen) und dem Gehirn, das heißt, den Bereichen Ernährung, Atmung und Denkvermögen.

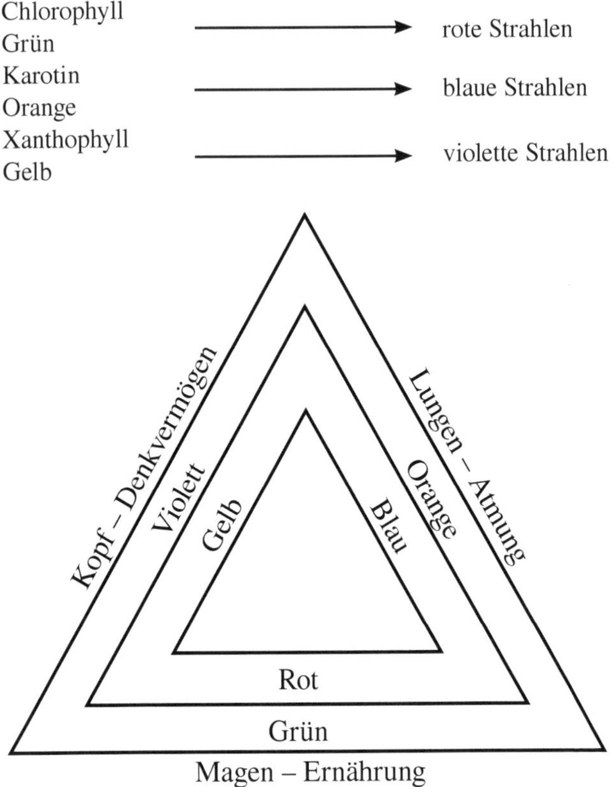


Rekapitulieren wir:

Chlorophyll – Magen – Ernährung
Karotin – Herz und Lungen – Atmung
Xanthophyll – Gehirn – Denkvermögen

Wenn wir essen, zieht unser Magen, der mit der grünen Farbe arbeitet, die roten Strahlen an. Rot ist das Symbol von Energie, von Leben. Durch eine gute Ernährung nehmen die Vitalkräfte zu, das Grün und das Rot sind vereint.

Wenn wir atmen, ziehen unsere Lungen, die mit der Farbe orange arbeiten, die blauen Strahlen an. Blau, das ist Frieden, Harmonie. Dank einer harmonischen, rhythmischen Atmung spüren wir, wie Ruhe und Frieden sich in uns ausbreiten: Orange und Blau sind vereint.

Wenn wir meditieren, zieht unser Gehirn, das mit der gelben Farbe arbeitet, die violetten Strahlen an. Violett ist die Farbe höchster Spiritualität. Durch die Meditation verbinden wir uns mit der Gottheit: Das Gelb vereint sich mit dem Violett.

Wenn ihr mich jetzt richtig verstanden habt, besitzt ihr das Mittel, ein guter Alchimist zu werden, indem ihr den Rohsaft in euch umwandelt, das heißt, die lichtlosen Gedanken, die Gefühle ohne Wärme und die chaotischen und ungeordneten Handlungen. Indem ihr euren Rohsaft der Wirkung von drei Prozessen unterwerft, der Ernährung, der Atmung und der Überlegung, verwandelt er sich in verarbeiteten Saft und wird den ganzen Organismus nähren. Damit aber diese Prozesse der Verdauung, der Atmung und des Denkens sich korrekt vollziehen, muss man für jeden von ihnen eine bestimmte Regel beachten.

Damit die Verdauung sich vollkommen vollzieht, muss sie innerhalb der Grenzen des Lebens bleiben.
Damit die Atmung sich vollkommen vollzieht, muss sie innerhalb der Grenzen der Liebe bleiben.
Damit das Denken sich vollkommen vollzieht, muss es innerhalb der Grenzen der Weisheit bleiben.
Aus dem Vorangegangenen kann man schließen:
die Verdauung ist eine Arbeit an den Materialien der physischen Ebene;
die Atmung ist eine Arbeit an den Materialien der spirituellen Ebene;
die Meditation ist eine Arbeit an den Materialien der göttlichen Ebene.

In diesen drei grundlegenden Prozessen hat die Natur die mächtigsten Mittel verborgen, dank derer es dem Menschen möglich ist, sein Leben umzuwandeln. Leider suchen die Menschen, um bei guter physischer und moralischer Gesundheit zu sein, immer nach anderen Methoden, die sich von denen unterscheiden, welche die Natur vorgibt. Aber sie finden nichts, denn weder Pillen noch Spritzen oder Arzneien sind wirksam. Man will die Natur überlisten, weil man ihre Methoden schwierig anzuwenden findet, und man sucht daher nach Mitteln, um seinen Zustand ohne Anstrengung oder Arbeit zu verbessern. Manchmal, wenn der Tod vor der Tür steht, wenn seine Bank Konkurs gemacht hat, sagt der Mensch, er habe endlich verstanden. Das ist möglich, aber es ist zu spät, die Stunde, um die Erde zu verlassen, ist bereits eingeläutet. Alle warten sie so lange bis sie alt sind, um dann zu versuchen, Gott mit ein paar Kerzen, die sie in der Kirche anzünden, zu kaufen, damit sie schließlich im Paradies aufgenommen werden. Solange sie jung sind, vergeuden sie ihre Kräfte auf dumme Weise mit Torheiten. Sie warten bis sie alt und schwach sind, um an Gott zu denken, und sie bilden sich ein, es genüge, im letzten Moment zu bereuen, um zu Seiner Rechten zu sitzen. Nein, man muss von nun an verstehen, dass die einzige Heilmethode darin besteht, aufrichtig lernen und an sich selbst arbeiten zu wollen, um den Willen Gottes zu erfüllen.

Während seines irdischen Lebens tut der Mensch nichts anderes, als die Materie umzuwandeln: Er wandelt die Nahrung, die er isst, um in Blut, Nerven, Muskeln, Knochen, Zähne, Nägel, Haare, doch er ist nur ein unbewusster Alchimist.

In den alchimistischen Abhandlungen heißt es, dass das Silber in Gold verwandelt werden muss. Hinter diesen beiden Symbolen Silber und Gold, das heißt Mond und Sonne, sind die tiefgründigsten Geheimnisse verborgen. In anderen Passagen ist die Rede vom Umwandeln des Feuers in Luft, der Luft in

Wasser und des Wassers in Erde... Die Alchimisten verwendeten zahlreiche Varianten, um dieselbe Wahrheit auszudrücken. Die Flüsse in Blut verwandeln, wie Aaron es tat, das Wasser in Wein verwandeln, wie Jesus es auf der Hochzeit zu Kana tat, das ist dieselbe und einzige Wahrheit, ausgedrückt in unterschiedlicher Form. Das Wasser ist von grüner Farbe, und die grüne Farbe muss sich in Rot verwandeln, in Blut, in Wein. Ihr vollbringt jeden Tag diese Transmutation ohne dass ihr es bemerkt. Silber in Gold verwandeln, den Mond in die Sonne, das Grün in Rot, bedeutet, all das, was vergänglich, flüchtig und illusorisch ist, in etwas Solides, Unveränderliches, Wertvolles zu verwandeln. Damit einem das gelingt, muss man sich eingehend mit den Gesetzen der Transmutation befasst haben. Man muss das Privileg haben, den Zauberstab zu besitzen (den Hermesstab, den Aaronstab) und bewusst die beiden Schlangen zu lenken wissen, das heißt die beiden Ströme: den elektrischen und den magnetischen Strom, den Strom der Anziehung und der Abstoßung, der Liebe und des Hasses. Wenn man diese Ströme zu lenken weiß, kann man alles umwandeln. In alchimistischer Sprache bedeutet »zum Rot gelangen«, das Königtum erlangen, den Stein der Weisen, dessen Farbe scharlachrot ist.[6]

Ich habe euch heute dem Anschein nach unzusammenhängende Fragmente geboten; es liegt jetzt an euch, sie im Laufe eurer Meditationen einander anzunähern und sie entsprechend zusammenzufügen. Meditiert auch über die folgenden Symbole: Auf der physischen Ebene ist das Rot die Farbe der Frau und das Weiß die Farbe des Mannes. Aber auf der spirituellen Ebene ist das Weiß die Farbe der Frau und das Rot die des Mannes. Mögen diejenigen, die es können, diese Frage vertiefen, wir werden Gelegenheit haben, erneut darüber zu sprechen.

Der Stab des Aaron ist zu einer Schlange geworden, welche die Schlangen aller anderen Magier verschlungen hat... Wie Aaron muss der Schüler, der ein Eingeweihter werden will, seinen magischen Stab (seinen Willen) in eine Schlange verwandeln können, das heißt in eine subtile, lebendige, bewegliche Kraft. Und diese Kraft muss fähig sein, all die Gifte von den feindseligsten Gedanken und Gefühlen, die von sichtbaren und unsichtbaren Feinden kommen, zu verschlingen. Nur unter dieser Bedingung wird man ihn als einen wahren Eingeweihten anerkennen, als einen wahren Alchimisten.

Paris, 22. Mai 1938

Anmerkungen

1. Siehe auch Band 7 der Reihe Gesamtwerke »Die Reinheit – Die Mysterien von Jesod«, Teil 2: »Liebe und Sexualität«.
2. Siehe auch Band 237 der Reihe Izvor »Das kosmische Gleichgewicht – Die Zahl 2«, Kap. 9: »Der Hermesstab. Die astrale Schlange«.
3. Siehe auch Band 219 der Reihe Izvor »Geheimnis Mensch, seine feinstofflichen Körper und Zentren – Aura, Sonnengeflecht, Harazentrum, Chakras«, Kap. 5: »Die Kundalinikraft«.
4. Siehe auch Band 226 der Reihe Izvor »Das Buch der göttlichen Magie«, Kap. 1: »Die Rückkehr magischer Praktiken und ihre Gefahren«.
5. Siehe auch Band 1 der Reihe Gesamtwerke »Das geistige Erwachen«, Kap. 5: »Die Liebe verbirgt sich im Mund«.
6. Siehe auch Band 241 der Reihe Izvor »Der Stein der Weisen – von den Evangelien zur Alchimie«, Kap. 11: »Die Regeneration der Materie: Das Kreuz und der Tiegel«.

*Kapitel 10*

# Die geistige Galvanoplastik

Heute lese ich euch einige Verse aus dem Matthäus-Evangelium vor: »Wahrlich ich sage euch: Was ihr auf Erden binden werdet, soll auch im Himmel gebunden sein, und was ihr auf Erden lösen werdet, soll auch im Himmel gelöst sein. Wahrlich ich sage euch auch: Wenn zwei unter euch eins werden auf Erden, worum sie bitten wollen, so soll es ihnen widerfahren von meinem Vater im Himmel. Denn wo zwei oder drei versammelt sind in meinem Namen, da bin ich mitten unter ihnen.«

Mt 18, 18-20

Wie viele Christen haben diese Verse gelesen, ohne ihren tieferen Sinn zu erfassen: »Was ihr auf Erden bindet, soll auch im Himmel gebunden sein und alles, was ihr auf Erden löst, soll auch im Himmel gelöst sein.« Wie erklärt sich diese Entsprechung zwischen dem Himmel und der Erde? Himmel und Erde repräsentieren hier in Wirklichkeit die beiden Prinzipien, Männlich und Weiblich, die in der Welt wirken; der positive und der negative Pol, und man findet sie in allen Phänomenen der Natur und des Lebens wieder. Zwischen diesen beiden Polen findet ein Kreislauf statt, ein ununterbrochener Austausch, und ein Austausch bedingt immer eine Entsprechung.[1]

So ist zum Beispiel in der Familie der Vater das männliche, die Mutter das weibliche Prinzip, und zwischen beiden befindet sich das Kind. Das Kind ist das Band zwischen Vater und Mutter. Im Menschen ist das männliche Prinzip, der Vater, durch den Verstand vertreten; das weibliche Prinzip, die Mutter, ist durch das Herz vertreten; und das Kind ist die Tat. All unser Tun ist das Ergebnis unserer Gedanken und Gefühle. Sind unsere Gedanken gut und ebenso unsere Gefühle, dann sind auch unsere Taten, als Folge der Weisheit unseres Verstandes und der Liebe unseres Herzens, aufbauende Taten. Die Stärke im Menschen ist die Folge der richtigen Verbindung zwischen Weisheit und Liebe.[2]

Eine Handlung ist immer das Kind von Verstand und Herz. Es gibt sehr aktive Menschen, bei denen Verstand und Herz nicht besonders hoch entwickelt sind, aber auch ihr Handeln ist ein Kind von Verstand und Herz, allerdings ein Kind, das aus dem Fehlen von Herz und Verstand hervorgeht! Ob man nun als Folge des Denkens und des Gefühls oder unbesonnen und ohne jegliches Gefühl handelt, es ergibt sich immer eine Tat, welche die Frucht von Verstand und Herz ist. Das Wesen des Kindes hängt von dem Grad der Entwicklung und der Bildung der Eltern ab. Je nach der Beschaffenheit von Verstand und Herz sind die Taten klug oder dumm, gut oder schlecht. Es gibt also immer einen Vater und eine Mutter, das heißt Himmel und Erde.

Wenn ihr ein Samenkorn in die Erde legt, »bindet ihr etwas auf Erden«, denn zahlreiche Elemente im Boden werden zu seinem Wachstum beitragen. Aber auch im Himmel bindet ihr etwas. Und wie? Sowie ihr einen Samen in den Boden einbringt, entsteht sofort eine Verbindung zwischen Erde und Himmel. Der Regen wird ihn begießen, und die Sonne schickt ihm ihr Licht und ihre Wärme und das Samenkorn beginnt zu wachsen. Ihr habt lediglich einen Samen gepflanzt oder einen Kern in die Erde gelegt, aber durch diese Handlung habt ihr den Himmel veranlasst, zu seinem Wachstum beizutragen. Die gleichen Vorgänge laufen in uns ab. Auch wir verbinden bestimmte Dinge auf der Erde. Als Beispiel: Wir legen ein Samenkorn (die Nahrung) in die Erde (unseren Magen), und sofort sendet der Himmel (der Kopf) Ströme zu dieser Nahrung, die wir aufgenommen haben, um sie in Energien, in Gefühle und in Gedanken umzuwandeln. Sobald wir Nahrung in unseren Magen schicken, kommen aus allen Teilen des Organismus Kräfte herbei und arbeiten an ihr. Es vollzieht sich ein Austausch.

Binden und lösen! Diese beiden Vorgänge finden wir in den Bereichen unseres Daseins wieder. Die Analyse und die Synthese zum Beispiel. Nimmt man eine Synthese vor, so verbindet man. Analysiert man, so löst man. In uns ist es das Herz, das bindet, während der Verstand löst. Das Herz bindet, der Verstand jedoch löst. Das Herz macht Synthesen, es vereinigt, versammelt, bringt alles näher und stellt zu allem, was es liebt, Verbindungen her, auch wenn es manchmal unvernünftige und unglückliche Verbindungen sind! Der Verstand dagegen analysiert, trennt und nimmt die Dinge auseinander. In unserer heutigen Zeit, wo er den ersten Platz einnimmt, zerstört er alles. Wir müssen uns also entschließen, dem Herzen wieder einen Platz zu verschaffen, denn es ist das Herz, das durch seine Wärme und seine zärtliche Liebe beseelt, wiedervereint und belebt. Wenn sich in einer Familie das Herz Ausdruck verleiht, finden Vater und Mutter zueinander, lieben und umarmen sich. Doch sobald ausschließlich der Verstand vorherrscht, beginnen Auseinandersetzungen und sie trennen sich. Ihr dürft nun nicht aus meinen Worten schließen, dass ihr den Verstand ausschalten sollt, nein, aber er muss mit dem Herzen zusammenwirken. Das heißt, er muss – sollte es sich als nötig erweisen, um frei zu werden – Analysen vornehmen, die Dinge lösen, jedoch ohne sie zu zerstören.

Um euch verständlicher zu machen, welches die Rolle von Herz und Verstand ist und in welcher Weise sie zusammenwirken können, erzähle ich euch eine kleine Anekdote: Eines Tages wurden zwei Männer vor Gericht gebracht, weil man sie beschuldigte, über die Mauer eines Gartens hinweg Äpfel gestohlen zu haben. Alle sahen sie verwundert an, denn der erste hatte keine Beine und der zweite war blind. Der erste protestierte: »Verehrtes Gericht, Sie sehen, dass ich keine Beine habe, wie hätte ich also über eine Mauer hinweg Äpfel stehlen können?« Und der zweite protestierte ebenso: »Und ich, Hohes Gericht, ich habe keine Augen, ich konnte noch nicht einmal sehen, dass es überhaupt Äpfel zu stehlen gab!« Das Gericht war von ihrer Unschuld überzeugt und wollte sie bereits freisprechen, als ein etwas klügerer Richter rief: »Natürlich, jeder für sich konnte die Äpfel nicht stehlen, aber wenn sich der Krüppel auf die Schultern des Blinden setzt, stellen sie gemeinsam einen vollständigen Menschen dar. Sie haben die Äpfel also gemeinsam gestohlen.« Nun, was stellen die beiden Diebe also dar? Das Herz und den Verstand. Derjenige, der nichts sieht, der ist das Herz. Jeder weiß, dass das Herz blind ist. Aber es kann gehen, ja sogar galoppieren. Alle Impulse, alle Wünsche entspringen dem Herzen, das uns überall hintragen kann. Derjenige hingegen, der sieht und beobachtet, das ist der Verstand, aber er kann sich nicht fortbewegen, er braucht Beine, und es ist der Blinde, der ihn trägt. Wenn Herz und Verstand vereint sind, sind sie zu außerordentlichen Dingen fähig: zu Wundern oder zu Verbrechen.

Die Eigenschaften von Herz und Verstand treten in allen Bereichen in Erscheinung: im Bereich der Physik, der Mathematik, der Botanik oder der Psychologie. Es ist beinahe unmöglich, all diese Erscheinungsformen aufzuzählen, so zahlreich sind sie. Ebenso entsprechen alle Phänomene, die in der Natur vorkommen, den Phänomenen, die sich in unserem psychischen Leben, in unseren Gefühlen und Gedanken vollziehen.

Heute Abend werde ich mit euch das Phänomen der Galvanoplastik untersuchen. Alle Physiker wissen, was das ist, aber sie haben sich auf den physischen Vorgang beschränkt, ohne nach einer Entsprechung in unserem Innenleben zu suchen.

Ich werde euch zunächst den Vorgang der Galvanoplastik beschreiben.

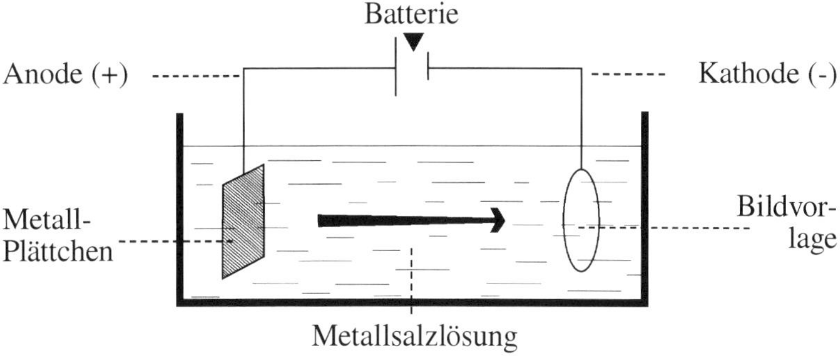


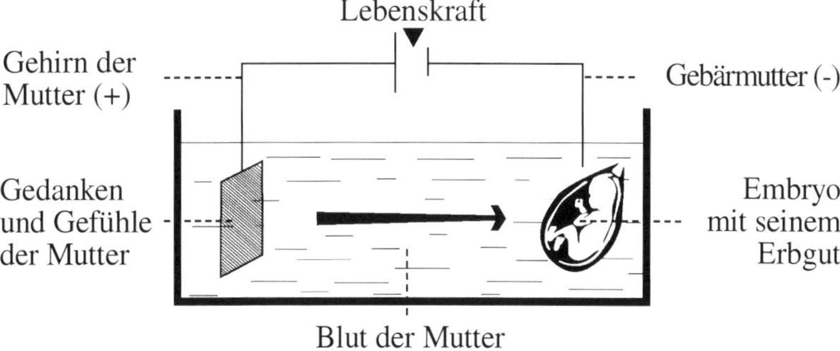


Man taucht zwei Elektroden in einen Behälter, der mit der Lösung eines Metallsalzes, entweder Gold, Silber, Kupfer usw. gefüllt ist. Die Anode (der positive Pol) besteht aus einer Platte, die aus demselben Metall besteht wie das Metallsalz im Behälter. Die Kathode (der negative Pol) ist eine Gussform aus Guttapercha, die mit Graphit überzogen ist und eine Figur, eine Münze oder eine Medaille darstellt. Die beiden Elektroden werden mit einem Kabel an die Pole einer Batterie angeschlossen, dann wird Strom hindurch geschickt. Das in der Lösung enthaltene Metall setzt sich an der Kathode ab, während die Anode sich auflöst und dadurch die Flüssigkeit regeneriert. Die Gussform wird allmählich von dem in der Lösung enthaltenen Metall überzogen, und man erhält eine Medaille mit dem gewünschten Bild.

Suchen wir nun in der geistigen Welt nach der Entsprechung dieses Phänomens, so entdecken wir, dass die Galvanoplastik überall in der Natur existiert. Unser Planet zum Beispiel, die Erde, stellt den negativen Pol dar, die Kathode, die Frau, und der Himmel, das heißt die Sonne und die Sterne, stellen den positiven Pol, die Anode, das männliche Prinzip dar. Zwischen Erde und Sonne (oder einem anderen Gestirn) besteht aufgrund eines unablässigen Kreislaufs ein Austausch. Diese beiden Pole sind in eine kosmische Lösung getaucht, den Äther. Er ist das universale Fluidum, das alle Himmelskörper umhüllt. Die Batterie ist Gott, und alle Pole sind an Ihn angeschlossen. Nehmen wir einmal an, wir setzen an die Kathode eine Gussform, beispielsweise einen Samen. Dann ist dieser Same in die kosmische Lösung getaucht; und wenn der von Gott ausgehende Strom ihn durchfließt, löst das den Vorgang der Galvanoplastik aus: Die in der Lösung enthaltenen Stoffe setzen sich an der Kathode, dem Samen ab, und die Anode, die Sonne (oder ein anderes Gestirn) regeneriert die Lösung, während der Samen heranwächst. Auf diese Weise zieht jedes Samenkörnchen im Boden alle Elemente aus dem Äther an, die seinem Wesen entsprechen. Diese Elemente setzen sich am Samen ab, und er entwickelt sich je nach den Elementen, die er selbst angezogen hat.

In Bezug auf die Erde stellt jeder Planet den positiven Pol dar, also eine Anode besonderer Art. Je nach der an der Kathode befindlichen Gussform dient der eine oder andere dieser Pole als Anode und liefert seine Materie für den Gegenstand. Die Erde ist also die Kathode, auf der sich die Teilchen der in der Universallösung enthaltenen Substanzen absetzen. Der Einweihungswissenschaft zufolge liefert die Sonne den Urbaustein für das Gold. Sie steht am Ursprung des Goldes in der Natur: Ihre Strahlen verdichten sich im Boden in Form von Goldplättchen. Desgleichen steht auch jeder Planet für ein bestimmtes Metall: Saturn für das Blei, der Mond für das Silber, Jupiter für das Zinn, Venus für das Kupfer, Merkur für das Quecksilber und Mars für das Eisen.

Das Phänomen der Galvanoplastik wiederholt sich auch in der schwangeren Frau (siehe vorhergehende Abbildung); und über dieses Thema möchte ich heute eingehender mit euch sprechen. Auch die schwangere Frau trägt in sich die Elektroden, den Samen, die Lösung. Der Same ist der vom Vater im Schoß der Mutter niedergelegte, lebendige Keim, die Kathode. Er trägt das Abbild des Vaters in sich. Manchmal ist dies das Bild eines Alkoholikers, eines Verbrechers oder eines ganz gewöhnlichen Menschen, und manchmal ist es das eines Genies oder eines Heiligen. Sobald die Frau schwanger ist, kreist ein Energiestrom zwischen ihrem Gehirn (der Anode) und dem Samen (der Kathode). Das Gehirn ist an die Batterie (die Gestirne, Gott) angeschlossen, von wo es den Strom bekommt, und dieser Strom kreist dann zwischen Gehirn und Embryo. Die Lösung ist das Blut der Mutter, in der die Anode (das Gehirn) und die Kathode (die Gebärmutter) getaucht sind, denn das Blut durchfließt ebenso alle Organe und alle Körperzellen. Im Blut sind in gelöster Form alle Stoffe enthalten: Gold, Silber, Kupfer usw. Die Anode, der Kopf, liefert also das Metall, welches das Blut regeneriert. Dieses Metall findet sich in den Gedanken. Auch wenn der Same edel ist, die werdende Mutter jedoch nur Gedanken aus Blei hegt, dann darf sie sich nicht wundern, wenn ihr Kind symbolisch ausgedrückt in Blei gehüllt zur Welt kommt, das heißt traurig, pessimistisch, schwächlich und oft kränklich ist.

Der Same ist lediglich die Gussform; sie kann ein wunderschönes Gesicht zeigen, aber anschließend von unedlem Metall überzogen werden. Ihr wisst, dass die frische Schnittfläche des Bleis eine kurze Weile glänzt, aber alsbald wieder glanzlos wird. Genauso hat das Kind, das im Mutterleib mit bleiernen Gedanken genährt wurde, verschlossene, traurige und pessimistische Wesenszüge. Selbst dann, wenn es zeitweise gelingt, es aus seiner Traurigkeit herauszureißen, wird es sehr bald wieder zurückfallen. Das ist deshalb so, weil alle im Blut der Mutter enthaltenen Substanzen (Stoffe, die ihren Gedanken entsprachen), sich an dem an der Kathode befindlichen Samen absetzten, und aus ihnen gestaltete sich das Kind. Der Keim wurde also von unedlen Substanzen überzogen.

Nehmen wir dagegen an, die Mutter entschließt sich, weil sie die Gesetze der Galvanoplastik kennt, diese auch anzuwenden, um ein wunderbares Kind zur Welt zu bringen. Dann legt sie, sobald sie den Samen in ihrem Schoß (der Kathode) empfangen hat, ein Goldplättchen in ihr Gehirn (die Anode), das heißt, die lichtvollsten und erhabensten Gedanken. Der Kreislauf wird hergestellt und das Blut, das durch den Körper fließt, führt dem Samen dieses edle Metall zu. Das Kind wächst heran, bedeckt von goldenen Kleidern, und wenn es geboren wird, ist es kräftig, schön, edel und fähig, alle Schwierigkeiten, Krankheiten und schädlichen Einflüsse zu überwinden.

Die Mehrheit der werdenden Mütter glaubt nicht daran, dass ihre Gedanken und ihre Gefühle einen Einfluss auf das Kind haben könnten, das sie in ihrem Schoß tragen. Wenn es einmal geboren ist, werden sie sich schon um es kümmern, ihm Erzieher, Lehrer und so weiter zur Seite stellen. Nein, eben nicht, wenn es geboren ist, ist es schon zu spät, dann hat es bereits seine Prägung erhalten. Kein Pädagoge und kein Lehrer vermag ein Kind zu ändern, wenn die Elemente, von denen es im Mutterleib geprägt wurde, von schlechter Qualität waren. Die Materie dieser Elemente bleibt in etwa so, wie sie ist. Ist sie dunkel wie Blei, könnt ihr sie anschneiden so oft ihr wollt, damit sie glänzend wie Silber wird, sie wird immer wieder stumpf. Das heißt, das Kind wird trotz der Bildung, die man ihm zukommen lässt, immer wieder in seine Schwächen zurückfallen. Ich halte viel von der Tüchtigkeit der Erzieher, Lehrer und Pädagogen; in Wahrheit richten sie jedoch kaum etwas aus. Ja, ich behaupte das, obwohl ich diplomierter Pädagoge bin und Rektor einer Oberschule in Bulgarien war. Ich weiß, dass ein Lehrer viel erreichen kann, besonders hinsichtlich der Wissensvermittlung, aber er kann nicht die innerste Natur derer ändern, die er erzieht. Er kann etwas ändern, aber äußerlich, an der Oberfläche, und das genügt nicht. Wenn die zugrunde liegende Wesensart des Kindes Mängel aufweist, kann man ihm lange die besten Erzieher zur Seite stellen, es wird sich nicht ändern. Ist hingegen das Kind innerlich vergoldet, so bleibt es, selbst unter den schlimmsten Bedingungen und unter Verbrechern, gut, edel und unverdorben; denn seine Essenz ist rein. Dieses Gesetz muss man unbedingt kennen.

Die Mutter ist also imstande, wahre Wunder zu vollbringen, denn sie besitzt den Schlüssel zu allen Kräften. Innerhalb von 50 Jahren könnten die Frauen die ganze Menschheit erneuern, dank der geistigen Galvanoplastik. Und die Männer? Sie müssen ihnen dabei helfen. Manche Frauen wissen wohl, was zu tun wäre, werden jedoch oft von ihren unwissenden, selbstsüchtigen und unachtsamen Ehemännern daran gehindert. Nur wenn Herz und Verstand, Vater und Mutter zusammenarbeiten, vermögen sie ein göttliches Kind zu schaffen, das zu großen Dingen fähig ist.

Ihr denkt nun vielleicht, die Frauen seien ungleich bevorzugt, weil nur sie allein die Fähigkeit haben, die Menschheit umzuwandeln? Keineswegs, denn jeder Mann ist auch eine Frau, die Kinder formt. Diese Kinder sind seine Gedanken und seine Gefühle. Auch der Mann ist eine Mutter, natürlich auf andere Weise als die Frau, denn die beiden Pole in ihm sind vertauscht; doch das ändert nichts an den Gesetzen, auch er kann die Galvanoplastik anwenden, wenn er sich seiner Möglichkeiten bewusst ist.[3]

Welche Bedeutung hat nun das Gold im Hinblick auf die kosmische Galvanoplastik? Gold ist vollkommene, widerstandsfähige und reine Materie. Aus diesem Grund gilt das Gold den Eingeweihten seit jeher als Symbol der Sonne. Warum haben alle Menschen wohl eine solche Vorliebe für das Gold und setzen alles daran, in seinen Besitz zu gelangen? Weil es eine

Kristallisation, eine Konzentration von Energien ist, die von der Sonne kommen und sich in der Erde verdichten. Goldkörner sind aus der Sonne hervorgegangene Kräfte und Einflüsse. Das Gold hält der Oxydation stand. Ein Mensch, dessen Blut reichlich Gold enthält, widersteht Krankheiten und schädlichen Einflüssen, die er im Laufe seines Lebens hinnehmen muss; er bleibt vor Unglück und Elend verschont. Wer hingegen arm ist an innerem Licht, dessen Blut enthält nur wenig Gold. Das innere Gold zieht das äußere an. Selbstverständlich gibt es auch Menschen, die im Äußeren arm sind, jedoch im Inneren reich sind an Tugenden. Andere hingegen, die äußerlich reich sind, sind innerlich völlig arm an Tugenden. Das ändert jedoch nichts an diesem Naturgesetz, nur seine Anwendung ist von Fall zu Fall verschieden.

Die Galvanoplastik lehrt uns, wie wir in unserem Kopf nur die besten Gedanken und in unserem Herzen die besten Gefühle hegen können, damit sich immer nur die guten Eigenschaften entwickeln, die unser Himmlischer Vater von Anbeginn der Welt in uns hineinlegte. Wenn wir diese Eigenschaften in hohem Maße in uns entwickelt haben, dann besitzen wir das Antlitz des Himmlischen Vaters: das Antlitz der vollkommenen Liebe, der vollkommenen Weisheit und der vollkommenen Wahrheit. Wir sollten also tagtäglich nach den Gesetzen der Galvanoplastik arbeiten. Erstens, indem wir in unserem Kopf Gedanken hegen, die aus widerstandsfähiger Materie bestehen, aus kostbarem Gold. Zweitens, indem wir in unserem Herzen, in unserer Seele das Bildnis eines vorbildlichen Wesens, eines großen Meisters haben, zum Beispiel von Jesus. Drittens, indem wir uns mit dem Zentrum verbinden, aus dem alle Lebenskräfte kommen. Dann vollzieht sich in unserem Inneren eine wunderbare Arbeit, da wir in den kosmischen Äther getaucht sind. Jeden Tag werden sich dann aus unserem Geist feinstoffliche, feinste Materieteilchen lösen und einen Energiestrom zu unserem Antlitz und zu allen Bereichen unseres Körpers tragen.

Unter ihrem Einfluss werden sich unsere Gesichtszüge und die Form unseres Körpers verändern, und eines Tages werden wir zum wahren Ebenbild der Liebe.[4]

Jeden Tag sollten wir an die Verbindung denken, die zwischen Sonne und Erde, zwischen Geist und Materie existiert. Jeden Tag sollten wir daran denken, dass sich unablässig dieses unermessliche Opfer des Geistes Gottes für die kosmische Materie vollzieht. Deshalb müssen wir uns mit dem Himmel verbinden, um den Energiekreislauf zwischen ihm und uns wiederherzustellen. Und wie? Das ist ganz einfach. Ich habe anfangs die Stelle aus dem Evangelium vorgelesen, wo Jesus sagt: »Wenn zwei unter euch eins werden auf Erden, worum sie bitten wollen, so soll es ihnen widerfahren von meinem Vater im Himmel. Denn wo zwei oder drei versammelt sind in meinem Namen, da bin ich mitten unter ihnen.« Mit anderen Worten: Ich bin dort zugegen, wo das Licht des Verstandes, die Güte des Herzens und die Tatkraft des Willens vorhanden sind. Man muss also zwei oder drei miteinander verbinden. Es genügt oft, dass sich zwei verbinden, um das Dritte hervorzubringen. Jesus sagte »zwei oder drei« und nicht »vier oder fünf«. Zwei, das heißt derjenige, der denkt und derjenige, der wünscht. Drei, das ist die Handlung, das Kind der beiden Ersten. Um ein Ergebnis zu erzielen, genügt es zu denken und zu fühlen, denn die Handlung, die Frucht der Gedanken und der Gefühle, folgt unweigerlich nach.

Der Evangeliumstext darf nicht wortwörtlich aufgefasst werden. Als Jesus sagte: »Wenn zwei oder drei in seinem Namen versammelt sind«, meinte er nicht nur zwei oder drei Personen. Nehmt an, ein Heiliger befände sich allein in der Wüste. Könnte Christus dann nicht bei ihm sein, weil er allein ist und nicht zu zweit oder zu dritt? Oder stellt euch vor, in einem Zug befinden sich mehrere ehrliche und gute Personen in einem Abteil. Sie kennen sich gegenseitig jedoch nicht und sprechen daher auch nicht miteinander. Da sie sich nun nicht in Jesu Namen versammelt haben, könnte Christus trotz ihrer guten Charaktereigenschaften nicht unter ihnen weilen, weil sie ja mehr als zwei oder drei sind? Das wäre doch absurd. Ihr seht, man darf das Evangelium nicht nur wörtlich auffassen. Die Zwei oder Drei sind Verstand, Herz und Wille. So gesehen weilt Christus in euch, ob ihr nun alleine seid oder mit Hunderten von Menschen zusammen; immer vorausgesetzt, eure Gedanken und Gefühle wirken vereint in seinem Namen. Jesus meinte also: »Überall, wo Liebe, Weisheit und Wahrheit zugegen sind, bin ich mitten unter ihnen.«

Zwischen der Liebe (der Kathode) und der Weisheit (der Anode) kreist ein Energiestrom, und auf dem an der Kathode angebrachten Bild sammelt sich das Metall an. Als Drittes entsteht daraus die Aktion. Lässt man eine der Elektroden, einen der Pole aus, so ist der Vorgang der Galvanoplastik unvermeidlich unterbrochen. Ihr versteht nun, wie wichtig es für die schwangere Frau ist, nur lichtvolle Gedanken zu hegen. Dank dieser Gedanken nimmt das in ihr keimende Leben die reinsten und wertvollsten Stoffe auf, und anstatt eines engstirnigen, krankhaften oder gar verbrecherisch veranlagten Wesens, erblickt ein hochbegabter Künstler, ein bedeutender Wissenschaftler, ein Heiliger oder ein Bote Gottes das Licht der Welt. Das Blut, die lebensbringende Lösung, führt dem Keim die notwendigen nährenden Grundstoffe zu.

Weiß eine werdende Mutter nichts von den Gesetzen der Galvanoplastik und lässt niedere Gedanken zu, gibt allen Launen und allen zusammenhanglosen Gelüsten nach, die sie während ihrer Schwangerschaft verspürt, dann wird sie nach und nach von bösartigen Wesen umgeben sein, die sie beständig aufsuchen. Diese trachten danach, sich in der Seele des Kindes einzunisten, um später an seinem Leben teilzuhaben. Sie drängen die Mutter gezielt dazu, durch ein unkontrolliertes

Verhalten den galvanoplastischen Vorgang völlig durcheinanderzubringen. Dies ermöglicht ihnen später, sich des Kindes zu bemächtigen, ungehindert in dessen Seele ein- und auszugehen und sich von ihm zu nähren.

Ihr müsst wissen, dass während der Schwangerschaft der Geist der Mutter mit der zur Verkörperung gelangenden Seele zusammenwirkt. Beide sind an dieser Zusammenarbeit beteiligt, auch wenn die Mutter sich dessen nicht bewusst ist. Doch es gibt geistig höher entwickelte Mütter, die sich im Klaren sind über dieses Zusammenwirken, ja, sogar Zwiesprache mit der sich verkörpernden Seele halten.

Die werdende Mutter sollte sich in dem Moment der großen Verantwortung bewusst sein, da sie der Menschheit ein neues Mitglied hinzufügt. Es sind ihr alle Möglichkeiten gegeben, die Zahl der Unfähigen und Unglücklichen noch zu erhöhen oder der Welt im Gegenteil ein Genie, einen Heiligen, einen Retter zu senden. Während der ganzen Schwangerschaft sollte sie das Kind vor schädlichen Einflüssen bewahren. Bewusst soll sie durch ihre Denkweise um ihr Kind eine reine, lichterfüllte Atmosphäre schaffen, um es vor den Angriffen schädigender Wesen zu schützen. Die Sorglosigkeit und Unkenntnis vieler Mütter ist schuld daran, dass manche Kinder von Geburt an zu einem Leben voller Unruhe und Unglück verurteilt sind.

Deshalb rufe ich alle Frauen der Welt auf: »Wacht auf, liebe Schwestern, werdet euch der wundervollen, herrlichen Aufgabe bewusst, die Gott euch anvertraut hat. Ihr besitzt unglaubliche Kräfte, dank derer ihr die Menschheit erneuern könnt. Leider wisst ihr nichts davon und spielt mit diesen Kräften. Werdet euch endlich eurer Aufgabe bewusst; und auch die Männer sollen ihrerseits die bestmöglichen Verhältnisse schaffen, damit ihr diese großartige und magische Aufgabe erfüllen könnt.«

Die Frau ist die Mutter des Mannes, und er wird immer ihr Kind bleiben. Dank einer bewussten geistigen Galvanoplastik soll sie ihm von nun an zeigen, wessen sie fähig ist. Alles, was man hierzu braucht – und es ist leicht zu bekommen –, ist ein hohes und edles Ideal, eine erhabene Idee! Die Gesellschaft ist abgesunken in ein chaotisches Dasein voller Hass, Betrug und Kriege. Die Frauen können dem abhelfen, jedoch nur unter der Bedingung, dass sie die Schlüssel wiederfinden, die sie vormals besaßen.

Würden sich die Frauen vereinigen mit dem erhabenen Ziel, die Menschheit zu erneuern, so würden sie die Achtung der Männer wiedergewinnen. Sie werden gar nicht anders können, als den Frauen wieder mit Respekt, Bewunderung und Wertschätzung zu begegnen und sich von ihnen inspirieren zu lassen. Durch ihr Verhalten und ihre schöpferische Arbeit werden die Frauen dem Mann den Weg zu erhabenen Höhen zeigen, wie einst die Mütter ihre Söhne wahren Edelmut, Charakterstärke und Heldentum lehrten. In vergangenen Zeiten war immer die Frau die Erzieherin des Mannes. Und wenn ich die Frauen, vor allem die Mütter so hoch einschätze, dann nur der vorbildlichen Haltung meiner eigenen Mutter wegen. Sie spielte in meinem Leben eine überaus wichtige Rolle. Sie ist es, die mich die Frau lieben und ehren lehrte, indem sie mir zeigte, dass sich mit der Geduld, der Liebe und der Opferbereitschaft einer Mutter nichts vergleichen lässt. Nirgendwo auf der Welt fand ich etwas, das sich vergleichen lässt mit dem Leben einer wahren Mutter, ausgenommen natürlich das Leben meines bewunderungswürdigen Meisters Peter Danov.

Eine Familie, in welcher die Mutter nicht die erste Stelle innehat, ist verloren. Eine Gesellschaft, in der die Mütter nicht die erste Stelle innehaben, degeneriert. Denkt nicht, ich spreche aus Schwärmerei und lächerlicher Sentimentalität heraus. Nein, was ich euch hier sage, entstammt wahrem Wissen. Fest steht, dass ich nur eine wahre Mutter meine, wenn ich so von der Mutter spreche, jene, die ihr Leben lang ihren Kindern ein Vorbild an größter Opferbereitschaft ist.

Wenn die Frauen das hören, werden viele natürlich sagen:

»Wir haben Jahrhunderte lang Liebe und Güte gelebt, aber die Männer haben uns nicht verstanden, sie haben uns verhöhnt.« Ja, ich weiß, viele Männer benehmen sich wie egoistische Kinder. Aber ihr Verhalten ist darauf zurückzuführen, dass die Frauen nicht imstande waren, ihre Rolle als Mütter zu übernehmen, dass sie nicht mit den Gesetzen der Galvanoplastik gearbeitet haben, als sie ihre Kinder in sich trugen. Jetzt müssen sie unter den Folgen ihrer unzulänglichen Arbeit leiden.

Das kommende Zeitalter wird das Zeitalter der Liebe sein und das bedeutet, es wird das Zeitalter der Frau sein. Gegenwärtig ist die Frau weit von ihrer ursprünglichen Bestimmung abgeirrt. Ja, sie versucht sogar den Mann mit ihren ausschweifenden, zügellosen und anstößigen Verhaltensweisen noch zu übertrumpfen. Sie gibt vor, sich damit für die Zeiten zu rächen, da sie in ihrer Freiheit eingeschränkt war und nicht tun durfte, wonach ihr der Sinn stand. Indem sie jedoch so handelt, weiß sie nicht, welche Katastrophen sie heraufbeschwört. Wenn noch etwas Gutes in ihr übrig geblieben ist, dann sollte sie sich beeilen, es zu bewahren, um das Menschengeschlecht zu retten.

Zum ersten Male rufe ich heute Abend allen Frauen der Welt zu: »Befasst euch mit der geistigen Galvanoplastik! Wenn ihr während der neun Monate Schwangerschaft ein unbewusstes und ungeordnetes Leben führt, werdet ihr euer Leben lang die Folgen tragen müssen und ihr werdet heimgesucht werden von Enttäuschungen, Reibereien und Missverständnissen. Erfüllt ihr hingegen eure Aufgabe bewusst und weise, so werdet ihr ewigen Lohn dafür ernten, ihr werdet als Mutter wie eine Göttin verehrt werden und ganze Generationen inspirieren.«

Derzeit kennen weder Männer noch Frauen diese Gesetze. Sie planen nicht die Stunde der Zeugung ihrer Kinder und meistens ist der Mann obendrein dabei noch brutal, leidenschaftlich oder sogar betrunken. Er verhält sich wie ein Tier und tut der Frau Gewalt an, so dass sie ihm gegenüber Gefühle der Wut, der Verachtung, des Ekels und der Rache zu nähren beginnt.

Unter solchen Bedingungen ist es nicht erstaunlich, dass aus ihrer Verbindung so viele Verbrecher, anormale und entartete Menschen geboren werden, die außerstande sind, für das Gute zu wirken. Die Menschheit versinkt immer mehr in Finsternis, und eine der Ursachen hierfür ist ihre völlige Unkenntnis der Gesetzmäßigkeiten von Empfängnis und Schwangerschaft.

Es gibt eine sehr interessante Anekdote aus dem Leben von Alexander dem Großen: Die Überlieferung sagt, dass Alexander, als er noch jung war, sich gerne zu einem Astrologen begab, der unweit des königlichen Palastes wohnte. Dieser Astrologe war ein sehr weiser Mann. Er arbeitete hoch oben in einem Turm, von wo aus er den Lauf der Sterne, die unterschiedlichen Aspekte der Planeten und so weiter beobachtete. Eines Tages, als Alexander auf dem Turm mit ihm sprach, stellte er ihm plötzlich die Frage, ob er denn wisse, wann er sterben werde. »Ja, mein Kind«, antwortete dieser, »ich weiß es.« – »So weißt du denn auch, welchen Todes du sterben wirst, sag es mir!« – »Mein Sohn wird mich töten.« – »Aber das ist doch lächerlich«, erwiderte Alexander, »du hast ja weder Frau noch Kinder und bist auch schon zu alt, um noch welche zu haben. Ich werde es dir zeigen...« Und Alexander, impulsiv wie er war, stieß den Astrologen um, sodass dieser vom Turm hinabfiel. Eilends rannte er die Treppen hinunter und fand den Astrologen sterbend auf der Erde liegen. Er beugte sich über ihn und sagte: »Siehst du, ich war es, der dich tötete, nicht dein Sohn, wie du meintest.« Aber der Astrologe hauchte sein Leben aus mit den Worten: »Doch, es ist mein Sohn, der mich tötete; denn du bist mein Sohn, geh und frage deine Mutter. Die Sterne haben nicht gelogen.« Da begriff Alexander, weshalb seine Mutter so häufig den Astrologen besuchte. Er bereute bitter seine Tat und ließ seinen Vater in großen Ehren bestatten.

Ich erzähle diese Geschichte natürlich nicht, um die Frauen nun zum Besuch von Astrologen anzuregen, damit diese die Väter ihrer Kinder werden! Aber Alexander der Große ist ein

Beispiel dafür, dass es möglich ist, mittels der Astrologie Kinder zu zeugen, welchen ein außergewöhnlicher Geist innewohnt. Der Astrologe und die Königin planten die Stunde der Empfängnis, damit das Kind unter den günstigsten Aspekten geboren würde. Die Zeugung fand im Monat August statt (dann nämlich steht die Sonne im Sternbild Löwe, wo sie sehr mächtig ist), denn der Astrologe rechnete aus, dass das Kind dann geboren wird, wenn die Sonne erhöht im Widder steht, und zu einer Stunde, da Jupiter mit Mars einen günstigen Aspekt bildet. Außerdem stünde die Sonne ganz nahe am Meridian, im zehnten Haus, Jupiter im Löwen im ersten Haus, und Mars im Trigon zur Sonne. Dies waren die allergünstigsten Voraussetzungen, um Macht, Reichtum und hohe Ehren auf Erden zu erlangen. Saturn dagegen stand in ungünstigem Aspekt zur Sonne.

Ihr entgegnet auch, der Astrologe hätte sein eigenes Geburtsbild mit dem des Kindes vergleichen sollen. Ja, aber das ist schwierig, denn man kann nicht genau voraussagen, wie lange das Kind im Schoße der Mutter bleiben wird. Auf einige Tage genau lässt sich der Geburtstermin vorhersehen und annähernd berechnen, in welchem Zeichen die Planeten stehen und was für Aspekte sie gegenseitig bilden werden, das Kind jedoch kann etwas früher oder später auf die Welt kommen. Als nun Alexander geboren war, sah der Astrologe beim Vergleichen beider Horoskope, dass er von seinem eigenen Sohn getötet werden würde.

Manche Okkultisten fanden eine Ähnlichkeit zwischen dem Horoskop von Alexander dem Großen und dem von Napoleon. Letzterer erblickte das Licht der Welt ebenfalls, als die Sonne zusammen mit Jupiter im Sternbild des Löwen und im ersten Haus stand. Daher glauben sie, in beiden Männern sei derselbe Geist verkörpert gewesen. Eine sehr interessante Frage, aber wir wollen uns jetzt nicht weiter damit befassen. Lasst uns wieder auf das Thema der Galvanoplastik zurückkommen, das wird euch eher von Nutzen sein!

Wir beklagen uns manchmal, Gott sei grausam, lieblos und ungerecht, und dabei sind wir es, die unrecht denken. Wir sind überzeugt davon, nur Glück und Erfolg zu verdienen, und wenn uns einmal Missgeschicke ereilen, so denken wir, der Himmel habe sie uns einfach so geschickt, zufällig ohne jeglichen Grund. Wir vergessen, dass Gott uns Tag für Tag die Möglichkeit gibt, zu hören, zu fühlen, zu sehen, zu atmen und zu gehen, ja, selbst alle Dummheiten zu machen, die uns in den Sinn kommen! Die Folgen eines solchen Verhaltens sind jedoch furchtbar: Der galvanische Prozess wird unterbrochen. In einem Menschen, der Gott, der Natur, dem Himmel nicht dankbar ist, kommt die lebendige Galvanoplastik zum Stillstand, und es strömen ihm von oben keine Kräfte und Segnungen mehr zu. Der Kreislauf des schöpferischen Lebens findet in ihm nicht mehr statt.

Wir sollten jeden Tag darüber nachdenken, welch ungeheure Schuld wir unserem Schöpfer gegenüber haben, sonst geht uns alles verloren. Wissen wir unsere Gesundheit nicht zu schätzen, so werden wir krank. Sind wir nicht dankbar dafür, dass wir hören können, so werden wir taub und so weiter. Und wenn wir einen von diesen Reichtümern verloren haben, werden wir endlich begreifen, was er uns bedeutete.

Ja, wir verfügen über unschätzbare Reichtümer und sind uns dessen nicht einmal bewusst. Herz, Verstand und Wille beispielsweise. Mit genau diesen drei Werkzeugen machten die größten Eingeweihten alle ihre Entdeckungen. Alles ist ihnen möglich, aber natürlich nicht in ein paar Tagen. Unsere Fähigkeiten nehmen in dem Maße zu, wie wir uns ihrer bedienen, und wenn wir in diesem Sinne geduldig arbeiten, werden wir eines Tages die Früchte ernten.

Die Galvanoplastik kann auf so vielfältige Weise angewandt werden, dass ich euch dies nicht alles an einem Abend offenbaren kann. Daher begnüge ich mich damit, zu wiederholen, dass wir alle in eine kosmische Lösung getaucht sind und beide Elektroden an die beiden Pole der Batterie, Gott, anschließen und den Energiestrom hindurchlassen müssen. Gegenwärtig sind die Elektroden überall getrennt: In den Familien, wo Vater und Mutter einander nicht verstehen; in uns selbst, wo Herz und Verstand nicht dasselbe Ziel anstreben; in der Gesellschaft, unter den Nationen und so fort. Und wie wirkt sich diese Trennung der Elektroden in uns aus? Wir haben wunderbare Gedanken, aber unser Lebenswandel stimmt nicht damit überein. Wir reden von den Engeln und den Eingeweihten und handeln dennoch weiterhin unserem Nächsten gegenüber hartherzig, selbstsüchtig und hochmütig. Jeder findet diese Spaltung zwischen den Gedanken, den Gefühlen und dem Tun völlig natürlich. Nein, das ist nicht natürlich!

Wer wiederholt ein Bild betrachtet, wird diesem aufgrund galvanoplastischer Prozesse nach und nach immer ähnlicher. Ihr wisst, dass Menschen, die einander lieben, zusammenleben und häufig aneinander denken, sich schließlich immer ähnlicher werden. Und oft lässt sich sogar eine frappierende Ähnlichkeit zwischen manchen Tieren und deren Herrn feststellen. Manchmal ist es der Hund, der seinem Herrn ähnlich wird, aber leider kommt es auch vor, dass der Herr allmählich immer mehr seinem Hund gleicht!

Es gibt also Gesetze, die wir für unsere Weiterentwicklung nutzen können. Und wenn ihr mich richtig verstanden habt, so werdet ihr dies von heute Abend an tun. Ihr wählt euch als Vorbild einen schönen, starken, reinen, weisen und liebevollen Menschen, prägt dieses vollkommene Bild in euren Geist ein und betrachtet es mit inniger Verehrung. Auf diese Weise stellt ihr den Energiekreislauf her, der eurem Herzen durch das Blut hochwertige Stoffe zuleitet, und euer Antlitz wird diesem Bild immer ähnlicher, das ihr innerlich so andächtig betrachtet.

Ihr denkt vielleicht, es sei schwierig, allein durch das innige Betrachten eines Bildes einen solchen Verwandlungsprozess zu verwirklichen. Sicher, in einem Tag oder in einer Woche ist es völlig unmöglich sich derart zu verwandeln. Tut ihr dies aber regelmäßig voller Geduld und Glauben, werdet ihr das Ergebnis sehen. Für den Augenblick habt ihr noch sehr negative Bilder in euch, die euch in negative Zustände versetzen. Diese Bilder müsst ihr ersetzen.

Wählt euch das Bild eines Meisters, eines großen Eingeweihten oder das von Christus und verehrt dieses Bild als euer Liebstes. Denn die Liebe allein ist die Urkraft, die alle Austausche zwischen Himmel und Erde bewirkt.[5]

Lyon, den 9. Juni 1938

Anmerkungen

1. Siehe auch Band 14/15 der Reihe Gesamtwerke »Liebe und Sexualität«, Kap. 24: »Was ihr auf Erden bindet...«.
2. Siehe auch Band 234 der Reihe Izvor »Die Wahrheit, Frucht der Weisheit und der Liebe«.
3. Siehe auch Band 214 der Reihe Izvor »Liebe, Zeugung und Schwangerschaft – Die geistige Galvanoplastik...«, Kap. 11: »Die Kinder von Verstand und Herz«.
4. Siehe auch Band 241 der Reihe Izvor »Der Stein der Weisen«, Kap. 13: »Die Entfaltung des göttlichen Keims« und Kap. 14: »Das Gold des wahren Wissens«.
5. Siehe auch Band 10 der Reihe Gesamtwerke »Sonnen-Yoga – Surya-Yoga«, Kap. 2: »Unsere Seele nimmt beim Betrachten der Sonne deren Gestalt an« und Band 207 der Reihe Izvor »Was ist ein geistiger Meister?«, Kap. 11: »Die Indentifizierung« und Band 238 der Reihe Izvor »Der Glaube versetzt Berge«, Kap 10: »Die Identifikation mit Gott«.

*Kapitel 11*

# Die Rolle der Mutter während der Schwangerschaft

Die Erwachsenen beklagen sich immer mehr über die Jugend: Sie will nicht mehr arbeiten, sie will nicht mehr gehorchen und sie lehnt sich auf, weil sie frei sein will, zu tun und zu lassen, was ihr gefällt. Ja, es wird beunruhigend. Verbrechen und Drogenmissbrauch nehmen zu, und es sind in erster Linie junge Leute, die Frauen und Mädchen auf der Straße überfallen. Nun, wie kann man da Abhilfe schaffen?

Durch Radio, Fernsehen, Zeitung, Bücher und an Universitäten werden die Menschen unterrichtet, und man bildet sich ein, sie dadurch zu bessern. Ganz und gar nicht. Die Menschen unterrichten, heißt ihnen Waffen in die Hände geben. Solange man sich nur darauf beschränkt, ihnen Kenntnisse zu vermitteln, ohne auch zu versuchen, etwas an ihrem inneren Wesen zu ändern, stellt diese Ausbildung eine Gefahr dar, da die Menschen sich ihrer bedienen, um ihre Leidenschaften und Begierden zu befriedigen, ja selbst die niedersten Triebe.[1] Von Zeit zu Zeit wird schon mal darauf hingewiesen, dass es schlecht sei, die Gesetze der Moral im Leben zu missachten, doch das genügt nicht. Was sollte man also tun, um die Menschheit zu bessern? Ich will euch heute nur kurz darlegen, welche Lösung ich hierzu vorschlage, und bei einer späteren Gelegenheit werde ich dieses Thema eingehender behandeln.

Eine Erneuerung der Menschheit ist nur möglich, wenn wir bereits bei den Kindern damit beginnen, und zwar noch vor deren Geburt, indem wir uns mit der schwangeren Frau befassen. Um das Schicksal der Menschen zu bessern, ist es nicht nötig, über alles Bescheid zu wissen, was in der Welt vor sich geht. Es genügt, die wahren Gesetze der Schöpfung zu kennen, denn diese Gesetze bilden die Grundlage für alles. Man muss bis zur Wurzel vordringen: Sind die Bedingungen bei Empfängnis, Schwangerschaft und Geburt erst einmal verbessert, kann sich die ganze Menschheit in wenigen Jahren erneuern. Überlässt man hingegen die Menschen ihren Schwächen, dann versichere ich euch, was immer man ihnen an Kenntnissen vermittelt, sie werden es zu eigennützigen Zwecken missbrauchen, zur Befriedigung ihres Ehrgeizes, ihrer Eitelkeit, ihrer Instinkte. Deshalb muss auf die Kinder schon vor der Geburt formend eingewirkt werden, indem man sich der Mutter annimmt, denn sie hat während der Schwangerschaft große Macht über das Kind. Nachher ist es vorbei, das Kind entgleitet ihr.

Täglich ist die Rede von allen möglichen Plänen: In der Politik, im Finanzwesen, in der Wirtschaft oder beim Militär, um die Verhältnisse auf nationaler oder internationaler Ebene besser zu gestalten; und die Pläne sind so unglaublich intelligent und von einer derartigen Komplexität, dass man darüber nur staunen kann. Nur haben sie noch nie viel genützt, weil sie sich lediglich auf das Materielle beschränken, auf technische Vervollkommnung, Förderung der Produktion, Errichtung von Laboratorien und Hochschulen, Steigerung oder Abbau der Rüstung und so fort. Die Menschen jedoch verharren weiterhin im selben Elend, stiften Streik und Aufruhr, leben in ständiger Unordnung. Angesichts dieser Zustände beschloss ich, ebenfalls einen Plan, ein Projekt vorzulegen. Ihr denkt wohl: »Welche Anmaßung, welche Eitelkeit!« Nun ja, vielleicht, sofern sie jedoch nützlich und wirksam sind, hat jeder das Recht, Pläne zu schmieden. Auch ihr. Doch ihr werdet gleich sehen, wie einfach der meinige ist.

Ich schlage vor, dass der Staat nicht länger Abermilliarden für Krankenhäuser, Gefängnisse, Gerichte und Schulen ausgibt, sondern sich einzig und allein um die schwangeren Frauen kümmert. Die Ausgaben wären nicht mehr so hoch und die Ergebnisse wären besser. Ich würde also den Staat bitten, ein von mir ausgewähltes Grundstück von einigen Hundert Hektar Größe in der bestgelegenen, schönsten Gegend bereitzustellen und dort Gebäude zu errichten, deren Stil und Farben ich vorgeben werde und ebenso die Ausschmückung mit Gemälden, Skulpturen und so weiter. Es sollen auch Parks mit den verschiedensten Bäumen und Blumen, mit Wasserbecken und Springbrunnen angelegt werden. An solchen Orten sollen dann die Frauen ihre Schwangerschaft verbringen und dort auf Kosten des Staates untergebracht und verpflegt werden. Diese Zeit verbringen sie also in Schönheit und Poesie, mit Lesen, Spazierengehen und Musik hören. Sie können auch Vorträgen zuhören, in denen sie erfahren, wie sie ihr Leben während der Schwangerschaft gestalten können; was sie zum Beispiel essen sollen. Vor allem jedoch, wie sie durch ihre Gedanken und Gefühle an dem Kind arbeiten können, das geboren werden soll. Die Ehemänner dürfen ihre Frauen natürlich besuchen, und auch sie werden darin unterrichtet, wie sie sich ihnen gegenüber verhalten sollen. Dann werdet ihr bald erleben, dass die Frauen in diesem Umfeld voller Frieden, Ruhe und Schönheit Kinder gebären werden, durch die sich der ganze Himmel offenbart.

Heute hingegen kommen von den Seelen, die sich inkarnieren, nur ganz wenige vom Himmel, alle anderen kommen aus der Hölle. Denn die Tore für die himmlischen Geister sind verschlossen, sie können nicht in Körper eintreten, die in Boshaftigkeit und Unordnung geschaffen wurden. Aus diesem Grund bessert sich die Menschheit nicht. Gewiss, eines Tages wird sie sich schließlich doch ändern, aber erst nach Tausenden von

Jahren, nach großen Leiden. Ich erkläre euch hingegen, wie eine schnelle Verbesserung erreicht und alle möglichen Leiden und Katastrophen vermieden werden können. Doch man muss zuerst verstehen, dass alle Veränderungen, um die man sich bis heute bemüht hat – sei es in materieller, wirtschaftlicher, politischer oder finanzieller Hinsicht – die menschliche Rasse nicht verbessert haben. Sie lebt immer noch in den gleichen Leidenschaften und Boshaftigkeiten wie zuvor. Vielleicht ist es jetzt sogar noch schlimmer! Dennoch können sich die Menschen bessern, aber unter der Bedingung, dass man beim Ursprung beginnt: bei der Mutter.

Wenn ihr wüsstet, in welchen Verhältnissen schwangere Frauen oft leben! Sie wohnen in Elendsvierteln ohne Licht und Bewegungsfreiheit, sie müssen alles tun und ertragen. Obendrein kommt der Ehemann noch betrunken oder verärgert nach Hause, weil er keine Arbeit gefunden hat oder weil er von seinen Freunden beleidigt wurde. Dann lässt er seine schlechte Laune an ihr aus oder schlägt sie sogar. Nun, wie sollen eurer Meinung nach unter diesen Umständen gesunde und ausgeglichene Kinder geboren werden? Anstatt Krankenhäuser für solche Mütter zu bauen, sollte man ihnen lieber die Möglichkeit bieten, ihre Kinder unter idealen Bedingungen austragen zu können. Nachher sollen sie ruhig in ihre primitive Behausung zurückkehren, wenn es sein muss. Später werden ihre Kinder ihnen dann Paläste bauen. Ja, eines Tages werden die Nachkommen, dank ihrer Talente und Fähigkeiten, ihre Eltern aus dem Elend herausholen.

Immer mehr Frauen setzen heutzutage Taugenichtse, Kranke, Geistesgestörte in die Welt, und dann – welch ein Unsinn – schickt man diese in die Schulen, zum Arzt oder auch in Erziehungsanstalten, um zu versuchen, etwas aus ihnen zu machen, sie zu bessern und zu erziehen. Tatsächlich wird es einem niemals gelingen, an der Quintessenz etwas zu ändern, die zu Beginn dem Kind von der Mutter eingeprägt wurde. Selbst wenn auch weiterhin noch Unsummen ausgegeben werden, um angeblich die Methoden in Psychologie und Pädagogik zu verbessern, es wird nichts nützen. Mit der von mir vorgeschlagenen Methode jedoch, kann eines Tages Wunderbares erreicht werden. In 40 oder 50 Jahren gäbe es auf der Welt nur noch ehrliche, intelligente Menschen, ja, sogar Genies, Heilige und Eingeweihte.

Ich weiß natürlich, dass viele einwenden, mein Vorschlag habe keine wissenschaftlichen Grundlagen. Ich halte ihn für genauso wissenschaftlich, genauso wertvoll, wie das, was die anderen erzählen, eher noch mehr; man hat nicht das Recht, meinen Plan zu kritisieren, bevor man ihn nicht ausprobiert hat! Ich gebe natürlich zu, dass sich nicht alles auf einen Schlag verändern kann, dafür sind mehrere Generationen notwendig, weil auch die Eltern ein Erbe voller Schwächen und Laster mitbekommen haben, das sich nun bei ihren Kindern einschleichen will. Aber wenn die Eltern aufmerksam sind, wird schon bei der ersten Generation das Gute überwiegen. Sicherlich werden die Kinder noch einige mangelhafte Elemente aufweisen, weil sie noch nicht vollständig geläutert werden konnten, doch die zweite Generation wird wesentlich besser und die dritte noch besser sein. Nach und nach werden alle unreinen Elemente aus der Vergangenheit verschwunden sein.

Wenn endlich intelligente und verantwortungsvolle Menschen in führender Stellung darüber nachdenken und sich mit diesem Vorschlag beschäftigen würden, dann würden sie auch verstehen – denn es wird ihnen ganz wissenschaftlich bis in alle Einzelheiten erklärt werden –, dass während der Schwangerschaft ein wichtiger Prozess in der Mutter in Gang ist, und wie er abläuft. Sofern sie die Gesetze der Galvanoplastik kennt und wenn sie liebevoll betreut wird und durch geeignete materielle Bedingungen unterstützt wird, hat sie die Möglichkeit, nicht nur den physischen Körper des Kindes zu formen, sondern mit Hilfe der besten Elemente auch dessen Astral- und Mentalkörper.

Leider weiß ich im Voraus, dass mein Plan abgelehnt und nicht genauer geprüft wird, denn die heutige Generation ist so stark von anderen Philosophien geformt und durchdrungen, dass in ihrem Kopf kein Platz für solche Ideen ist. Und auch die Schulmedizin ist noch weit davon entfernt, diese Wahrheiten zu erkennen. Eine Schwester unserer Bruderschaft brachte kürzlich in einer Klinik ein Kind zur Welt. Im Laufe des Gespräches mit ihrem Arzt erzählte sie ihm, dass sie einer geistigen Bewegung angehöre, in der gelehrt wird, dass die Mutter mit Hilfe ihres Denkens stark auf den Embryo einwirken kann. Wisst ihr, wie der Arzt reagierte? Er lachte schallend und sagte: »Glauben Sie das wirklich? Das ist doch alles dummes Zeug! Was sollen die Gedanken der Mutter schon am Kind ausrichten können?« Seht ihr, auf welcher Stufe manche Mediziner noch stehen! Und von solchen Leuten erwartet man nun Aufklärung.

Ich bin nicht sehr auf dem Laufenden, was die wissenschaftliche Forschung angeht, aber immerhin weiß ich, dass einige Biologen bei Versuchen mit Mäusen entdeckten, dass Angstzustände, denen die Mäusemutter ausgesetzt war, sich auf ihre Nachkommenschaft auswirkten. Sie schlossen daraus, dass es noch eine andere als nur die physische Verbindung zwischen Mutter und Kind während der Schwangerschaft gibt. Also sagte ich mir: »Endlich ist es so weit! Die Wahrheit tritt zutage!« Anstatt jedoch dieser großen Entdeckung Lob und Beifall zu zollen, war ich zornerfüllt und wütend. Warum? Sich mit Mäusen zu beschäftigen und ihnen zu vertrauen, anstatt auf die Frauen zu hören, die seit Jahrtausenden oder sogar Jahrmillionen Kinder zur Welt bringen, das ist – die Wissenschaftler mögen es mir verzeihen – mehr als rückständig! Statt der Frau studieren sie Mäuse, und nun sind es die Mäuse, die uns lehren, was wahr und was falsch ist. Man hat Laboratorien für Mäuse gebaut, und man misst diesen Laboratorien eine unglaubliche Bedeutung bei. Die Laboratorien hingegen, welche die Natur seit Millionen von Jahren geschaffen hat und die weit besser ausgerüstet sind als die der Menschen, das zählt selbstverständlich nicht. Wie soll man über so eine Denkweise nicht empört sein!? Vor Jahrzehnten schon habe ich erklärt, dass der Gemütszustand der Mutter sich auf das Kind überträgt und habe mehrere Vorträge über die Galvanoplastik gehalten, in denen ich aufzeigte, wie man dieses Phänomen der Galvanoplastik auch im spirituellen Leben und im Ablauf der Schwangerschaft wiederfinden kann. Aber nein, man wartet auf den Beweis bei Mäusen! Und so sind es jetzt die Mäuse, welche die Menschheit lehren werden. Und was ist mit den Frauen? Es ist geradezu beleidigend für sie! Wie sollten sie nicht auch empört sein!

Was mich betrifft, ich habe die Mäuse in Ruhe gelassen und schwangere Frauen und einige Jahre später deren Kinder beobachtet. Dabei habe ich festgestellt, dass die Schwierigkeiten, Aufregungen und Sorgen der Mutter in bestimmten Monaten der Schwangerschaft, sich auf ganz bestimmte Lebensabschnitte des Kindes auswirkten. Aber man wartete lieber die Antwort der Mäuse ab, und unterdessen bevölkerte man die Erde mit Kranken und Behinderten. Nehmen wir einmal an, die Biologen hätten jetzt verstanden. So sind sie doch auf jeden Fall sehr in Verzug, denn wenn sie die Menschen umerziehen sollen, brauchen sie mit der Langsamkeit ihrer Methoden noch Jahrhunderte dazu. Und übrigens, tun sie etwas dafür, dass die Frauen von ihren Entdeckungen profitieren? Nein, sie kümmern sich weiterhin nur um Mäuse und geben den Frauen keinerlei Aufklärung darüber, wie sie sich während der Schwangerschaft verhalten sollen.

Man muss zurück zur Quelle, zum Anfang: zum Menschen, der sich selbst erschafft. Denn ist er erst einmal deformiert erschaffen, könnt ihr ihm geben, was immer ihr wollt, ihn in jegliche Situationen bringen oder ihn in Schulen oder Universitäten schicken. Es ist zu spät. Jeder weiß, dass ein bestimmter Same eine bestimmte Pflanze hervorbringt oder jenes Ei auch jenes Tier, doch wenn es um Kinder geht, beachtet man keine

Gesetze mehr, sondern glaubt, man werde da Feigen ernten, wo man Disteln pflanzte.

Ihr seht, es sind die Eltern, die man erziehen muss. Natürlich werden diese sagen: »Wie bitte? Wir geben unseren Kindern ein gutes Beispiel!« Ja, äußerlich vielleicht schon, aber wie verhaltet ihr euch, wenn ihr allein seid? Das ist die Frage. Man zählt lediglich auf die Macht des Äußeren, der Gestalt, der Kleidung, des Gesichtsausdrucks und der Gesten; das gelingt einem vortrefflich, aber im Inneren erlaubt man sich die unwahrscheinlichsten Dinge. Deshalb sprach ich einmal über das Erinnerungsvermögen der Natur: wie alles sich einprägt, in den Chromosomen und den Zellen aufgezeichnet wird. Jede Zelle hat ihr Gedächtnis. Selbst wenn die Menschen sich gegenseitig eine Komödie vorspielen mit nettem, ehrlichem und großzügigem Verhalten, so wird doch nur das aufgezeichnet, was sie denken und in ihrem Innersten fühlen, und nur das wird auch als Erbe von Generation zu Generation weitergegeben.[2] Und wenn es Krankheiten und Laster sind, die aufgezeichnet und weitergegeben werden, dann findet einmal Lehrer, Schulen oder Ärzte, die das Kind heilen! Nichts zu machen, es ist zu spät!

Alles überträgt sich, und wenn es nicht beim ersten Kind in Erscheinung tritt, dann beim zweiten oder dritten. Die Menschen müssen einsehen, dass die Natur zuverlässig und gerecht ist. Ein Sprichwort sagt: »Wer den Wind sät, wird den Sturm ernten.« Mit den großen Gesetzen der Natur darf man nicht spaßen. Alles kann sich zum Guten wandeln, vorausgesetzt, man lässt die göttliche Intelligenz walten. Diese göttliche Intelligenz können wir erkennen lernen, denn sie wurde uns übermittelt und offenbart. Unsere Aufgabe ist es nun, uns zu bemühen, diese Gesetze anzuerkennen und zu begreifen, dass alles sich in uns widerspiegelt, alles in uns aufgezeichnet wird.[3]

Die Menschen befassen sich selten mit der Ursache von bestimmten Phänomenen oder Ereignissen, sie kümmern sich lediglich um die Auswirkungen, und darum begehen sie so viele

Irrtümer. Neulich bekam ich ein putziges kleines Holzhäuschen geschenkt; es ist in zwei Hälften eingeteilt. In der einen steht ein Männlein mit Hut, in der anderen ein Weiblein mit einem Regenschirm. Kommt das Männlein vor die Tür, dann ist das Wetter schön; kommt aber das Weiblein mit seinem Schirm hervor, wird das Wetter schlecht und es regnet. Was habe ich also daraus geschlossen? Dass das Wetter von diesem Männlein und diesem Weiblein abhängt, nicht wahr? Ihr lacht – aber so denken die meisten. Sie beschäftigen sich mit den Auswirkungen statt mit den Ursachen und versuchen dann, mit den Auswirkungen fertig zu werden. Doch das ist sinnlos, denn die Ursachen, an denen sie nichts ändern, ziehen weiterhin dieselben katastrophalen Auswirkungen nach sich.

Nehmt folgendes Beispiel: Man tötet die Stechmücken, lässt jedoch die Sümpfe unangetastet, und die Sümpfe begünstigen bekanntlich die Vermehrung der Stechmücken. Was die physischen Sümpfe angeht, so weiß man zumindest, dass sie trockengelegt werden müssen, ich spreche aber von den geistigen Sümpfen, und genau dort lässt man die Ursachen außer Betracht, die sehr schädliche Auswirkungen haben. Man versucht dieser Auswirkungen Herr zu werden und schickt die Leute in Krankenhäuser, Anstalten oder Gefängnisse, ja selbst an den Galgen, interessiert sich aber nie für die Ursachen, nämlich für die Geburt der Kinder, für deren Heranbildung im Mutterleib. Jawohl, bis zur Ursache, zur Quelle muss man vordringen!

Solange diejenigen, welche die Menschen unterweisen und der Unordnung im Gesellschaftsleben abhelfen wollen, nicht die wahre Einweihungswissenschaft kennen, werden Krankheit und Leid nicht aus der Welt geschafft. Wer auch immer die politische Führung eines Landes innehat oder wie die Neuerungen, die man einführt, auch aussehen mögen, je mehr geändert wird, umso sicherer bleibt alles beim Alten. Das Bildungswesen macht die Menschen zu Egozentrikern und Anarchisten, weil es immer dem Intellekt den Vorrang einräumt. Ich will damit nicht sagen, dass die Menschen unwissend und unkultiviert bleiben sollen. Ich sage nur, dass das heutige Bildungsangebot für die Jugend noch nicht die notwendigen Elemente besitzt, um aus ihnen edle, selbstlose, großzügige Männer und Frauen zu machen; im Gegenteil, es erweckt in ihnen Egoismus, Ehrgeiz und Einzelkämpfertum.

Natürlich, selbst wenn Kinder unter den besten Bedingungen im Mutterleib geformt wurden, müssen sie unterwiesen werden; doch die Unterweisung sollte an dritter oder vierter Stelle stehen, sie ist nicht das Wichtigste. Heutzutage dagegen wird einzig und allein dem Sachunterricht Bedeutung beigemessen und dazu wird der Jugend noch ein Wissen vermittelt, das weder an ihre Seele noch an ihren Geist rührt und die göttliche Welt, den Schöpfer, beiseite lässt. Man denkt, dies sei Sache der Kirche. Keineswegs. Ein wahrer Pädagoge und Erzieher soll die jungen Leute vor allen Dingen mit dem Wissen um die göttliche Welt, mit ihren Gesetzen und ihrer Struktur, einer komplexen Organisation prägen. Danach sollen sie sich getrost allein durchbeißen! Das Wissen um diese Welt wird unablässig in ihnen weiterarbeiten, es wird ihnen helfen, ihren Weg zu finden und auf dem Weg des Guten zu bleiben.

In einem anderen Vortrag habe ich euch einiges über die Arbeit gesagt, welche die Mutter mit der Seele des Kindes, das zur Welt kommen soll, verrichten kann. Mit dem ersten Atemzug des Kindes lässt sich die Seele in seinem Körper nieder, aber anschließend braucht sie viel Zeit, um die Organe beherrschen zu können. In Wirklichkeit hat seine Seele, auch wenn das Kind schon geboren ist, noch nicht gänzlich seinen Körper durchdrungen, ein Teil bleibt außerhalb. Aber während der Schwangerschaft kann die Mutter mit der Seele ihres zukünftigen Kindes sprechen; wenn sie diese auch nicht sehen kann, so kann sie wenigstens Gebete an sie richten, indem sie zu ihr sagt: »Also, ich stelle dir die reinsten und edelsten Materialien zur

Verfügung, aber bemühe auch du dich, diesem Kind die besten Qualitäten mitzugeben, damit es ein begabter Künstler wird oder ein Philosoph, ein Wissenschaftler, ein Heiliger.« Und während dieser Zeit muss sie sehr achtsam sein und darf sich nicht heftigen Gemütsbewegungen oder ihren Schrullen hingeben, wie das so oft geschieht – aufgrund der Tatsache, dass eine schwangere Frau sehr empfindsam und leicht erregbar wird –, denn all diese Störungen werden sich im Kind widerspiegeln.

In unserer Lehre werden Mann und Frau auch darin unterwiesen, in welchem Geisteszustand, in welcher Reinheit sie sich auf die Zeugung eines Kindes vorbereiten sollen. Ja, sogar vor der Empfängnis sollten der Vater und die Mutter vorbereitet werden, indem man ihnen erklärt, wie sie sich lieben sollten, wie dieser Austausch erfolgen sollte, um die kosmischen Intelligenzen um Beistand anzurufen und die Gegenwart von Engeln zu erbitten. Aber glaubt ja nicht, dass die Mehrheit der Menschen sich um so etwas kümmert! Sie warten so lange, bis sie berauscht sind und den Kopf verloren haben, und in diesem Zustand zeugen sie dann die Kinder.[4]

Es sind die Frauen, welche die Schlüssel in Händen halten; sie sind fähig, die Menschheit umzuwandeln, und wenn sie mich wirklich verstehen wollen, werden sie eine unglaubliche Macht in der Welt bilden, nichts wird ihnen widerstehen können. Die Frauen müssen sich vereinen, um ein großartiges Ideal zu verwirklichen. Im Augenblick sind sie uneinig, und sie denken nur daran, die Männer zu verführen und sie in ihre Fallen zu locken. Und darum sind sie auch noch nicht wirklich mächtig. Aber anstatt nur an ihre kleinen Vergnügen zu denken, ans Schminken oder ihre Garderobe, sollten alle Frauen dieser Erde sich in dem Willen vereinen, die Menschheit zu erneuern. Oft leben sie sogar während der Schwangerschaft einfach so vor sich hin und beschäftigen sich weiterhin nur mit Belanglosigkeiten, weil sie denken, es genüge, später Lehrer und Ärzte zu finden, die sich um die Gesundheit und die Unterrichtung ihrer Kinder kümmern werden. Nie im Leben! Ich wiederhole: Kein Erzieher, kein Arzt kann die innerste Natur eines Kindes verändern. Man kann ihm ein wenig Lack verpassen, das ist alles. Alle Verbesserungen, die man hinterher vielleicht noch an seinem Charakter vornehmen will, sind nur eine Art Dressur. Es geschieht genau das Gleiche wie mit den Eingeborenen. Man kann sie ein wenig nach einer bestimmten Vorstellung erziehen, ihnen beibringen, wie man isst und sich kleidet, aber das ist nicht von Dauer, sobald sie zu ihrem Stamm zurückkehren, werden sie wieder genau zu dem, was sie vorher waren. Ob ein Mensch ein Verbrecher oder ein Heiliger ist, daran wird niemand etwas ändern können. Vielleicht kann man ihn oberflächlich und für kurze Zeit beeinflussen, aber tief im Inneren wird er bleiben, was er ist.

Eines Tages kann die Welt von gesunden, guten, intelligenten Menschen bevölkert sein, ganz einfach dank der Macht, welche die Natur der Frau gegeben hat. Die Natur hat der Frau Kräfte verliehen, die sie noch nicht oder aber in falscher Weise nutzt. Sie muss sich dieser Fähigkeiten bewusst werden und wissen, dass die ganze Zukunft der Menschheit von ihr abhängt. Trotz ihrer Intelligenz, trotz ihrer Fähigkeiten vermögen die Männer in diesem Bereich nicht viel auszurichten. Es ist die Mutter, es ist die Frau, die von der Natur vorherbestimmt ist, das Kind, das geboren wird, zu beeinflussen.

Um die Frauen aufzuklären, sie zu befreien, rufe ich ihnen daher zu: »Womit verschwendet ihr noch eure Zeit? Los, wacht auf, nehmt den Platz ein, den Gott euch von Beginn der Welt an zugewiesen hat. Ihr, die ihr die Menschheit erneuern sollt, nehmt euren glanzvollen Platz ein!« Und ich bitte die Schwestern, die unserer Lehre folgen, darum, wenigstens diesem Ideal zu folgen, überall in der Welt ihre Schwestern aufzuklären, die noch unwissend sind. Seid versichert, dieses Ideal, dieser Wunsch nützlich zu sein, wird euer Herz, eure Seele und euren Geist ausfüllen. Ihr werdet euch immer inspiriert, immer weit und reich fühlen, weil dieses Ideal, zum Wohlergehen der Menschheit beizutragen, euch stützen und euch nähren wird. Solange ihr dieses Ideal nicht in eurer Seele habt, wird euch nichts zufrieden stellen können. Was ihr auch immer haben mögt, ihr werdet euch immer in demselben Zustand von Leere und Unzufriedenheit befinden. Ist es hingegen euer größtes Anliegen, die Aufgabe zu erfüllen, die Gott euch gegeben hat, und zu tun, was der Himmel von euch erwartet, werdet ihr immer strahlend, lichtvoll und glücklich sein.

Mögen Licht und Frieden mit euch sein!

Bonfin, den 20. Juli 1969

Anmerkungen

1. Siehe auch Band 27 der Reihe Gesamtwerke »Die Pädagogik in der Einweihungslehre«, Kap. 3: »Erziehung und Bildung – Die Macht des Vorbildes« und Band 233 der Reihe Izvor »Eine Zukunft für die Jugend«, Kap. 7: »Der Charakter ist wichtiger als das Wissen«.
2. Siehe auch Band 221 der Reihe Izvor »Alchimistische Arbeit und Vollkommenheit«, Kap. 6: »Die Klischees«.
3. Siehe auch Band 12 der Reihe Gesamtwerke »Die Gesetze der kosmischen Moral«.
4. Siehe auch Band 214 der Reihe Izvor »Liebe, Zeugung und Schwangerschaft – Die geistige Galvanoplastik...«, Kap. 8: »Die Sexualkraft, Bestandteil der Sonnenenergie« und Kap. 9: »Die Kinder von Verstand und Herz«.

Vom selben Autor

**Reihe Izvor**

200 Hommage an Meister Peter Danov
201 Auf dem Weg zur Sonnenkultur
202 Der Mensch erobert sein Schicksal
203 Die Erziehung beginnt vor der Geburt
204 Yoga der Ernährung
205 Die Sexualkraft
206 Eine universelle Philosophie
207 Was ist ein geistiger Meister?
208 Das Egregore der Taube – Innerer Friede und Weltfrieden
209 Weihnachten und Ostern in der Einweihungslehre
210 Die Antwort auf das Böse
211 Die Freiheit, Sieg des Geistes
212 Das Licht, lebendiger Geist
213 Die menschliche und göttliche Natur in uns
214 Liebe, Zeugung und Schwangerschaft
215 Die wahre Lehre Christi
216 Geheimnisse aus dem Buch der Natur
217 Ein neues Licht auf das Evangelium
218 Die geometrischen Figuren und ihre Sprache
219 Geheimnis Mensch. Seine feinst. Körper u. Zentren
220 Der Tierkreis, Schlüssel zu Mensch und Kosmos
221 Alchimistische Arbeit und Vollkommenheit
222 Die Psyche des Menschen

223 Geistiges und künstlerisches Schaffen
224 Die Kraft der Gedanken
225 Harmonie und Gesundheit
226 Das Buch der göttlichen Magie
227 Goldene Regeln für den Alltag
228 Einblick in die unsichtbare Welt
229 Der Weg der Stille
230 Die Himmlische Stadt
231 Saaten des Glücks
232 Feuer und Wasser - Wunderkräfte der Schöpfung
233 Eine Zukunft für die Jugend
234 Die Wahrheit, Frucht der Weisheit und der Liebe
235 Im Geist und in der Wahrheit - Wie finde ich zu Gott
236 Weisheit aus der Kabbala
237 Das kosmische Gleichgewicht - Die Zahl 2
238 Der Glaube versetzt Berge
239 Die Liebe ist größer als der Glaube
240 Söhne und Töchter Gottes
241 Der Stein der Weisen
242 Unerschöpfliche Quellen der Freude
243 Das Lächeln des Weisen
244 Dem Licht entgegen

Vom selben Autor

**Reihe Gesamtwerke**

| | |
|---|---|
| 1 | Das geistige Erwachen |
| 2 | Spirituelle Alchimie |
| 3 | Die beiden Bäume im Paradies |
| 4 | Das Senfkorn – Symbole im Neuen Testament |
| 5 | Die Kräfte des Lebens |
| 6 | Die Harmonie |
| 7 | Die Reinheit, Grundlage geistiger Kraft – Die Mysterien von Jesod |
| 8 | Sprache der Symbole, Sprache der Natur |
| 9 | »Im Anfang war das Wort« |
| 10 | Sonnen-Yoga (Surya-Yoga) – Die Herrlichkeit von Tiphereth |
| 11 | Der Schlüssel zur Lösung der Lebensprobleme |
| 12 | Die Gesetze der kosmischen Moral |
| 13 | Die neue Erde |
| 14/15 | Liebe und Sexualität (Doppelband) |
| 16 | Alchimie und Magie der Ernährung – Hrani-Yoga |
| 17/18 | Erkenne Dich selbst – Jnani Yoga (Doppelband) |
| 19-22 | Wird nicht ins Deutsche übersetzt |
| 23/24 | Eine neue Religion (Doppelband) |
| 25/26 | Der Wassermann und das Goldene Zeitalter (Doppelband) |
| 27 | Die Pädagogik in der Einweihungslehre – Teil 1 |
| 28/29 | Die Pädagogik in der Einweihungslehre Teil 2 und 3 (Doppelband) |
| 30/31 | Leben und Arbeit in einer Einweihungsschule (Doppelband) |
| 32 | Die Früchte des Lebensbaums |

Vom selben Autor
**aus der Reihe Broschüren**

301 Das neue Jahr
302 Die Meditation
303 Die Atmung
304 Der Tod und das Leben im Jenseits
305 Das Gebet
306 Musik und Gesang im spirituellen Leben
307 Das hohe Ideal
308 Das Osterfest – Die Auferstehung und das Leben
309 Die Aura
310 In die Stille gehen
311 Wie Gedanken sich in der Materie verwirklichen
312 Die Reinkarnation
313 Das Vaterunser
314 Das Gesetz der Gerechtigkeit und das Gesetz der Liebe
315 Die Quelle des Lebens
316 Die Nahrung, ein Liebesbrief des Schöpfers
317 Die Kunst und das Leben
318 Die wesentliche Aufgabe der Mutter
während der Schwangerschaft
319 Die Seele, Instrument des Geistes
320 Menschliches und göttliches Wort
321 Weihnachten und das Mysterium der Geburt Christi
322 Die spirituellen Grundlagen der Medizin
323 Meditationen beim Sonnenaufgang
324 Der Friede, ein höherer Bewusstseinszustand
325 Das Ideal des brüderlichen Lebens
326 Die ganze Schöpfung wohnt in uns
327 Der Preis der Freiheit

## Verlage und Auslieferungen

Hauptverlag:
Editions Prosveta S.A. – 1277, Av. Jean Lachenaud – 83600 Fréjus
Tel. 04 94 19 33 33, contact@prosveta.fr, www.prosveta.fr

Verlage und Auslieferungen international:

**AUSTRALIEN**

PROSVETA AUSTRALIA
108 Grand Ocean Boulevard
Port Kennedy WA 6172
Tel. (61) 8 9594 1145
prosveta.au@aapt.net.au

**BELGIEN UND LUXEMBURG**

PROSVETA BENELUX
Chaussée de Merchtem 123
1780 Wemmel
Tel. (32) 2 460 108 53
prosveta@skynet.be,
www.prosveta.be

**BENIN**

ETS Evera-Librairie
Abomey-Calavi
Tel. +229 977 759 50, etsevera@gmail.com

**BOLIVIEN**

VIRGINIA BELTRÁN
Reemanso 2 Númnero
9080 Santa Cruz – Bolivia
mavibel@gmail.com

**CHILE**

AGRUPACIÓN VEHADI
Paula González Morel
Tel. +56 982 948 670 / 998 901 258
vehadi.chile@gmail.com

**DEUTSCHLAND**

PROSVETA VERLAG GMBH
Grabenstr. 14, 78661 Dietingen
Tel. +49 7427 3430, kontakt@prosveta.de
www.prosveta.de

**ENGLAND UND IRLAND**

PROSVETA, THE DOVES NEST
Duddleswell Uckfield
East Sussex TN 22 3JJ
Tel. (44) (01825) 712 988
orders@prosveta.co.uk
www.prosveta.co.uk

**GABUN**

Librairie Tiphéret
BP 1554www.pyrinoskosmos.gr
Libreville
Tel. +241 662 241 35
a.dirat@gabontelecom.ga

**GRIECHENLAND**

PYRINOS KOSMOS
Egeou 29 – Koropi
G-19400 Athens Attica
Tel. +30 210 360 28 83

**HAITI**

PROSVETA DÉPÔT HAITI
Angle rue Faustin 1er
et rue Bois Patate #25 bis
6110 Port-au-Prince
rbaaudant@yahoo.com

**INDIEN**

VIJ BOOKS
2/19 Ansari Road, Darya Ganj
New Delhi 110 002
www.vijbooks.com
vijbooks@rediffmail.com
Tel.: + 91-11-43596460 / 1147340674

BOOK MEDIA (MALAYALAM)
Coondacherry P.O.
Pala, 686579 Kottayam - Kerala
Tel. (+91) 94 47 53 62 40

**ISRAEL**

prosveta.il@hotmail.com
Hadkeren Publishing House
PO Box 8426
6 108 301 Tel-Aviv – Jaffa
info@hadkeren.co.il - www.hadkeren.co.il

**ITALIEN**

PROSVETA COOP. A R.L.
Casella Postale 55
06068 Tavernelle (PG)
Tel. (39) 075-835 84 98
prosveta@tin.it, www.prosveta.it

**KAMERUN**

Librairie Bibliothèque, Vera Book Center
Yaoundé au Carrefour MEEC
BP 17506 Etétak – Yaoundé
Tel. +237 699 959 044 / 694 546 116
verabookcenter@gmail.com

**KANADA**

PROSVETA INC.
3950 Albert Mines – Canton de Hatley – (QC)
J0B 2C0
Tel. +1 819 564 82 12
prosveta@prosveta-canada.com
www.prosveta.ca

**KOLUMBIEN**

PROSVETA COLOMBIA
Calle 174 Número 54B
50 Interior 6
Villa del Prado – Bogotá
Tel. (57 1) 6 14 53 85
Tel. 6 72 16 89
Mobil: (57) 311 8 10 25 42
prosveta.colombia@hotmail.com

**KONGO**

Librairie Providence
19 Rue Maleke Moukondo (Mfilou)
Brazzaville
Tel. +242 066 193 927
librairieprovidence2021@gmail.com

**LETTLAND**

Cilveka Pasatjaunosanas, biedriba
Ravija Astahova
Anniņmuižas bul. 43 – 135
Riga, Latvija LV-1069
Tel. +371 292 93298
ravija@inbox.lv

**LIBANON**

PROSVETA LIBAN
P.O. Box 90-995
Jdeitet-el-Metn, Beirut
Tel. (03) 448560
prosveta_lb@terra.net.lb
www.prosveta-liban.com

**LITAUEN**

LEIDYKLA MIJALBA
Gedimino G 26 B – 44319 Kaunas
Tel. 370.687 8760
info@mijalba.com
www.mijalba.com

**NEUSEELAND**

PROSVETA NEW ZEALAND LTD
49 Stottholm Road
Titirangi 0604
Aotearoa New Zealand
Tel. +64 686 727 89 / +64 220 212 414
johnson.susan34@gmail.com
www.oma-books.co.nz

**NIEDERLANDE**

STICHTING PROSVETA
NEDERLAND
t.a.v. K. Laan
Zeestraat 50
2042 LC Zandvoort
Tel. +31 235 716 473
laan@prosveta.nl, www.prosveta.nl

**NORWEGEN**

PROSVETA NORDEN
Postboks 150 Sentrum
N-0102 Oslo
Tel. (47) 90 27 43 33
info@prosveta.no, www.prosveta.no

**ÖSTERREICH**

HARMONIEQUELL VERSAND
Ulmenweg 8, A 5302 Henndorf
Tel. und Fax +43 6214 7413
info@prosveta.at, www.prosveta.at

**PERU**

Contact Prosveta
Viviana Hermosa Mattos
Tel. + 51 999 355 919
vivihermosa@gmail.com

**POLEN**

Księgarna – Galeria Nieznany Świat
ul. Kredytowa 2, 00-062 Warszawa
tel. +48 827-93-49, www.nieznany.pl

**PORTUGAL**

PUBLICAÇÕES MAITREYA
4100 - 027 Porto
flora@publicacoesmaitreya.pt

**RUMÄNIEN**

EDITURA PROSVETA SRL
Str. N. Constantinescu 10
Bloc 16A – sc A
Apt. 9 Sector 1, 71253, Bucarest
Tel. +4 072 770 59 17
prosveta_ro@yahoo.com
www.prosveta.ro

**RUSSLAND**

EDITIONS PROSVETA
Elena Jitniouk
ul. Partizanskaya, d.22, kv. 87
Moskow 121351
Tel. +8 903 795 70 74
prosveta@prosveta.ru,
www.prosveta.ru

**SCHWEIZ**

ÉDITIONS PROSVETA
Société coopérative
Chemin de la Céramone 13
1808 Les Monts-de-Corsier
Tel. +41 21 921 92 18
prosveta@prosveta.ch
www.prosveta.ch

**SERBIEN**

EDITION BABUN D.O.O.
Ana Bešlić, Tel. +381653193913
babun.info@gmail.com

Izdavačko Preduzeće Paleja D.o.o
(Editions Paleja), Željko Mojsilović
Put za Trešnju 1. deo br. 9, Ripanj
Beograd, Tel. +381 653 433 857
info@svetlostknjige.com

**SPANIEN**

ASOCIACION PROSVETA ESPAÑOLA
C/ Diputacio, 385 local bajos 2
SP-08013 Barcelona
Tel. (+34) (93) 412 31 85
aprosveta@prosveta.es
www.prosveta.es

**TSCHECHISCHE REPUBLIK**

PROSVETA
Ant. Sovy 18
370 05 České Budějovice
Tel. +420 723 581 030
prosveta@iol.cz / info@omraam.cz
www.omraam.cz

**TOGO**

Le Livre SARL
Rue Kedjessinawe Tokoin Novissi
BP 1723 - Lomé Togo
Tel. +228 900 483 73
Tel. +228 982 959 58
lelivre1@yahoo.fr

**TÜRKEI**

Hermes Yayinlari
hermeskitap@gmail.com
www.hermeskitap.com

**USA**

WELLSPRING OF LIFE
404 N Mount Shasta Blvd # 320
Mount Shasta CA 96067, USA
Tel. +1 530 918 33 91
wellspringsoflife@mail.com
www.prosveta-usa.com

**VENEZUELA**

PROSVETA VENEZUELA C. A.
Tel. +58 412 904 89 94 / +58 414 134 75 34
prosvetavenezuela@gmail.com
www.prosvetavenezuela.com

Wenn Sie sich für Veranstaltungen interessieren, in denen die Lehre von Omraam Mikhaël Aïvanhov vertieft werden kann, wenden Sie sich bitte an eine der folgenden Adressen:

**Deutschland**
UWB e.V.
www.aivanhov.de, info@aivanhov.de

**Schweiz**
FBU, Chemin de la Céramone 13, 1808 Les-Monts-de-Corsier
Telefon 021 925 40 80, www.videlinata.ch

**Österreich**
UWB, Telefon 01 27 698 32
Internet: www.uwb.at, E-Mail: info@uwb.at